黙秘権と取調拒否権

——刑事訴訟における主体性——

前田朗

三一書房

はしがき

黙秘権という言葉は、刑事司法関係者だけでなく、一般の市民も知っている言葉である。日常会話の中でも、ちょっと都合の悪い状況になった時など、「黙秘します」と言って笑いを取ることは珍しくないだろう。

しかし、日本では黙秘権がまったく保障されていないことは、意外に知られていない。代用監獄を利用した長時間の脅迫的な取調べによる自白の強制がまかり通っている。強制された自白を、任意性があると粉飾し証拠として採用し、事実上自白だけで有罪判決を書くのが常態となっている。「共犯者の自白」によって無実の者が巻き込まれ、有罪にされることもある。

そもそも被疑者が「黙秘します」と意思表明しても、取調室に引き出して無理やり取調べを続けるのが常態となっている。裁判実務では「取調受忍義務論」という驚愕の主張がまかり通り、身柄拘束された被疑者は人格権を全面否定され、黙秘権は文字通り絵に描いた餅に過ぎない。

捜査段階では被疑者の主体性を顧みることはない。捜査段階に当事者主義を取り入れるために学説は工夫を凝らしてきたが、実務では被疑者はあらゆる意味で客体に貶められてきた。国際社会から、日本の刑事司法が「中世のようだ」と見られたのも無理はない。中世の方がはるかにましだという声すら聞こえてくる。

本書は、憲法及び法律で保障されている黙秘権を実際に行使するための具体的方法として取調拒否権、出房拒否権を提案する。黙秘するということは取調べを中断することでなければならない。取調室で自白の強要や侮辱に耐えながら、ひたすら沈黙していることを黙秘権と呼ぶのはブラックジョークに過ぎない。黙秘権の憲法的意義を正しく把握するために取調拒否権の思想と法理を発展させることが求められる。

このことは刑事訴訟における主体性をどのように理解するかと密接につながる。訴訟構造としての当事者主義論が、公判や証拠についてはかろうじてわずかながらの意義を有するにしても、捜査段階では警察と検察だけが主体として登場し、被疑者・被告人の主体性は名ばかりである。刑事訴訟における主体性を考えるためには、捜査を中心として、日本刑事司法全体を見なおす必要がある。

第1章「刑事司法の現状と問題点」では、近年の刑事法イデオロギー、刑事裁判の実情、誤判・冤罪、裁判員制度、刑事施設の状況などの諸問題を整理する。第2章「国際人権法から見た日本司法」では、国際人権機関（拷問禁止委員会、人権理事会など）から日本政府への勧告、及び国際人権機関における刑事人権論の展開状況を紹介し、刑事訴訟における主体性論の手がかりとする。

続いて、第3章「代用監獄と取調べの実態」では、筆者が二度行ったアンケート調査結果を紹介して、代用監獄と取調べの問題点を確認する。第4章「取調拒否権の法理と実践」では、黙秘権行使の具体的方法としての取調拒否権の理論的位置づけと実践例の紹介を試みる。被疑者・被告人の主体性を回復するための第一歩である。

他方、第5章「現代国家の刑事法イデオロギー」では、日本刑事法イデオロギーの批判として、必然的に非国民を生み出す監視国家・管理社会の刑事法の実情を取り上げる。被疑者・被告人のみならず、権力者以外のすべての者が客体化される日本司法の謎に迫る。

第6章「批判的刑事法学のために」では、非国民刑法を脱却するための批判的刑事法学を、吉川経夫、内田博文等々の研究を通じて振り返り、現在の課題を考える。最後に、第7章「櫻木澄和の刑事法学」では、筆者の恩師である櫻木澄和の近代刑法史研究、国家の正統性の危機論などの論考をたどって、現代刑事法学の課題を探る。

以上を通じて、刑事司法の根本的見直しのための最低ラインを明確にする。刑事訴訟における主体性をめぐる理論闘争は、取調拒否権の実践の先に次のステップを見出すことになるだろう。

もくじ

第6章 批判的刑事法学のために

第7章 櫻木澄和の刑事法学

第１章　刑事司法の現状と問題点

第1節　本章の課題

本書全体の議論の前提として、日本刑事司法の現状認識を明らかにしておきたい。刑事司法の全領域をカバーすることは到底できないが、従来から刑事司法の基本的特徴として知られる事実を確認する。日本刑事司法の基本的特徴が市民の人権無視ないし軽視であることは周知の事実である。とりわけ、身柄拘束された被疑者・被告人、さらには刑事施設に収容された受刑者等の基本的人権が見事に剥奪される。死刑囚の人権も厳しく制限されてきた。

このことは刑事法学者や弁護士によって長年にわたって強く指摘され、批判を受けてきた。国連人権理事会や、国連で採択された人権条約に基づく人権機関から、度重なる改善勧告を受けてきた。

しかし、司法・法務当局は改善勧告を拒否し、安倍晋三政権はわざわざ国連勧告を拒否する閣議決定を行った。そして、改悪だけは速やかに進行する。「新時代の刑事司法」の名のもとに進められた刑事司法改革は、懸念事項の改善をほとんど含んでいない。他方、盗聴をはじめとする捜査手段の拡充が図られた（1）。

そこで以下では、まず夥しい誤判・冤罪を通じて日本司法の特徴を確認し（第2節）、次いで刑事施設における人権状況の悪化を素描する（第3節）。こうした司法を支えているマスメディアや社会意識についても検討する（第4節）。

なお、本書では死刑問題を主題として取り上げない。死刑については別途、私見をまとめる予定である(2)。

第2節　誤判・冤罪にみる司法

一　再審事例

二〇一四年三月二七日、静岡地裁は、袴田事件再審請求審において袴田巖・請求人(死刑確定者)の再審請求を認め、再審開始決定を下した。同時に死刑執行停止決定に加えて釈放決定も出し、同日午後、袴田死刑囚が東京拘置所から釈放された。四八年という気の遠くなる年月を経て、袴田死刑囚の無実・無罪を証す闘いの最大の山場を迎えた(3)。

死刑再審では、一九八三年に世界で初めて死刑再審を勝ち取った免田事件の免田栄さん、その後の松山事件の斉藤幸夫さん、財田川事件の谷口繁義さん、島田事件の赤堀政夫さんに次ぐ五人目の再審開始となる(名張毒ぶどう酒事件でいったん再審開始決定が出たが、逆転取消しとなった)。

免田さんたち四人は再審開始決定後も身柄拘束が続き、再審開始後のやり直し裁判で無罪判決が出てようやく釈放された。ところが、静岡地裁は「捏造された疑いがある重要な証拠で有罪とされ、極めて長期間死刑の恐怖の下で身柄拘束されてきた」として、再審開始決定と同時に釈放命令を出す英断を下した。

他方、二〇一四年三月三一日、福岡地裁（平塚浩司裁判長）は、小学校一年の女児二人が殺害された飯塚事件で死刑が確定し、二〇〇八年に死刑執行された久間三千年元死刑囚の再審請求審で、請求を棄却した。

久間元死刑囚の有罪判決は、ＤＮＡ鑑定や目撃証言などに基づいていた。ところが、このＤＮＡ鑑定は、再審無罪となった足利事件と同じ時期に同じ手法で行われた。足利事件再審請求審において明らかにされたように、ＤＮＡ鑑定方法自体が本質的に誤っていたため菅谷利和さんは一九年もの間、誤った有罪判決によって獄中生活を強いられた。同じ手法で行われた鑑定によって久間さんは死刑を言渡され、足利事件再審が話題になるや、あっという間に処刑されてしまった。

平塚裁判長は決定で「当時のＤＮＡ型鑑定の証明力はより慎重な評価をすべきだが、鑑定を除いた状況事実を総合した場合でも、元死刑囚が犯人であることに合理的な疑いはない」などと述べて確定判決を支持した。

袴田事件では適切な再審開始決定が出たが、捜査側による証拠捏造という犯罪的事態が明らかになってようやく認められた。仙台筋弛緩事件や飯塚事件では証拠捏造までは明らかになっていないが、これでは法が再審請求を認めた理由が著しく損なわれる。再審の本来的意義に立ち返るべきである。

刑事司法改革という名の捜査権限強化が行われた二〇一六年に限っても、六月三〇日、松橋事件につき熊本地裁が、自白と客観的証拠が合致しないとして再審開始決定を行った。同年七月二一日には、八王子誤認起訴事件で、東京地検立川支部が「イロハのイができていなかった」とずさん捜査を認めて謝罪した。同年八月五日、福岡高裁宮崎支部判決は、志布志事件民事訴訟において鹿児島県警による違法な取調べを断罪した。さらに、八月一〇日、東住吉事件で、大阪地裁は再審開始後の公判において、被告人に無罪を言い渡した(4)。このように警察検察の捜査は底なしの泥沼にはまり込んでいるのに、改善する姿勢は皆無と言って良い。

二　政治的弾圧事件

一般刑事事件における誤判・冤罪とは異なる性格の事案として、政治的理由に基づく弾圧事件がある。近年では、新大久保におけるヘイト・デモに対して「差別反対」と叫ぶカウンターに対する警察の暴力と逮捕が知られる。安保法制反対デモのメンバーも続々と逮捕された。反原発運動のデモからも逮捕者が続出した。米軍基地押しつけに反対する沖縄の人々も逮捕弾圧を受けてきた。

堀越事件東京高裁判決

二〇一〇年三月二九日、東京高裁は、日本共産党機関紙を配ったとして国家公務員法違反の罪に問われた被告人（元社会保険庁職員堀越明男）を逆転無罪とする判決を言渡した。判決要旨は次のように述べた（便宜上、段落ごとに番号を付して紹介する）。

①表現の自由は民主主義国家の政治的基盤を支えるものであり、公務員の政治的中立性を損なう恐れのある政治的行為の禁止は、範囲や方法が合理的で必要やむを得ない程度にとどまる限り、憲法が許容する。規制目的は国民の信頼確保にあり、判断するのに最重要なのは国民の法意識であり、時代や政治、社会の変動によって変容する。

②罰則規定を合憲とした猿払事件最高裁大法廷判決当時は国際的に冷戦下にあり、国民も戦前からの意識を引きずり、「官」を「民」より上にとらえていたが、その後大きく変化した。勤務時間外の政治的行為の禁止も、滅私奉公的な勤務が求められていた時代とは異なり、現代では職務とは無関係という評価につながる。

③本件は地方出先機関の社会保険事務所勤務の厚生労働事務官で、職務内容・権限は年金相談のデータに基づき回答するという裁量の余地のないもので、休日に職場を離れた自宅周辺で公務員であることを明らかにせず、無言で、郵便受けに政党の機関紙などを配布したにとどまる。

④被告人の行為を目撃した国民が、国家公務員による政治的行為だと認識する可能性はなかった。発行や編集などに比べ、政治的偏向が明らかに認められるものではなく、配布行為が集団的に行われた形跡もない。

⑤罰則規定の合憲性を基礎付ける前提となる保護法益との関係でみると、国民は被告人の地位や職務

権限、単発行為性を冷静に受け止めると考えられるから、行政の中立的運営、国民の信頼という保護法益が損なわれる抽象的危険性を肯定することは困難である。国民が行政全体の中立性に疑問を抱くとは考え難い。

⑥本件配布行為への罰則適用は、国家公務員の政治活動の自由に対する必要やむを得ない限度を超えた制約を加え、処罰の対象とするものであり、憲法違反との判断を免れず、被告人は無罪である。

判決には次のような付言がついている。

⑦国家公務員に対する政治的行為の禁止は一部とはいえ、過度に広範に過ぎる部分があり、憲法上問題がある。政治的行為の禁止は、法体系全体から見た場合、さまざまな矛盾がある。

⑧時代の進展、社会的状況の変革の中で、国民の法意識も変容し、表現の自由の重要性に対する認識は深まっており、公務員の政治的行為についても、ほかの違反行為を伴うものを除けば、表現の自由の発現として、相当程度許容的になってきている。

⑨グローバル化が進む中で、世界標準という視点からもあらためてこの問題は考えられるべきだろう。公務員制度改革が論議され、他方、争議権付与も政治課題とされている中、公務員の政治的行為も、さまざまな視点から刑事罰の対象とすることの当否、範囲などを含め、再検討されるべき時代が到来している。

法解釈の歪み

国公法による「政治」的行為処罰には、憲法学、労働法学、刑事法学のいずれの分野からも厳しい批判があり、猿払事件最高裁判決は集中非難を浴び、判例としての価値にも疑問が付された。本件以前、長期間にわたって検察も同種行為を立件することができず、判例としての意義はほとんど失われていた。この流れが定着しようとしていたのを、本件訴追によって逆流を謀り、東京地裁が漫然と有罪判決を書いたため、時代錯誤の最高裁判決がよみがえることになった。

その意味で、東京高裁判決は画期的な無罪判決である。先例を前に思考停止することなく、果断に無罪判決を言い渡した。何よりも、裁判闘争を見事に闘い抜いた被告人と弁護団に敬意を表したい。その上で本判決の法解釈には、方法論的に看過できない問題点があることを指摘し、検討を加えておきたい。

第一に、付言⑦の認識が本当にあるのならば、適用違憲ではなく罰則自体の違憲を選択すべきであった（最高裁判決があるため難しかったのだろうが）。市民的権利と「政治」的権利の憲法論的考察が不十分である。

第二に、①以下で展開されている「国民の法意識」論では、憲法にも国公法にも書かれていない「国民の法意識」を、保護法益論を媒介として法解釈に取り込んでいる。刑法解釈における国民の法意識論、国民性論、一般人標準説などは、立法者意思の確認もなく、法意識や国民性の科学的認識もなく、論証抜きに裁判所が恣意的に認定してきた。

第三に、②の「法意識変容」論も恣意的認定でしかない。憲法よりも「国民の法意識」を上に置き、「国民の法意識」を裁判所が恣意的に決めることにならないか。

第四に、②では、さらに「集団的、組織的な場合は別論」としているが、これも憲法にも国公法にも書かれていない要件を、保護法益論を口実に盛り込んでいる。その判断が論理的に行われる可能性はあるだろうか。憲法によって保障された表現の自由を、単独なら違法性がないとしながら、集団なら違法とする恣意的解釈である。

第五に、逆に言えば、国民主権と議会制民主主義のもとでは、刑罰法規の合憲性が「国民の法意識」に裏打ちされるべきは当然のことである。国公法の場合にだけ「国民の法意識」を持ち出すのは欺瞞ではないだろうか。

第六に、⑨では「国民の法意識」に依拠せずに裁判所の判断がストレートに述べられているが、矛盾である。

全体として言えば、もともと最高裁判決が捩じれているのを匡すことを諦めて、「いっそのこともっと捻じ曲げれば正しい結論を導き出せる」という方法論に基づいている。この国の裁判の理論水準をよく体現していると言うべきだろうか。

三　インサイダーによる刑事司法批判

絶望の裁判所

かつて平野龍一（東京大学名誉教授）が「日本の刑事裁判は絶望的である」との言葉を残したが、「絶望」の度合いはますます進行し、いまや「日本の刑事裁判は中世並み」ということが国際社会から指摘されている。

三三年間の裁判官（主に民事裁判）を経験した瀬木比呂志は「絶望の裁判所」という表現で、裁判官の精神構造の病理を内側から明らかにする（5）。政権追随司法、人権軽視司法を形成・維持した最高裁司法行政族による青法協攻撃以来の「司法の反動化」を確認し、政治的動機による裁判官弾圧と裁判官統制であり、それゆえ組織が歪み、人間が抑圧されていった経緯を踏まえる。青法協、裁判官懇話会、裁判官ネットワーク、それぞれに自由で開かれた裁判所を目指したが、弾圧で潰されていった。内容はほとんど既知のことであるが、著者自身の体験が裏打ちし説得的であり、読者は随所で「やっぱりそうだったのか」と繰り返すことになる。瀬木はそこで立ち止まらない。「裁判官の精神構造の病理」として、①一枚岩の世界、内面性の欠如、内面のもろさ、②エゴイズム、自己中心性、他者の不在、共感と想像力の欠如、③慢心、虚栄、④嫉妬、⑤人格的な未熟さ、幼児性、⑥建前論、表の顔と裏の顔の使い分け、⑦自己規制、抑圧、⑧知的怠慢、⑨家庭の価値意識――ここまで書くか、と思うくらい厳しく批判する。

瀬木は続編において、判決や手続きを中心に日本の裁判の異常性を明らかにする（6）。瀬木は「裁判官が『法』をつくる」という。裁判所が実質的意義における「法」を作るのは当たり前で「裁判所の法形成機能」という言葉もあるが、そうしたまともな法形成ではなく、裁判「官」がそれぞれの価値観に基づいて恣意的に「法」を作ってしまう。

刑事裁判については冤罪と国策捜査の恐怖が語られる。袴田事件、足利事件、東電ＯＬ殺人事件を素材に、人質司法による自白偏重傾向が指摘される。そして刑事裁判を歪める国策捜査である。名誉毀損裁判や原発裁判といった、政治的な「価値関係訴訟」については最高裁事務総局による司法統制が行き届き、大半の判決が最高裁方針に沿って下されている。行政訴訟は露骨に権力寄りである。

最後に瀬木は司法健全化のために何をなすべきかを論じる。権力の監視は司法権力についても重要であること、市民による裁判傍聴や裁判員制度発足、マスメディアの在り方の改善、法曹一元制度の採用などが提示される。数十年前から言われてきたことと同じである。内容に新味はないが、瀬木の長い裁判官人生を踏まえて具体的に考察しており、重要な著作である。

元裁判官による司法批判には数々の前例がある。古くは再任拒否された宮本康昭弁護士や、日本民主法律家協会、裁判官懇話会による情報の整理と分析は膨大な研究業績となったが、裁判官懇話会メンバーが全員、裁判所から離れて長い年月がすぎた。裁判官ネットワークを最後に、裁判官や元裁判官による司法批判が激減した。外からの批判は多数あるが、インサイダーによる批判はわずかなものになった。そこに瀬木が登場し、裁判官経験をもとに、読者に読ませるエピソードも適宜紹介しつつ、研究者として背景や原因を分析している。

法権力中枢の不正義

郷原信郎・森炎『虚構の法治国家』は「有罪を作り上げる権力の犯罪」「初めて暴かれた法権力中枢の不正義！」との宣伝文句で送り出された元検事の弁護士と元裁判官の弁護士の対談である（7）。

対談は数々の冤罪・誤判を取り上げ、検察と裁判所が誤る原因を追究する。帝銀事件、財田川事件、足利事件、東電OL殺害事件、西松建設事件、陸山会事件、厚労省郵便不正事件、そして美濃加茂市長事件。見込み捜査、人質司法、自白強要、証拠隠蔽、証拠改ざんをはじめとする「捜査の名による犯罪」が冤罪を量産していることを明らかにする。こうした事実はこれまでも多くの弁護士、ジャーナリスト、研究者によって指摘されてきた。同書の意義は、元検事と元裁判官による指摘という点にある。

第3節　刑事施設と人権

一　刑務所改革の最前線

刑務所はどこへ行く

刑事司法改革が急速に進行しているが、なかでも刑務所改革は日本の刑務所システムの総合的な見直しとして法改正が実現した。司法改革のうち裁判員制度や被害者参加などの訴訟法改正については強い批判があり、共謀罪立法や、各種の厳罰化に対しても多大の疑問が提起されているのと比較すると、刑務所改革の場合は改革の必要性に関する一致があった。そのため法務省と日弁連や刑事法研究者の間で建設的な意見交換が行われ、一定の改革が進められたと評価されている。

しかし、戦後六〇年に及ぶ監獄法改正の課題が果たして「実現」したといえるのか疑問は残る。しかも、代用監獄問題をはじめとして深刻な問題が置き去りにされた感は否めない。二〇〇七年五月にジュネーヴで開催された拷問等禁止条約に基づく拷問禁止委員会の日本政府報告書審査とその結果としての勧告を見れば、日本の刑事司法は全体として深刻な人権侵害状況にあり、その改革はいまだ試みられてさえいないというのが実態ではないだろうか。

拷問禁止委員会勧告は、日本政府報告書には、拷問等禁止条約の諸規定が日本においていかに適用されているかの情報が欠落していること、法律の条文が羅列されているだけで、諸権利がどのように履行されているのか分析がなく、実例や統計も記載されていないことを踏まえ、数々の指摘をしている（8）。

改革が始まった

菊田幸一・海渡雄一編『刑務所改革――刑務所システム再構築への指針』は、長年にわたって監獄法改正問題に向き合い、研究と発言を続け、近年においては「行刑改革会議」に加わって積極的に取り組んできた編者をはじめとする多くの研究者による共同作業の成果である（9）。編者は「行刑改革会議提言」を、イギリス行刑改革をリードしたウルフ・レポートになぞらえ、次のように述べる。

行刑改革会議提言は「受刑者処遇の基本的なあり方として受刑者の人間性の尊重、自発的で自律的な改善更生の意欲をもたせる処遇を求めている。行刑改革によって、受刑者の人権を保障し、これにかかわる刑務官の労働条件をも向上させることは、受刑者の社会復帰と更生の実をあげることによって犯罪発生の減少にも貢献し、ひいては国民全体の利益につながることを強く打ち出している。そして、行刑の透明性を確保し、社会との接点を格段に増加させるため、刑事施設視察委員会をつくり、外部交通の範囲を拡大したのである」。

改革をリードした編者の熱意と努力によって、それまでの法務省と日弁連の対立を乗り越えて改革を前進させた力量には感銘を受ける。

「近年の刑罰制度をめぐる動向は、犯罪の成立を前倒しにし（共謀罪の提案）、その範囲を押し広げ刑罰を厳罰化する（各種の組織犯罪対策立法、刑法の法定刑の引き上げ）傾向が目立っている。このような動向には強い懸念をもたざるを得ない。市民の犯罪恐怖、これを煽りたてるマスコミ、ポピュリズムに走る政治の悪循環のなかで、日増しに刑罰は厳重なものとされ、犯罪者の社会からの隔離が進んでいる。このような社会の動向のなかで、犯罪者を社会の一員として認め、受刑者の人権保障を基本として、その社会復帰を進めることを内容とする提言がまとめられ、法制度の改正に結実したことは名古屋刑務所事件などの痛ましい犠牲の結果ではあるが、奇跡と言ってよい快挙である」。

もちろん、法改正によってことが済むわけではない。現場の状況を改善するためには法律を実施する具体的な方策が重要になる。そこでは改革に対する抵抗も見られる。問題点は山積みである。同書はこうした現実を前に、提言を打ち出した編者らがその責任を引き受け続け、真の改革の実現に向けて取り組みを続けることを宣言する。「改革は始まったのである」。始まった改革を停滞させることなく、さらに前進させようとする熱意と理論が溢れる著作である。

理念と現実

巻頭論文の村井敏邦「行刑改革における理念と現実」は、「社会正義の実現や人権の擁護を目指してその職業を選んだ」矯正関係者が日常業務の処理に追われて初心を忘れそうになったときに、立ち止まって自分の理想を思い返してみることの重要性を指摘した上で、既決と未決の処遇に論及する。既決処遇については、刑事施設処遇法が、かつての刑事施設法案よりは前進しているものの、「受刑者の権利義務規定としては不十分」である。外部交通、外部通勤など評価できる面もあるが、制限事由とされる「矯正処遇の適切な実施」が障害となる恐れがあると見る。そして、実施上の細目が省令に委ねられたこと、省令の内容がなかなか明らかにされなかったことに疑問を付している。この点は、矯正現場から意見を吸い上げるのではなく、上からの改革が進められた傾向があることと結びついている。「処遇は職員と被収容者との人間関係であり、コミュニケーションである。この点をないがしろにして、機械管理中心の施設運営になるならば、行刑改革の本来の趣旨が没却されることになろう」。村井は、法改正に先行してＰＦＩ方式の刑務所運営（民営刑務所）が進んだことについて、多大の危惧を表明している。これほど重大な改革が行刑改革会議で審議されず、行刑改革のドサクサ紛れに進められている。内容面でも、経費を基準とし、人手を減らし、効率優先の管理が行われる危険性がある。市民に閉ざされた刑務所を企業に開くことの意味を、真剣に議論することがなかったのは疑問とされる。

今井直「国際人権法と日本の行刑」は、日本における被拘禁者の人権状況が国際自由権規約や拷問等禁止条約など国際人権法に従ったものであるかどうかを検討する。さらに、人権侵害の防止のために国際社会が用意しているモデルやメカニズムを紹介して、日本の対応を提言する。国際自由権規約に基づく政府報告書を日本政府はこれまでに四回提出し、自由権委員会の審査を受けてきた。一九九八年の第四回審査で、刑務所に関しては、所内行動規則が被収容者の基本的権利を制限していること、厳正独居拘禁、懲罰手続きの不透明、受刑者の不服申し立ての不十分さ、革手錠の問題などが厳しく批判された。日本政府は委員会であれこれ弁明に努めたが、人権よりも施設管理を優先する説明は国際社会には通用しなかった。国際社会は、自由権規約や拷問等禁止条約のみならず、国内人権機関に関するパリ原則を用意しているし、二〇〇二年には拷問等禁止条約選択議定書を採択して、拷問への事後的対応から、予防へと踏み込んでいる(10)。

今井は「国際人権法に対する日本の姿勢は、行刑など被拘禁者の取扱いの分野においても、けっして積極的なものとはいえない」、「総括所見の勧告を真摯に受け止めようとしない態度」と指摘し、国際的メカニズムを受け入れさせるため、圧力を増大させる必要性を強調する。

受刑者処遇

菊田幸一「受刑者の法的地位――受刑者の人権」は、受刑者の法的地位を論じるためには受刑者の人権から始めなければならないとする。かつては無前提に法的地位論が展開されたからである。受刑者の人権は刑罰の目的との関係で定まる。行刑改革会議提言は「受刑者が、真の意味での改善更生を遂げ、再び社会の担い手となるべく、人間としての自信と誇りをもって社会に復帰すること」を掲げた。菊田は、具体的に、選挙権・被選挙権、住民票、医療保険、労災保険、年金保険、雇用保険、資格制限の問題を取り上げて分析している。菊田は次のようにまとめる。「受刑者も、早晩この社会に復帰する存在であることは言うまでもない。その者は、自由刑の開始とともに社会復帰への準備がはじまる対象者である。その対象者には、幸福追求権、自己発達権がある。その基本権が自由刑の名のもとで、あるいは受刑者であるとの理由で奪われてはならない」。

土井政和「社会復帰のための処遇」は、行刑改革会議提言と新法を素材に、受刑者の社会復帰のための処遇について論じる。土井は「管理行刑から処遇行刑へ」、そして社会復帰・社会生活再建への処遇の基礎理論の転換を確認する。施設内処遇と社会内処遇の連携を統一把握するための視点として、医療・社会化モデルではなく、「一貫した社会的援助」を掲げる。受刑者に対する処遇を社会生活再建のための援助と見る発想である。被拘禁者は、①拘禁以前の事情（社会関係、家庭、職業）の点でも、②拘禁それ自体による弊害としての社会からの隔絶という点でも、③さらには釈放後の人間関係の困難（自己評価の低下、社会的スティグマ）という点でも、社会的援助を必要としている。この観点から見ると、提言や新法には、なお問題が残る。個別的処遇の原則が貫徹されていない。「処遇の個別化」から「個別化された援助」への前進が求められる。受刑者の主体性の尊重と処遇強制は矛盾する。社会との関係についても、刑務所自己完結主義からの脱却が必要である。受刑者処遇法を実効あるものとするためには、憲法の精神を踏まえ、権利義務関係を明確にし、刑務所自己完結主義から脱却し、社会との連携を意識した社会復帰処遇を追及するべきであるとする。

規律と秩序

海渡雄一「規律秩序について――支配服従関係から対話の関係へ」は、行刑改革会議提言のポイントは、施設内の規律に関する考え方の転換を図ったことであるとして、「支配服従の関係から対話重視の関係へ」と対比する。行刑改革会議における審議に際しても、「受刑者と職員を対立的に捉えない」考えや、「受刑者の表情を取り戻すため」の模索がなされたという。とはいえ「行刑改革会議提言」を具体化する所内規則の見直しが十分に行われたわけではない。海渡は、これまでの議論の蓄積を踏まえつつ、さらに改善を目指して、個別の論点を一つひとつ検討している。懲罰手続きにおける権利規定の欠如、昼夜間独居拘禁（厳正独居）の過酷性、および手続的保障の欠如、職員体制の保安中心から処遇中心へのシフトをいかに実現するかを検討している。さらに「提言」が新受刑者処遇法をいかに実現したかを、規律秩序の原則や、防声具・革手錠・拘束台の廃止、隔離収容規定などについて瞥見した上で、「人権教育の進展に期待」を表明している。

岩田研二郎「第三者機関・不服申立」は、日本の刑事施設には第三者の監視が入らない閉鎖構造という根本問題があったことを踏まえて、国際的な基準にたった第三者機関の創設に向けた取り組みをいかに日本で実現するかという観点から、議論を展開している。閉鎖構造の問題点を確認するために、人権侵害や苦情の実例を具体的に検討（信書の発信の自由、医療、懲罰、暴行、拷問、接見などに関する事例）したうえで、改革の提言として日弁連の刑事処遇法案、刑事立法研究会案を紹介し、独立した人権機関構想を提示する。「市民参加による社会に開かれた刑務所」への改革を求めている。

葛野尋之「外部交通」は、外部交通を「受刑者の法的・社会的コミュニケーション」として位置づけ、これまで刑事施設の閉鎖性により外部交通が著しく制限されてきたことから強い批判がなされてきたとし、「提言」も積極的な改革を提示したと、一定程度、評価する。葛野は、社会的コミュニケーションの法的性格や、権利制約の根拠と限界について徳島刑務所事件などを素材に理論的考察を行い、面会・信書発受についての具体的権利保障を要求する。

同書が明らかにしたのは、百年の停滞が打ち破られて、まぎれもなく刑務所改革が始まったこと、刑事施設運営における二項対立（規律と人権の無媒介な二項対立をはじめ、受刑者対職員、法務省対日弁連など）を克服する努力が始まったこと、それゆえ各論においても改善の手がかりは得られたこと、にもかかわらず改革に対する抵抗も少なくないことである。改革を押しとどめることなく、着実に推進させるために、研究者やＮＧＯの課題は尽きない。「刑務所改革の最前線」とは、そこに立ち続け、前進し続けなければならないということでもあるだろう。

二　刑事施設における暴力

『朝日新聞』二〇〇七年一〇月七日朝刊は「刑務所内で暴行七〇〇〇件超　全国七五施設『過剰収容』指摘も」と題して「刑務所や拘置所などの刑事施設で、収容者が他の収容者や職員らを殺傷・暴行する事案が増えている」と報じた。十年前から約三千件増え、年間七千件となったという。収容者同士が六三四六件、対職員らが一二一三件。府中刑務所や福岡刑務所における事例が紹介されている。記事の前半では情報の出所は明らかにされていないが、終わりのほうに「法務省矯正局によると」という表現が出てくる。末尾では、過剰収容に一因があるとして、海渡雄一（弁護士、監獄人権センター事務局長）の言葉を紹介して締めている。当局発表情報を紹介するだけでなく、過剰収容を指摘している点では優れた記事といえよう。もっとも、収容者による暴力だけに焦点を当てている。名古屋刑務所事件を引き合いに出すまでもなく、施設内での暴力には職員から収容者に対するものもあるのに言及がない。

宮城刑務所

鎌田俊彦『われに告発する用意あり』は宮城刑務所における不祥事と暴行の告発である(11)。

一九七一年のクリスマスツリー爆弾事件で無期懲役が確定した鎌田は、九一年以後、宮城刑務所に収監されていたが、二〇〇五年七月、警備隊による受刑者に対する暴行を告発した。

七月七日午後四時四五分頃、還房後すぐ、廊下で警備隊副隊長(警備主任)が、ある受刑者の室内作業の材料運搬時に、何らかの言葉の行き違いからか、突然、受刑者に飛び掛って、廊下に叩きつけ、受刑者のわき腹を蹴った。「わしが何でこんなことされるんや」「懲役のくせに何言ってるんだ」。副隊長は、受刑者の首をプロレスのヘッドロックのように締め付け、駆けつけた大勢の職員が後ろ手錠をかけて連行した。数分間、悲鳴が響いたので、多くの受刑者が耳にしている。直接目撃した受刑者もいる。目撃した受刑者が「ひどいよ」と鎌田に話しかけようとしたところ、近くにいた看守が「余計なことを喋るんじゃない。非常だ」と叫んだという。鎌田が「非常はないでしょう」というと、看守は突然、襟首をつかんで頭を下げさせ、左腕をねじり上げて拘束連行した。その際、右わき腹に負傷した鎌田は治療を求めたが、放置された。

鎌田が手紙で告発したため、弁護士、ジャーナリストや人権NGOが取材をはじめ、徐々に宮城刑務所内部の腐敗が明るみに出た。暴行事件以前に、宮城刑務所では、看守が一部の受刑者に酒や煙草を振舞ったり、携帯電話を使わせたりという不祥事が起きていた。看守の腐敗発覚を恐れた当局は、受刑者が看守を脅迫したことにして一部メディアに情報をリーク。刑務所でやりたい放題の悪質受刑者というストーリーがつくられた。一方、内部では体制締め付けが厳しくなり、受刑者への対応も強圧的となり、ついには暴行事件に発展した。

同書には、告発を始めた時期から一年以上にわたる鎌田の手紙が収録されている。ここから明らかになるのは、刑事施設の問題が一部の勘違い職員による偶発的な暴行ではなく、刑事施設全体を覆っている腐敗と不正の体質にあることだ。受刑者に対する極端な差別と締め付けと暴行。一部受刑者への優遇。規律の乱れと、乱れを隠蔽するために極端に厳しくなった規律。上から一方的に締め付けるため、看守自身も振り回されているし、まして十分な情報を与えられない受刑者は呆然とするしかない。これではまともな処遇などできるはずがない。

釧路刑務所

阿部勇治『実録獄中記――受刑者の心の叫び』は、釧路刑務所の処遇批判である(12)。二〇〇〇年の強盗未遂事件で懲役三年六月を言い渡され、控訴せずに確定させた阿部は釧路刑務所に収監された。「お前らはまともな人間じゃないんだ。根性を叩きなおしてやる」といった看守たちの横柄で差別的な姿勢に直面した阿部は考える。

「罪を犯したとはいえ、閉ざされた塀の中で失格人間の烙印を押され、それぞれの人間性は矯正の名の下に否定され、抑圧されるばかりだ。権力を振りかざす威圧的な刑務官の手で、型枠人間（ロボット人間）が作り出されるだけではないのか」。

ノートや手紙も検閲される獄中で、阿部はたとえ懲罰にかけられても獄中の現実をありのままに日記につけようと決意し、刑務作業の様子、「カンカン踊り（全裸検診）」、入浴時の様子、看守の個性、受刑者の個性などを記録している。そして「釧路刑務所の一工場担当だった刑務官は、誰がどう言おうと厳しいだけで実のない指導に徹していた。矯正の名の下に、人の心を蹂躙し続けたという思いは死んでも消えない」という。

阿部は、二〇〇二年二月、新聞記事で母親の死去を知った。看守や首席幹部に新聞を見せて「今日は仕事を休んで、この房で母の冥福を祈らせてほしい」と頼んだ。ところが、首席幹部の命令で、阿部は房から引きずり出され、軽塀禁房に強制的に入れられた。二時間後には独居房に戻されたが、死んだ母親の冥福を祈ることもできない事実を黙って記録するしかなかった。

施設内医療についても指摘がある。二〇〇一年四月、肝臓と胆管が腫れ上がって重症になった阿部は、救急車で釧路市立総合病院に搬送され、五日間の入院となった。その間、二四時間監視体制で、両手に手錠をはめたままの寝たきり状態を「生き地獄」と表現している。六月には八王子医療刑務所に送られ、胆石の除去手術を受けた。八王子医療刑務所職員の受刑者に対する態度は、釧路刑務所とは対照的に人間的であり感心した。しかし、手術結果について患者に対する説明責任を果たさないなど問題もあるという。

出版になかなか同意しない家族を説得して、思い出したくない過去を書き綴り、出版にこぎつけた著者は「体験者こそ告発者であり得る」と決意を固め、施設内処遇の改善を訴える。

第4節 司法、メディア、社会意識

一 司法とマスメディア

浅野健一『犯罪報道の犯罪』の問題提起から四半世紀を超える歳月が流れた（13）。報道被害者、記者、法律家を中心に大きな反響を呼び、報道のあり方を見直すための市民運動も広がった。「南海日日新聞」などの実践例もある。しかし、マスコミ現場は変わろうとしない。それどころか「文化人」を動員して実名報道擁護、現状維持の論調がはびこっている。報道被害は広がり、いっそう悪質になっているようにすら見える。近年の刑事司法改革、とりわけ裁判員法の登場によって、問題はますます深刻になっている。

渕野貴生『適正な刑事手続の保障とマスメディア』は、刑事手続きとマスメディアの関係を刑事訴訟法学としていかに把握し、解決するのかを課題とする（14）。刑事司法とマスメディアの問題は、マスメディアの側での自主的解決が期待されるが、刑事司法のあり方も大きく変容していかなくてはならない。

渕野は、①報道機関の改革の動きは散発的で依然として鈍いこと、②当初の改革の意義やインパクトが時間の経過によって薄れてきたこと、③権利侵害の救済、防止策をめぐる法的な議論が不十分であること、④プライバシーだけではなく、被疑者・被告人の適正手続を受ける権利の侵害に焦点を当てる必要があることを指摘して、二つの課題を掲げる。①犯罪報道によって適正手続を受ける権利がいかなる点でどのように侵害されるのか、②権利侵害に対して刑事手続上どのような対応が可能でありまた必要なのか、を明らかにすることである。

渕野は、まずアメリカにおける「公正な裁判と表現の自由」論の展開を丹念に追跡する。これまでも憲法学において表現の自由を中軸にした研究の蓄積があるが、刑事手続の現実に即した研究は十分とはいえなかった。渕野は、予断法理が確立して以後の状況として、予断発生後の事後的救済がどのような基準でなされるのかを検討し、予断発生の防止と報道の自由との関係をアメリカの判例分析を通じて解明する。そのうえで手続の公開制限の可否や、手続関係者の情報提供の規制のあり方を考察し、「適正手続侵害の構造」を「予断発生行為か、予断発生結果か」と問い直し、適正手続侵害に対する法的対応として、陪審員に対する働きかけ、公判の延期、裁判地の変更、報道機関に対する直接規制、手続関係者による情報提供に対する規制について検討している。

次に渕野は、ドイツにおける犯罪報道と公正な刑事手続をめぐる議論を検証する。ドイツの議論は、権利侵害の構造に関連して、まず保護されるべき権利は何かから始まる。ここでは肖像権、匿名を求める権利、社会復帰の権利、無罪推定法理、公正な刑事手続を受ける権利、さらには一般的人格権が問題となる。無罪推定法理と公正な刑事手続を受ける権利は重なりを有しながらも異なる射程をもつ。権利侵害は、捜査機関の関与によるものと、被疑者らの身元の特定（実名報道）とに分けられ、それぞれ検討される。そのうえで犯罪報道の問題としては、憲法上の「私人間効力」の問題として再検討が迫られる。というのも、マスメディアも被疑者らも「私人」だからである。ドイツの議論は、無罪推定法理の保障についても「基本権の保護義務論」を及ぼす方向に向かっている。報道機関と被疑者ら（被侵害者）の二者の対抗関係で把握するのではなく、報道機関、被疑者ら、国家の三者の関係として把握し直して、国家の基本権保護義務を論じるのである。さらに、予断発生防止策については、処罰と予防効果の観点を見直し、裁判所侮辱罪、民事法上の一般予防、裁判の非公開を検討している。

両当事者対等報道

以上の比較法研究を踏まえて、渕野は①「権利侵害の構造論」に立ち戻って考察する。犯罪報道による具体的な侵害は、被疑者らの公平な裁判所による公正な裁判を受ける権利の侵害である。これは陪審員だけでなく職業裁判官による裁判についても言える。予断発生のおそれの判断にあたっては、権利救済の実効性、公正な裁判を受ける権利の意義を確認するべきであり、憲法三一条違反の問題として理解される。とすれば、国家の積極的侵害行為の禁止だけではなく、被疑者らに結果としての適正手続の保障を受ける権利を保障しなければならない。

渕野は、②適正手続きを保障する法的手段として、手続打切りの必要性が生じる可能性を射程に入れつつ、予断を有する事実認定者の排除として、裁判官に関する忌避の見直し、裁判員の不選任制度を検討する。さらには、裁判地の変更、裁判公開制限の妥当性・有効性を検討する。

最後に渕野は、③両当事者対等報道モデルを提唱する。公正な裁判を受ける権利、表現の自由、市民の知る権利を実質的に損なわず、予断的報道を規制するために、第一に「個別の刑事事件や刑事手続きについて報道する場合には、捜査・訴追機関側だけの主張だけではなく、必ず被疑者・被告人側の主張も同時かつ並列的に報道する」。第二に「両当事者の主張はあくまで主張にすぎず、確定した事実ではないということが明確に分かる書き方をする」。第三に「両当事者の主張を伝達する部分と報道機関自身の意見を述べる部分をはっきりと区別して報道する」。渕野は、両当事者対等報道モデルは起訴状一本主義の精神との関係でなお問題を孕むことを認めつつ、黙秘権についての正確な理解、疑わしきは被告人の利益原則の組み込みによって、実質的対等をめざす。

結論は、ある意味で平凡である。これまで人権と報道をめぐって論じられてきたテーマに、何度も繰り返されてきた解決策を繰り返しているにすぎないかもしれない。しかし、現実の報道が深刻な人権侵害を重ねている現在、同じ結論を、比較法的知見や実証的検討を通じて、刑事法の側からのアプローチとして詳細に展開していることに大きな意義がある。

二　治安政策のスパイラル効果

監視権力の限界

「監視国家」「監視社会」「超監視社会」「超管理国家」――。

現代国家＝社会の監視化、相互監視社会づくりが急速に進行し、これに対する批判的考察もすでに相当程度の積み重ねを見てきた。

国際的には、冷戦終結、ソ連東欧社会主義の崩壊、グローバリゼーションと呼ばれる資本主義の世界支配、新しい「帝国主義」の時代の世界再編が基調であることはいうまでもない。グローバリゼーションの中枢であるアメリカにおける監視化は、国内に向けても対外的にも非常な勢いで進行してきた。グローバリゼーションは資本の運動法則が世界大に広がってきたプロセスだが、同時に情報と軍事のグローバリゼーションが伴走している。

きらびやかに構築された現代都市における監視技術。空港や都市における人間の動向監視。商品生産・流通・消費過程におけるモノとヒトの把握。先端産業における緊密仔細な管理技術。コンピュータ・ネットワークの社会形成力。最新の科学と技術を活用した世界の意味の再編が猛烈な勢いで進んできた。

資本のグローバリゼーションが世界的に進行するためには、その裏づけとなる軍事のグローバリゼーションが不可欠となる。あらゆる障害物を徹底的に除去する仕組みがなければ、資本の論理が自動的予定調和的に貫徹するはずがない。資源の確保、ヒトとモノの国際移動の徹底管理、抵抗の鎮圧。かくして「テロとの戦い」が遂行される。「9・11」はその口実に過ぎなかった。

「テロとの戦い」が織り成す国家=社会は、階級階層差別、人種差別、地域差別などあらゆる差別化の上に、それぞれの階級階層に応じたきめ細かな対応を配備する。無限に膨れあがるかのような欲望の体系にも効率的に対処しうるし、安全な社会を阻害する人種に対する迅速でタフな対処も万全である(例えばアメリカの愛国者法)。

しかし、グローバリゼーションの波に洗われ/現われる現実は、同時に監視権力の限界と不可能性を立証してしまうだろう。生産の現場においても消費の現場においても、最底辺に格差付けられた人々の現実が異議申し立てを始める。軍事のグローバリゼーションの帰結は、果てしない武装抵抗や自殺爆弾による内戦に陥るしかない。アフガニスタンやイラクの現実だけではない。アメリカ国内における暴力の噴出こそがその例証である。

世界を監視する欲望が監視システムの制御棒を転落させてしまう。不可抗力や事故だけではない。監視員のミスやコンピュータ・ネットワークの誤作動だけではない。人間社会を監視する思想そのものに内在している〈不可能性〉――それは、あまりに単純なことだが、人間の尊厳や個性の尊重と呼ばれてきた〈人間的自然〉のうちにあるのではないか（15）。

安全・安心まちづくり批判

清水雅彦は、近年各地の自治体で急速に進展してきた「生活安全条例」、そのイデオロギーである「安全・安心まちづくり」を歴史的に辿り直して、徹底解剖する（16）。

清水によれば、生活安全条例は、一九八〇年代のアメリカ・イギリスにおける治安政策に学んできた警察官僚の研究成果をもとに、警察や防犯協会などの肝いりで、あるいは「凶悪犯罪キャンペーン」などを梃子に「市民の要求」という水路を通過した形で推進されてきた治安政策の柱である。一見すると「下から求める」スタイルをとりながら、実際には「上からの治安政策」を見事に全国展開したものである。

清水は、「安全・安心まちづくり」を戦後治安政策の展開の延長に位置づけたうえで、「地域安全活動」の実例と問題点を検討する。そして、自治体における生活安全条例を、東京・千代田区条例、世田谷区条例、東京都条例、神奈川県条例に即して具体的に検討する。

清水によると、「安全・安心まちづくり」は、「犯罪防止に配慮した環境設計活動」（ハード面）と「地域安全活動」（ソフト面）の二つの施策から成り、「割れ窓理論」や「ゼロ・トレランス」という理論が支えとなっている。内実はそれぞれ異なった理論だが、地域における環境設計と犯罪対策を徹底して、重大犯罪のみならず単なる迷惑行為なども厳しく取り締まること、地域の意識を変えることが目指される。ここから警察設置カメラ、スーパー防犯灯、民間交番、民間防犯パトロール、それらのネットワークなどが結実する。その結果、行政警察の拡大、公権力による私的領域への介入、権力による価値の注入（規律訓練など）が惹き起こされる。従来の憲法理論や警察法の理解を越え出て、警察による社会支配が進行する。

それゆえ、「安全・安心まちづくり」の具体化である「生活安全条例」も「道徳規範の法規範化」、「公権力による市民社会の支配」、近代立憲主義のすり抜け、杜撰な立法事実論といった問題点を有しているし、適正手続きの保障、刑罰法規の明確性の原則、プライヴァシー権、表現の自由、結社の自由、財産権、地方自治などに対して看過し得ない問題を生じる。行政の運用にも歪みを生じる。警察主導の地域防犯活動により「民衆の警察化」を招来し、参加や連帯といった理念を捻じ曲げる恐れが高い。

清水は、さらに有事体制づくりにおける「国民保護法制」と「生活安全条例」の思想の連関を問い直し、「不安社会」における「安全」の追求がもたらす危険性を摘示する。

「安全・安心まちづくり」についての初の体系的批判的検討を通じて清水が明らかにしているのは、「安全」を求める治安政策が逆に危険や不安を高め、時には犯罪を増加させてしまうスパイラル効果である。不安を煽って安全を求める意識は、つねにいっそうの不安を呼び起こす。過度の抑圧は犯罪予防ではなく犯罪創出の反復につながる。テロの温床を放置したままの「テロとの戦い」が次のテロを生み出すことと同じ理屈である。「テロとの戦い」と「生活安全条例」の同質性は意外でも偶然でもない。グローバリゼーションのもとでの新自由主義的世界＝社会再編の表現である点では最初から同質なのだから。

三　三振法──厳罰主義のゆくえ

三振法の導入

「一九九二年には『三振、アウト！』という言葉は、野球の審判が、三振した打者をダグアウトに送り返すための言葉として知られていた。しかし五年後、『三振』という言葉は、米連邦政府と約半数の州で導入された厳しい新量刑法としてよく知られるようになった。驚いたことにこの改革は熱狂的な歓迎を受け、この法律は一九七〇年代中期に始まった厳罰政策運動の代名詞となった。犯罪率が上昇したので、わがままな犯罪者に対する公衆の同情は消えうせ、有権者は政策当局に対して社会復帰計画を放棄し、代わりに厳罰政策を採用するように求め始めた。九〇年代中期までに、刑事司法制度は社会復帰思想に基づく制度から、抑止と無害化の思想に基づく制度にすっかり変貌を遂げた」。

アズサ太平洋大学政治学准教授のジェニファー・ウォルシュ『三振法──アメリカにおける論争問題への歴史的案内』は、カリフォルニア州から始まった三振法を歴史的に振り返り、その意味と影響を概括した著作である(17)。

ウォルシュによると、三振法が全米に広まり、累犯者に対する厳罰政策が採用され、犯罪統制をめぐる議論が再編成された。犯罪率上昇が大きく報道された結果、公共の安全を守るために厳罰政策が必要だという世論が形成された。三振法は民主党と共和党の双方から支持を得た。三振法導入後に犯罪率が低下し、三振法が公共の保護に役立った証拠とされる。しかし、重罪でもないのに終身刑を言い渡された事例が報告され、三振法の効果には疑問も呈され、正義に反するとか、税金の浪費という批判もある。三振法の支持者と反対者の間の論争は政治的紛糾の種となり、刑事施設の過剰収容問題などの論争に波及している。

ウォルシュは、三振法運動を七〇年代中期に始まった量刑改革運動に位置づける。一九世紀末から二〇世紀にかけて社会復帰思想が台頭し、一九三一年には社会復帰革命がアメリカを覆った。しかし、六〇年代に変化が始まり、社会復帰思想の効果には次々と疑問が差し向けられ、七〇年代には社会復帰が放棄され始める。三振法運動はワシントン州から始まり、カリフォルニア州で最初の立法が実現し、九四年にはクリントン政権が連邦法に取り入れた。九六年までに二五州に広がるスピードであった。三振法には警察力の増強（権限強化と警察官増員）が伴っていた。

三振法といっても具体的内容は州によって異なる。アラスカでは、重罪三回で四〇年以上九九年以下の刑事施設収容。アーカンサスでは、殺人、誘拐、強姦、テロ行為等二回で四〇年以上の仮釈放なき刑事施設収容。コロラドでは、第一級・第二級の重罪、第三級重罪で暴力を伴う場合、三回で終身刑。メリーランドでは、殺人、強姦、誘拐、カージャック等四回で仮釈放なき終身刑。サウスダコタでは、殺人、子ども虐待死、強姦、麻薬売買等二回で仮釈放なき終身刑。連邦法は、殺人、強姦、誘拐、重大麻薬犯罪等三回で仮釈放なき終身刑。

再犯の抑止と無害化が実際に果たされたか否か、三振法の本来の目的に照らした効果の判定もさまざまな試みがなされている。機械的終身刑ならば、犯罪者は重罰を避けるために再犯を思いとどまるか。機械的終身刑なら潜在的犯罪者が犯行を思いとどまるか。常習犯罪者の隔離による無害化が犯罪を減少させるか。

ウォルシュによると、この問題は、三振法は機能しているかという問いの形で論議されてきた。三振法導入後の犯罪率低下を、三振法の効果と見るか、その他の諸要因（経済変動など）を考慮するかは分かれている。カリフォルニアのように顕著に低下した州もあれば、漸減程度の州もある。ウォルシュはいくつもの例を紹介している。法制定による直接的効果、間接的効果、あるいは潜在的な逆効果を総体として把握することは困難であり、明快な結論が出るわけではない。死刑の抑止効論議と同様である。

社会の敵から良識ある市民の安全を守るための厳罰主義は、いったん採用されると、効果の有無は実証できないから、そこから抜け出すことが困難になる。三振法の世界は、価値を求めながら価値を剥離する法の矛盾を露呈し続けるだろう。

日本においても同様の厳罰化が進められてきた。刑罰（法定刑及び量刑）の適正化のための見直しは常に必要であるが、メディアを利用して不安をあおる凶悪犯罪キャンペーンによる厳罰化は、ポピュリズム刑事政策の名にふさわしい。三振法のような暴論は登場していないとはいえ、科学的専門的知見を軽んじた刑事政策への欲望が作動する恐れは少なくない。

註

（1）刑事司法改革について、川崎英明・三島聡編『刑事司法改革とは何か――法制審議会特別部会「要綱」の批判的検討』（現代人文社、二〇一四年）、葛野尋之『刑事司法改革と刑事弁護』（現代人文社、二〇一六年）。

（2）死刑について、前田朗「死刑存廃論の系譜と展開」『法学セミナー』七三二号（二〇一六年）、及び同号所収の諸論文。各年度の『年報死刑廃止』（インパクト出版会）参照。

（3）冤罪に関する文献は枚挙にいとまがないが、近年の代表的なものとして、高見澤昭治『無実の死刑囚――三鷹事件竹内景助』（日本評論社、二〇〇九年）、熊本日日新聞社編『新版検証・免田事件』（現代人文社、二〇〇九年）、里見繁『冤罪をつくる検察、それを支える裁判所――そして冤罪はなくならない』（インパクト出版会、二〇一〇年）、今村核『冤罪弁護士が語る真実』（講談社、二〇一二年）、東海テレビ取材班『名張毒ぶどう酒事件――死刑囚の半世紀』（岩波書店、二〇一三年）、菅野良司『冤罪の戦後史――刑事裁判の現風景を歩く』（岩波書店、二〇一五年）、里見繁『死刑冤罪――戦後6事件をたどる』（インパクト出版会、二〇一五年）。

（4）東住吉事件について、前田朗『刑事人権論』（水曜社、二〇〇二年）。

（5）瀬木比呂志『絶望の裁判所』（講談社現代新書、二〇一四年）。

（6）瀬木比呂志『ニッポンの裁判』（講談社現代新書、二〇一五年）。

（7）郷原信郎・森炎『虚構の法治国家』（講談社、二〇一五年）。郷原は東京地検特捜部、長野地検次席検事を歴任し、著書に『検察の正義』『検察が危ない』『組織の思考が止まるとき』がある。森は東京地裁、大阪地裁などの裁判官を務め、著書に『司法殺人』『死刑と正義』『司法権力の内幕』『教養としての冤罪論』がある。本書は、刑事司法の歪みを作り出してきた検察と裁判所の双方の問題点が見事に対応し、補完し合い、信じがたい世界を作り出していることを具体的に明らかにしている。瀬木は客観面での分析を通じて司法の危機を徹底追及するが、郷原と森は検事や裁判官の内心に立ち入って論じる。対談は、日本刑事司法の底知れぬ不正義、果てしない無責任、信じがたい破廉恥を次々と暴露している。

（8）前田朗「拷問禁止委員会が日本に勧告」『無罪！』二〇〇七年六月号、同「日本の拷問と虐待に拷問禁止委員会が勧告」『週刊金曜日』六五七号（二〇〇七年六月八日号）参照。なお、『東京新聞』同年六月二二日付「こちら特報部」は「国連拷問禁止委で報告書酷評、日本の人権に〝不合格〟」と報じている。勧告は、例えば拷問の定義が条約に従っていない。精神的拷問が含まれていない。一部の特別公務員だけが取り上げられている。司法の独立が不十分である。入管法には拷問を受ける恐れのある国への送還禁止規定がない。難民認定審査の独立機関が存在しない。代用監獄が利用され、人権侵害が続いている。無罪の推定、黙秘権、防御権が尊重されていない。起訴前拘禁が長い。起訴前拘禁に対する司法的統制が効果的でない。起訴前保釈制度がない。自白に基づいた有罪判決が多い。取調べ時間に制約がない。厳正独居が懲罰的に用いられている。留置場収容者には不服申立制度がない。刑事施設審査委員会がない。拷問被害者が適切な補償を受けられない。被収容女性や子どもに対する暴力、法執行官による性暴力の訴えが続いている。精神病院における拘禁、司法的統制の欠如など多くの問題点を指摘している。日本の刑事司法は国際人権水準に照らして落第であるとし、日本政府報告書は報告書として失格であることが再確認された。

（9）菊田幸一・海渡雄一編『刑務所改革――刑務所システム再構築への指針』（日本評論社、二〇〇七年）。

（10）選択議定書については、本書第2章参照。

（11）鎌田俊彦『われに告発する用意あり――宮城刑務所二〇〇五年五月～二〇〇六年九月』（『そうぼう』編集部、二〇〇七年）。

（12）阿部勇治『実録獄中記――受刑者の心の叫び』（美化企画出版、二〇〇七年）。

（13）浅野健一『犯罪報道の犯罪』（学陽書房、一九八四年、〔新風舎文庫、二〇〇四年〕）。

（14）渕野貴生『適正な刑事手続の保障とマスメディア』（現代人文社、二〇〇七年）。

（15）以上と通底する問題意識は、前田朗『刑事法再入門』（インパクト出版会、二〇〇七年）第一章参照。

（16）清水雅彦『治安政策としての「安全・安心まちづくり」』（社会評論社）、白石孝・清水雅彦『マイナンバー制度』（自治体研究社、二〇一五年）。

（17）Jennifer Walsh, Three Strikes Laws, Historical Guides to Controversial Issues in America. Greenwood Pub Group, 2007. ウォルシュによると、三振法に対して憲法上の疑義も指摘されてきた。二重の危険の禁止に違反するのではないか。過去の事件をも評価対象に入れて量刑を決めることが憲法第五修正に反する疑いである。残虐で異常な刑罰にあたるのではないか。終身刑などの一律適用は憲法第八修正に反するのではないか。しかし、カリフォルニア州裁判所は、場合によっては違憲となることもありうるとしつつ、三振法それ自体がただちに違憲とはいえないとした。三振法が及ぼした影響についても論争がある。①三振法が刑事裁判件数を増大させたか否か。三振法は留置場収容者数を増大させたか否か。裁判件数、公判回数、必要経費の変動が調査され、議論が行われた。三振法の厳罰主義から、裁判件数増は当然のようにも見えるが、他方、終身刑になれば社会において四度目の犯行を行う機会がなくなる。直接的影響だけでなく間接的影響を考慮すると、統計に依拠した議論だけでは結論が出ない。②三振法はマイノリティ犯罪者に不釣合いな影響を与えたか否か。つまりマイノリティに対する差別につながらないか。各地における黒人やヒスパニックに対する起訴率の上昇など統計が解釈の対象となる。一九九六年のカリフォルニアの黒人人口は七％だったが、重罪容疑逮捕者の二三％、刑事施設人口の三一％、二五年以上の長期刑の四三％が黒人であった。明らかに差別的運営がなされているように見えるが、差別は三振法に始まったわけではない。警察官の職務執行、被疑者被告人の弁護人選任権や防御権の行使など多様な要因も検討する必要がある。③三振法は刑事施設の過剰収容をもたらしたか否か。三振法による過剰収容の結果、被収容者の処遇は劣化し、収容に要するコストも高まったという批判がある。これに対して、犯罪率が低下したから社会的コストは低くなったという見解もある。

第2章　国際人権法から見た日本司法

第1節　本章の課題

二〇一六年五月、刑事司法改革関連法が成立した。取調べの可視化、司法取引の導入、盗聴（通信傍受）の対象犯罪の拡大などを柱とするもので、今後の捜査や裁判の在り方が大きく変わる。刑事司法改革の発端は大阪地検特捜部証拠改竄事件であり、検察組織ぐるみの犯罪であった。しかし、取調べの可視化は一部の事件にとどまり、司法取引や盗聴拡大など本来の趣旨とは関係のない捜査権限の拡大が行われた。司法取引の制度化をはじめ、なるほど従来とは異なる仕組みが取り入れられたという点で大きな改革であるが、捜査の基本構造には変化がない。

刑事司法が抱える問題点は、これまで内外から厳しい批判を寄せられてきた。とりわけ、国際人権機関による勧告は日本司法の根本的改革を迫るものであった（1）。ところが、今回の刑事司法改革はこれらの勧告に耳を閉ざして、従来型の司法を温存することに力を注いだ。これまでの国際人権機関による勧告の多くが、いまなお日本に向けられていると言って良い。

本章では、近年の国際人権機関における議論を紹介し、国際人権法から見た日本司法の現状を明らかにしたい。

第2節　拷問禁止委員会勧告

一　二〇〇七年勧告

委員会が日本に勧告

二〇〇七年五月一八日、ジュネーヴで開催された拷問禁止委員会（CAT）が、日本政府報告書の審査を踏まえて、日本政府に対して数々の勧告を行った(2)。

一九八五年に国連総会で採択された拷問等禁止条約第一九条は、締約国に対して、効力発生後一年以内に第一回報告を提出することを義務づけている。政府報告書は拷問禁止委員会において検討される。委員会は必要に応じて意見を公表することになっていて「結論と勧告」と題されている。日本政府は一九九九年六月に条約を締結し、同年七月二九日に効力が発生した。条約採択から一四年も遅れたことで内外のNGOから批判を受けたが、報告提出も遅れた。締切りは二〇〇〇年七月であったが、五年も遅れて二〇〇五年一二月、日本政府は第一回政府報告を提出した(3)。

日本政府報告の検討は二〇〇七年五月九日～一〇日に行われた。その結果、拷問禁止委員会が採択したのが「拷問禁止委員会の結論と勧告：日本」である。

委員会は冒頭で、報告書が五年も遅延したことは遺憾であるとしたうえで、日本政府報告書には第一回報告書に盛り込まれるべき内容が十分に盛り込まれていない。特に拷問等禁止条約の諸規定がいかに適用されているかの情報が欠落している。法律の条文が羅列されているだけで、諸権利がどのように履行されているのか分析していないし、実例や統計も記載されていない、と指摘している。

結論と勧告

委員会は多くの勧告を行った。順に見ていこう。

①拷問の定義――委員会は、日本刑法には条約第一条の意味における拷問の処罰規定が十分に含まれていないと指摘した。条約第一条には「心理的拷問」が含まれているのに、日本刑法では心理的拷問は処罰されない。日本刑法では一部の特別公務員などの拷問が処罰されるだけで、すべての公務・公的資格で行われた拷問、公務員の同意や黙認のもとで行われた拷問が取り上げられていない。

②条約の国内適用可能性――日本政府報告書には、条約が国内裁判所において適用されるか否か、条約が戦時にも適用されるかについての情報が欠落している。関連情報の提供を求める。

③時効――委員会は、日本において拷問や虐待が時効にかかるか否かに関心を有している。特に第二次大戦期の日本軍性奴隷制被害者（「慰安婦」）の提訴が時効を理由に棄却されたことは遺憾である。日本政府は時効規定を見直して、条約のもとでの責務を果たすべきである。

④司法の独立――司法の独立が不十分であるので、改善に必要な措置を採るべきである。

⑤不送還――日本の法律と実務は条約第三条に合致していない。入管法には拷問を受ける恐れのある国への送還を禁止する規定がない。難民認定審査の独立機関が存在しない。入管施設における暴力と

虐待が膨大に報告されている。
⑥代用監獄――委員会は、代用監獄の利用、被拘禁者の手続保障の不十分さ、権利侵害の増大や、無罪の推定、黙秘権、防御権が尊重されていないことを指摘した。拘置所よりも留置場収容が不均衡に多い。捜査と留置の分離が不十分である。留置場における適切な医療がない。起訴前拘禁が長い。起訴前拘禁に対する司法的統制が効果的でない。起訴前保釈制度がない。
⑦尋問規則と自白――委員会は、自白に基づいた有罪判決が多いこと、起訴前拘禁への効果的な司法統制がないこと、取調時間に制約がないことを指摘し、改善を勧告した。
⑧刑事施設の拘禁条件――委員会は、刑事施設の過剰拘禁や、被収容者に対する医療が不十分であると指摘した。
⑨厳正独居――委員会は、厳正独居が相変わらず用いられている、その使用期間の規制がない、一〇年を超える厳正独居がある（最長は四二年）、厳正独居が懲罰として利用されていることなどを指摘した。
⑩死刑――委員会は、死刑確定者に関する国内法の諸規定、特に厳正独居や、死刑執行の秘密主義と恣意性を指摘して、国際最低基準を遵守するよう求めた。
⑪迅速公平な捜査、不服申立権――委員会は、被収容者の不服申立に関して、留置場収容者には不服申立制度がない、刑事施設審査委員会がない、不服申立権の法規定がないことなどを指摘した。
⑫人権教育と訓練――委員会は、捜査官の取調べについて条約に違反する内容の訓練マニュアルがあ

るとの中立があると指摘し、女性や子どもの権利など人権教育を系統的に行うよう求めた。
⑬補償とリハビリテーション――委員会は、拷問被害者が適切な補償を受けられないことに関心を持ち、関連情報の提供を求めた。軍隊性奴隷制生存者などの性暴力被害者の救済が不適切であるとし、国家による事実の否認、事実の開示の隠蔽、拷問行為の責任者の不訴追、被害者への適切なリハビリテーションがないことが虐待と心的外傷を継続させているとして、改善を求めた。
⑭ジェンダーに基づいた暴力と人身売買――委員会は、収容された女性や子どもに対する暴力、法執行官による性暴力の訴えが続いている、国境を越えた人身売買が深刻な問題となっている、軍事基地に駐留する外国軍隊による性暴力事犯の予防・訴追の効果的な措置がないことに関心を示した。
⑮精神障害を持った個人――委員会は、精神病院における拘禁、司法的統制の欠如も指摘した。

二　二〇一三年勧告

「慰安婦」問題

二〇一三年六月二八日、拷問禁止委員会が、日本政府報告書の審査結果としての勧告を公表した(4)。拷問禁止委員会は、新たに「慰安婦」問題について勧告を出した(5)。

「第二次世界大戦中の日本軍性奴隷制被害者、いわゆる『慰安婦』に対して行われた虐待を認めるために採られた措置に関して日本政府が提供した情報にもかかわらず、委員会は、この問題に対処することに当たって、締約国が本条約に基づく責務を果たすのを怠っていることに深い懸念を抱いている」と始まる。そして、適正な救済とリハビリテーションを被害者に提供するのを怠ったこと（アジア女性基金への批判も含む）、拷問行為の加害者を訴追し、裁判を受けさせて刑に処するのを怠ったこと、関連の諸事実および資料を隠蔽し、または公開を怠ったこと、国・地方の高い地位の公人や政治家による公然たる事実の否定や、被害者に再び心的外傷を負わせ続けていること、特に歴史教科書のこの問題に関する記述が減少していることを指摘し、「本委員会の勧告や、その他の多くの国連人権機関、とりわけ自由権規約委員会、女性差別撤廃委員会、社会権規約委員会、人権理事会普遍的定期審査の文脈でなされた複数の勧告を、締約国が拒否していること」に言及した上で、次のように勧告した。

「(a)性奴隷制犯罪に関する法的責任を公に認め、加害者を訴追し、適切な刑で処罰すること。(b)政府当局者や公的人物による事実の否定、及びそのような繰り返される否定によって被害者に再びトラウマを与える動きに反論すること。(c)関連資料を公開し、事実を徹底的に調査すること。(d)被害者の救済を受ける権利を確認し、それに基づいて賠償、満足、できる限り十分なリハビリテーションを行うための措置を含む十全で効果的な救済と補償を行うこと。(e)本条約の下での締約国の責務に対するさらなる侵害がなされないよう予防する措置として、この問題について公衆を教育し、すべての歴史教科書にこれらの事件を盛り込むこと。」

代用監獄の廃止

拷問禁止委員会勧告は全部で三〇項目だが、序文や「積極的な側面」を除くと、実質は二四項目である。主な項目は、拷問の定義、時効、不送還、代用監獄、取調べと自白、不服申立てメカニズム、拘禁条件、厳正独居・隔離拘禁、死刑、国内人権機関、訓練、補償・救済、日本軍性奴隷制（前項で紹介）、女性に対する暴力とジェンダー暴力、人身売買、精神医療、体罰、その他の諸問題などである。いずれも重要だが、以下では一部を紹介するにとどめざるを得ない。

委員会は、留置施設法によって捜査と留置の分離が図られたことを認めたうえで、代用監獄における安全弁が欠如しているので、日本政府の条約遵守義務に違反する疑いがあると提起した。具体的には、被疑者が最大二三日間も警察留置場に拘禁され、最初の七二時間の間は弁護人へのアクセスが制限されていること、警察拘禁に対する効果的な司法統制が欠如していること、独立した効果的な査察や不服申立てメカニズムが欠如していることに重大な関心を示し、日本政府が未決拘禁制度の改革は不要だとしていることに遺憾の意を表明した。委員会は前回と同様に次の勧告を出した。

「(a)捜査と拘禁の分離を現実に確保するように立法その他の措置を採ること。(b)被収容者が警察留置場に収容される時間の上限を制限すること。(c)未決拘禁におけるすべての被疑者の基本的法的安全を保障すること。それには、捜査過程を通じて弁護士との信頼できるアクセスの権利、逮捕時からの法律扶助の権利、事件に関する警察記録すべてにアクセスする権利、独立した医療援助を受ける権利、親族と接触する権利が含まれる。(d)日本の法律や実務を完全に国際基準に合わせるために代用監獄の廃止を検討すること。」

委員会は前回と同様の勧告だと明言している。日本政府は「前回勧告は代用監獄の廃止を求めていない」と主張したが、事実に反する。

委員会は、取調べと自白について憲法第三八条二項、刑事訴訟法第三一九条一項、拷問等禁止条約第一五条に従い、拷問や虐待によって得られた自白を法廷で証拠として許容しないようにするため必要な措置を講じるように求め、取調時間の制限、自白を刑事訴追の中心的要素とする捜査手法の改定、取調過程全体の電磁的記録を行うことを勧告した。

委員会は、警察留置場を含む、自由を剝奪された者による拷問・虐待の申立に関する公平な捜査を行う独立で効果的な不服申立てメカニズムがないことを指摘し、やはり前回同様に、次の勧告をした。独立で効果的な不服申立機関を設置し、拷問・虐待の申立について迅速、公平、完全な捜査を行い、責任者を訴追・処罰すること、不服申立をした者が報復されないようにすること、不服申立に関する情報・統計をきちんと残すこと。

拘禁条件

拷問禁止委員会は、日本が拘禁条件の改善をしていることを認めつつ、女子刑務所など一部で過剰拘禁となっていること、健康保健へのアクセスが制限されていること、心に病を持つ被収容者が厳正独居拘禁とされていることを指摘し、過剰拘禁緩和のために刑事施設のオルタナティヴとして非拘禁手段を採用すること、自由を剥奪されたすべての者に適切な心身の保健を提供すること、身体拘束具の使用を禁止することを勧告した。

委員会は、厳正独居が時間制限なしに過度に利用されていること、被収容者の隔離が刑務所長の裁量に委ねられていることを指摘し、厳正独居は最終手段であり、厳格な監視と司法審査のもとで短時間のみ許されるように法改正すること、被収容者の心身の状況を、資格を有する医療スタッフが厳正独居期間全体を通じて定期的にモニターすること、厳正独居の利用実態情報を十分に明らかにすることを勧告した。

委員会は、死刑確定囚の拘禁条件に強い関心を示し、死刑執行に関する不必要な秘密主義を指摘し、国連人権理事会の「恣意的処刑に関する特別報告者」が指摘するように、執行日時を死刑囚や家族に告知しないことは明らかな人権侵害であるとした。確定死刑囚の厳正独居には三〇年以上の事例もあり、弁護士による法的援助を受ける権利が保障されていない上、死刑事件について必要的上訴制度がないこと、二〇〇七年以来死刑囚に恩赦が認められていないことなどを指摘し、死刑囚と家族への執行日時の告知、死刑囚の厳正独居規則の見直し、すべての段階で弁護士による法的援助を受けられるようにすること、死刑について必要的上訴制度の採用、死刑囚に関する基礎的統計データの提供、死刑廃止の可能性について検討することを勧告した。

委員会は、入管職員に対して拷問等禁止条約の訓練が行われていないこと、拷問等の調査・記録化に関するマニュアル（イスタンブール議定書）がプログラムに導入されていないこと、訓練プログラムが拷問等を減少させたか否かに関する情報がないことを指摘した。委員会は、裁判官、法執行官、刑事施設職員、入管職員への訓練プログラムの強化、及び拷問等禁止条約の周知、医療職員その他の職員へのイスタンブール議定書の教育、法執行官への訓練へのＮＧＯの関与強化、拷問の予防と完全禁止に関する訓練プログラムの効果の評価を勧告した。

委員会は、ジェンダー暴力――特にＤＶ、近親姦、強姦が増加しているが、中立や捜査が十分に行われず、被害者の法的保護がなされていないことに留意し、女性に対する暴力撤廃のための包括的戦略を策定すること、被害者に中立メカニズムを提供し、心身のリハビリテーションを可能とすること、女性に対する暴力事件を迅速公正に捜査し、責任者を処罰することを勧告した。

委員会は、二〇〇九年に日本政府が作成した人身売買と闘う行動計画のための財政措置に関する情報がないこと、子ども売買に対処する機関がないことに関心を示した。委員会は、人身売買被害者が心身の回復のために適切な援助の制度づくり、明確な確認手続きによる被害者救済、実行犯の訴追・処罰、女性と子どもの人身売買予防・処罰議定書（パレルモ議定書）の採択を勧告した。

委員会は、精神保健に関して、日本では心に病を持つ者の多くが長期にわたって施設収容されていること、厳正独居、隔離収容、矯正治療が頻繁に行われていることに留意し、任意でない治療や収容について司法的コントロールを行うこと、コミュニティ・サービスを活用して施設収容人員を減らすこと、自由を剥奪された者に効果的な法的保護を提供すること、効果的な不服申立手続きを用意すること、被害者に救済措置を講じること、施設を定期訪問する独立調査機関を設置することを勧告した。

委員会は、体罰に関して、子どもの権利委員会が日本政府に勧告したのと同様、体罰が法律で禁止されていない上、民法による救済の可能性が不明確であることを指摘し、子どもに対する体罰や屈辱的な取扱いを法律で禁止するよう勧告した。

日本政府、勧告拒否を明言

委員会からの一連の勧告に対して、安倍政権はわざわざ「勧告に従う必要はない」と閣議決定をした。公然と委員会を無視する姿勢である。

なるほど人権条約委員会の勧告には直接的な法的拘束力はない。しかし、条約を批准した政府には実体的な義務規定に従う必要がある。委員会勧告の多くは条約を遵守せよという内容である。第二に、各種の人権条約は、国際協力と建設的対話を通じて各国及び国際社会における人権の促進・擁護を図ることを共通認識としている。各国には批准した人権条約を誠実に遵守する義務がある。第三に、日本政府は国連人権理事会の理事国であり、当然、自国内の人権状況の改善努力をきちんと続けるべきである。日本政府は人権理事会普遍的定期審査（ＵＰＲ）の際に、人権理事会への貢献を語り、国際人権水準の確保を公約した。ならば、勧告を誠実に受け止めて改善努力をするべきである。「勧告に従わない」などと公然と主張する国家は人権理事国を辞退するべきである。

第3節 自由権規約委員会勧告

刑事司法と人権

二〇〇八年一〇月一五・一六日、自由権規約委員会は第五回日本政府報告書の審査を行い、一〇月三〇日、審査の最終見解を発表した(6)。一九九八年に続く勧告だが、さらに具体的な内容である。冒頭で委員会は前回勧告が実施されていないことに遺憾の意を表明している。

委員会は、法執行機関や裁判所において人権条約に関する理解が受容されていない状態に懸念を示し、裁判官などに条約の適用・解釈に関する研修をすべきだと勧告した。前回も同様の指摘があったように、日本の裁判官は人権法に無知なのだ。個人通報制度(規約選択議定書)への加入、パリ原則に沿った独立人権機関設置を求めた。

死刑に関して詳細な勧告がなされた。「世論の動向にかかわりなく、締約国は死刑廃止を考慮すべきであり、公衆に対して、死刑を廃止すべきであると必要な限り知らせるべきである。当面は、規約第六条二項に従い、死刑は最も重大な犯罪のみに厳格に限定すべきである。死刑囚の処遇、高齢者や精神疾患を持つ人の死刑執行については、より人道的なアプローチが考慮されるべきである。締約国はまた、死刑囚や家族が死刑執行に関わる心理的負担を少しでも軽くするよう、死刑の執行日時に関して、合理的な事前の告知を与えられるようにするべきである。死刑囚には柔軟な恩赦、減刑、執行猶予手続きが与えられるべきである」。

死刑事件に関する必要的上訴制度、再審請求・恩赦出願の場合の執行停止、再審請求の弁護人秘密接見交通、昼夜独居原則の緩和、保護房収容される囚人の心身の診断なども勧告された。死刑については一年後のフォローアップ報告を求めている。

代用監獄制度について、規約第一四条の保障措置が完全に満たされない限り廃止するべきとの強い勧告となった。弁護人の取調立会い、起訴前保釈の導入なども求められている。取調時間の制限、逸脱した場合の罰則などの必要性も述べられている。取調べはすべて録音録画されるべきであり、弁護人立会権を保障するよう求めている。

刑事施設・留置施設視察委員会に関しては、十分な資金と権限が認められるようにすることが求められ、施設当局の管理者が委員を選任することに懸念を示している。

公職選挙法の個別訪問の禁止が表現の自由に抵触すると懸念され、政治活動や市民運動でのビラ配布行為が住居侵入罪で逮捕、起訴、処罰されている現状に懸念を示し、表現の自由の制限をやめるよう勧告している。立川テント村事件などが念頭に置かれている。

差別の是正

委員会は、女性差別に関して、民法を改正すること、第二次基本計画、女性の労働条件などに関して具体的目標設定を伴う改善を求めた。刑法第一七七条の強姦罪の定義に男性強姦も含めるとともに、重大な犯罪とし、性暴力犯罪に対処するための特別のジェンダー研修を裁判官や法執行官に実施するよう求めた。ドメスティック・バイオレンス加害者の処罰、被害者へのケアの対策をするよう強調した。

日本軍性奴隷制（「慰安婦」）問題に関して法的責任を認め、公式謝罪すること、加害者処罰、学校生徒や一般公衆への教育が勧告された。社会権規約委員会や拷問禁止委員会、人権理事会、アメリカやEU議会等からの勧告に加え、さらに踏み込んだ。

人身売買被害者を認定する努力を強化し、人身売買あるいは売買された経路に関する系統的な統計を確保し、人身売買関連犯罪の加害者に関する量刑手続きを見直し、被害者保護民間シェルターを支援し、通訳、医療、カウンセリング、未払い報酬や賠償請求のための法的支援、リハビリテーション支援、被害者の法的地位の安定を保証するなど被害者支援を強化すべきと勧告された。

委員会は、外国人研修生・技能実習生に法定最低賃金と社会保障など最低労働基準に関する法的保護を適用し、研修生・技能実習生を搾取した雇用主に対して制裁措置を科すべきであるとした。現行制度を、研修生・技能実習生の権利を十分に保護する新たな枠組みに移行すべきであるとした。

入管法に関連して、拷問される恐れのある国への送還を禁止する明文規定（ノン・ルフールマン原則）を設けること、難民認定手続きにおける通訳など様々な問題の解決が指摘されている。特に難民不認定となった際に即時送還されることを防ぐよう勧告している。テロ容疑者を法務大臣の判断のみで即時退去強制できる制度につき、不服申立を実質的にできる条件を整えることを含め、情報開示と適正手続を設けるよう勧告された。

また、朝鮮学校に対し、他の私立学校と同様の大学入学資格、税控除措置が求められた。アイヌ民族、琉球/沖縄の先住民族性を正式に認め、土地権、文化権などを認めるよう求められた。

第4節　社会権規約委員会勧告

社会権規約委員会が、二〇一三年五月二一日、日本政府報告書の審査結果として勧告（総括所見）を公表した⑺。各メディアが報じたように、「慰安婦」問題に関するヘイト・スピーチを懸念し、朝鮮学校を高校無償化から除外したことを差別と指摘した。

「慰安婦」問題

まず、日本軍性奴隷制（「慰安婦」）問題について、勧告は次のように述べた。

「26．委員会は、『慰安婦』が受けてきた搾取により、彼女たちによる経済的、社会的及び文化的権利の享受並びに彼女たちの賠償請求権に対する悪影響が継続していることを懸念する。委員会は、搾取の継続的影響に対応し、かつ『慰安婦』による経済的、社会的及び文化的権利の享受を保障するため、締約国があらゆる必要な措置をとるよう勧告する。委員会はまた『慰安婦』にスティグマを付与するヘイト・スピーチその他の示威行動を防止するため、締約国が『慰安婦』の搾取について公衆を教育するよう勧告する。」

「慰安婦」被害者が受けた搾取と賠償請求権が明示されている。これは法的請求権である。日本政府が法的責任を否定し、道義的責任と主張していることへの批判である（8）。

高校無償化からの朝鮮学校除外も、次のように取り上げられた。

「27．委員会は、締約国の高校教育授業料無償化プログラムから朝鮮学校が除外されていることを懸念する。これは差別である。差別の禁止は教育のあらゆる側面に全面的かつ即時に適用され、また国際的に定められたすべての差別禁止事由を包含していることを想起しつつ、委員会は、高校教育授業料無償化プログラムが朝鮮学校に通う子どもたちにも適用されることを確保するよう、締約国に対して求める。」

高校無償化除外については人種差別撤廃委員会でも懸念事項として指摘されていたが、「差別である」と断定したのは社会権規約委員会が初めてのようである。民主党政権時代は先送りが続いていたが、安部政権になって差別を確定させた直後の委員会勧告ということになる。

そのほかにも社会権規約委員会は、経済的社会的文化的権利に関し各種の勧告を行った（9）。

第5節　国連人権理事会普遍的定期審査

第二回審査と勧告

二〇一二年一〇月三一日、国連人権理事会は日本に関する普遍的定期審査（ＵＰＲ）を行い、一一月二日、その結果を作業部会報告書として採択した(10)。非常に多くの勧告がなされたが、以下では死刑及び代用監獄に関連する個所を概観する。死刑について次のような勧告がなされた。

「死刑を廃止するか、その適用を猶予せよ（ナミビア）」。「死刑廃止への第一歩として即座に執行猶予を検討し、重大犯罪に対する刑罰として仮釈放のない終身刑を加えよ（オランダ）」。「犯行時に年少者だった者、並びに精神障害又は精神病を罹患する有罪とされた者への死刑を廃止する措置を速やかに講じよ（ノルウェー）」。「死刑を法制度から除外する可能性を検討せよ（アルゼンチン）」。「死刑の完全な廃止への第一歩として、死刑適用猶予を採用せよ（オーストラリア）」。「死刑適用猶予を採用する可能性を検討するため国内の議論を検討せよ（メキシコ）」。「死刑廃止の観点で執行猶予を採用せよ（イタリア）」。「死刑に関する包括的な公共の討論を行うために即座に執行猶予を検討せよ（アイルランド）」。「執行猶予を採用し、最終的な廃止の観点で死刑問題に関する幅広い公的議論を行え（ドイツ）」。同様の勧告を出したのはフランス、フィンランド、ポルトガル、スロヴァキア、スロヴェニア、スペイン、スイス、トルコ、イギリス、オーストリアである。

未決拘禁

代用監獄に関する勧告は次のようなものである。「代用監獄拘禁制度を見直し、国際自由権規約に従って、自由を剥奪されたすべての者が遅滞なく裁判官に引致されるようにせよ（スペイン）」。「代用監獄制度を廃止し、国際法に沿うように改正せよ（スイス）」。「拘禁制度を改革し、国際基準に合致するようにせよ。全取調過程を録音するなど安全策を実施し、被拘禁者が弁護人立会なしに尋問されないようにし、即座に弁護人の援助を受けることができるようにせよ（ノルウェー）」。「収容中に弁護人の援助を受ける権利に関する基準などの国際人権基準に合致させるように代用監獄制度を改正せよ（フランス）」。「代用監獄制度を国際自由権規約第一四条に含まれるすべての保障に完全に従うようにせよ（ドイツ）」。「外界とのコミュニケーションに関し、告発された者の拘禁条件を改善せよ（ベルギー）」。

代用監獄の廃止と取調べの改革は二〇年以上にわたって内外から強く要求されてきたが、日本政府はこれを拒否してきた。自由権規約委員会における審査においても、代用監獄の廃止が勧告された。日本政府は訳文をご都合主義的に「誤訳」して、代用監獄廃止勧告は出ていないと強弁した。しかし、代用監獄は国際法に合致してないと明言された。

「被収容者に関する国際基準に合致するよう収容条件を改善せよ。冬季には収容者に暖かい衣類を支給し、外国人収容者に適時に医療と歯科治療を提供し、食料の質量を改善せよ（アメリカ）」。「法的猶予が与えられていないならば、死刑事件の被告人の権利を尊重するのに必要なすべての保障をせよ（ベルギー）」。「死刑囚監房収容者の拘禁条件を国際基準に完全に合致させせよ（ハンガリー）」。「すべての施設で身体刑を明白に廃止せよ（ハンガリー）」。

日本における被収容者の拘禁条件が問われるのは留置場、拘置所、刑事施設だけではなく、外国人収容センターや精神病院も関連する。密室における暴力をはじめとする人権侵害が指摘されてきた。人権専門家から成る自由権規約委員会や拷問禁止委員会も、日本政府に対して実に多くの勧告を行ってきた。各国政府が審査を行う人権理事会の普遍的定期審査によっても、日本の人権状況は専門家が改善を求めてきた通りの状況にあることが確認された。

第6節　拷問禁止委員会一般的所見第三号

国家の実体的義務

二〇一二年一一月一九日、拷問禁止委員会は一般的所見第三号を公表した(11)。

拷問等禁止条約第一四条は各国に拷問被害者に対する賠償、補償、リハビリテーションを提供するための法制度を設けることを要求している。拷問禁止委員会は、第一四条は拷問等のすべての被害者に差別なしに適用できるとする。補償には、効果的な原状回復、金銭賠償、リハビリテーション、満足、再発防止等が含まれる。委員会は、補償過程に被害者の参加及び被害者の尊厳の回復を目的として掲げる。

第一四条に基づいて、国家には手続的義務と実体的義務という二種類の義務が生じる。手続的義務を履行するために、国家は立法を行い、不服申立メカニズム、捜査機関を用意しなければならない。実体的レベルでは、国家は拷問等の被害者に完全で効果的な補償を提供しなければならない。報告書はまず実体的レベルの国家の義務について述べる。

補償に関する一般的な基本原則はすでに二〇〇五年一二月に国連総会が採択した「国際人権法の重大侵害被害者のための補償の権利に関する基本原則とガイドライン」(国連総会決議 60/147)に示されている。拷問被害者についても「基本原則とガイドライン」が当てはまる。補償は適切、効果的、包括的である必要がある。

①原状回復——被害者を条約違反が行われる前の状況に戻すことである。同じ拷問等が繰り返されないことも含まれる。原状回復が不可能な場合もあるが、国家は被害者に完全な救済を提供するべきである。原状回復を効果的にするためには、条約違反がなされた構造的原因を解明し、ジェンダー、性

的志向、障害、政治的その他の意見、民族、年齢、宗教などの差別について検討するべきである。

②賠償──金銭賠償だけでは十分ではなく、第一四条の要請を満たしていない。迅速、公正、適切な金銭賠償とは、まず被害者が受けた経済的損害を算定して行われる。支払った医療費の返済、将来の医療費、将来のリハビリ・サービス経費、心身の障害の金銭的損害と非金銭的損害、収入の喪失、就業や教育機会の喪失などが含まれる。

③リハビリテーション──被害者にはできる限り完全なリハビリテーションが提供されなければならず、医療、心理的ケア、法的社会的サービスも含まれる。拷問後に被害者の状況を変えるための回復措置やスキルが必要である。独立・自立、心身の能力、職業的能力の回復、社会への統合と参加も含まれるべきである。国家の責任としてのリハビリテーションには被害者の生活条件、尊厳、健康、自己満足などを考慮する必要がある。

国家は義務を履行するために長期的な統合アプローチを採用し、適切で迅速なサービスが提供されるようにするべきである。個人の治療その他のニーズの評価手続き、医療、心理学その他の領域を超えた広い範囲の知見、再統合と社会サービス、コミュニティや家族に向けられた援助、訓練、教育。リハビリテーションへの全体的アプローチは被害者の強さや弾力性を考慮することが重要である。被害者は再トラウマや恐怖の危険を抱えていることにも留意が必要である。

国家は、被害者の文化、個性、歴史、背景を考慮する必要があり、差別なしにサービスを提供しなければならない。リハビリテーションのために具体的メカニズムと計画が求められる。第一四条は国家によるリハビリテーションの提供義務を要請しているが、民間医療や法的制度、NGOによる基金も考えられる。

④満足と真実への権利――満足には条約第一二条及び第一三条に基づく捜査と訴追の義務とともに、次のような救済が含まれる。継続する侵害を中止する効果的措置、事実の確認と真実の公表（被害者や関係者の安全を損なわない範囲で）、失踪者の捜索、殺された者の遺体の確認、尊厳を回復するための公的声明や司法判断、名誉回復、侵害に責任ある者への制裁、公式謝罪、記憶と被害者への敬意。国家が捜索、刑事訴追を行わず、民事訴訟を認めないことは、事実上の救済の否定であり、第一四条の国家の義務への違反となる。

⑤再発防止――条約第一条から第一六条は国家に拷問や虐待の予防を課している。再発防止のために、国家は条約違反についての不処罰と闘う措置を講じるべきである。何よりも拷問の絶対禁止である。軍隊や警備機関に対する市民監視、適正手続きの国際基準に従った司法手続き、裁判官の独立の強化、人権擁護者・活動家の保護、すべての拘禁施設の定期的かつ独立の監視、法執行官への人権法の訓練、イスタンブール議定書（拷問等の効果的捜査と記録のマニュアル）、公務員の行為の国際基準での監視、条約第三条のノン・ルフールマン原則（不送還）、被害者のためのシェルターなども必要である。これらの措置を講じることによって国家は条約第二条のもとで拷問を防止する責任を果たしたと言える。再発防止の保証のために、暴力を生む社会関係を再編成し、不処罰と闘い、効果的な予防と抑止を行うことである。

国家の手続的義務

拷問等禁止条約第二条により、国家には拷問防止のために効果的な立法措置を行う義務がある。拷問禁止委員会一般的所見第二号は、国家は拷問を刑法で処罰できる犯罪としなければならず、犯罪成立要件は条約第一条に従うべきであるとした。条約第一四条により、国家には拷問被害者に効果的補償を与え、金銭賠償を含む適切迅速な補償にアクセスする権利を認めるべきである。国家は、暴力やトラウマを被った被害者が司法手続きにおいて再トラウマ化に陥らないよう適切な医療と保護を受けられるようにするべきである。

国家は、拷問実行犯が自国の管轄内にいる場合には訴追するか、引渡すべきである。拷問禁止委員会は、第一四条の適用は当該国家領域内で被害を受けた被害者や、当該国家の国民たる被害者に限定されないと判断している。

国家の義務履行に際して、条約第一二条と第一三条の義務と、第一四条の義務の関係が重要である。第一二条は「自国の管轄の下にある領域内で拷問に当たる行為が行われたと信ずるに足りる合理的な理由がある場合には、自国の権限のある当局が迅速かつ公平な捜査を行うことを確保する」とし、第一三条は、拷問被害者が「当局に申立てを行い迅速かつ公平な検討を求める権利を有することを確保する」としている。

被害者が補償を受ける権利を実現するために、国家は迅速で効果的な捜査と検証を行う必要があり、そのためにイスタンブール議定書（拷問等の効果的捜査と記録のマニュアル）がある。被害者が補償を受ける民事上の権利を、刑事裁判が終わっていないことを理由に遅延させるべきではない。民事責任は刑事責任とは別個独立に判定されるべきである。規律違反に対する懲戒だけでは、第一四条の意味での効果的な救済とは言えない。

拷問禁止委員会は、各国に条約第二二条による個人通報制度（拷問被害者個人が拷問禁止委員会に通報できる制度）を承認するように強く促している。また、拷問禁止委員会は、各国に拷問禁止条約選択議定書を批准して、拷問予防措置を強化するように促している（日本政府は第二二条の個人通報も選択議定書も認めていない）。

拷問禁止委員会は、拷問被害者とその家族が救済を受けるためのメカニズムにアクセスできるようにするように求めている。手続は透明でなければならない。中立人の負担をできる限り軽減するべきである。国庫による財政支援が必要である。司法救済にはつねにアクセスできなければならず、被害者参加も重要である。被害者や弁護人が要求した証拠をすべて提供するべきである。証拠を提供しなければ、国家が被害者救済を阻んだことになる。国家は司法手続きにおいて被害者のプライヴァシーを保護するべきである。

監視と報告

拷問被害者への救済を妨げる要因は、例えば国家秘密法制、救済の権利に関する判断の際の証明責任、時効、恩赦、免責、十分な法律扶助の欠如、被害者保護や証人保護の欠如、社会的スティグマなどである。救済命令が出ても国家が執行しない場合もある。拷問被害者のために判決執行を確保しなければならない。周縁化されやすい集団、被害を受けやすい集団に救済を確保することも重要である。拷問の被害影響が後々まで残ることもあるので、安易な時効適用は不適切である。時間が経過すれば被害が消えるとは限らず、トラウマが残る場合もある。拷問禁止委員会は、拷問事犯に関する恩赦を不適切としてきた。

国家は被害者救済とリハビリテーションのために監視と報告の制度を設置するべきである。各国は、条約第一四条のもとで次のような情報を確保するべきである。

（a）法的手段で金銭賠償を求める被害者の人数。中立てられた拷問被害の性質。金銭賠償を受けた被害者の人数。

（b）拷問の後に被害者に援助がなされた措置。

（c）被害者が利用できるリハビリテーション施設。リハビリテーション計画のための予算措置。リハビリテーションを受けた被害者の人数。

（d）リハビリテーション計画の効果を評価するための方法。適切な指標、基準、評価結果。

(e)満足と再発防止のために取られた措置。
(f)被害者に救済を提供する国内立法。国家が提供した履行措置。
(g)第一四条の下で、被害者が権利を行使・享受できるようにするために取られた措置。
(h)被害者が利用できる不服申立制度。すべての被害者にそれらの利用を告知・周知させる措置。
(i)申立てられた事案が効果的に捜査されるようにするために国家がとった措置。
(j)被害者に救済を与えるために積極的に確認をするための立法と政策。
(k)被害者が、刑事、民事、行政その他の救済を得ることができるようにするための措置。行政による補償計画。
(l)被害者及び証人のための法律扶助と証人保護。保護の効果の評価。
(m)判決を執行するために取られた措置。判決の日付、金銭賠償等の具体的内容。
(n)周縁化された集団(女性、子どもなど)の特別保護のための措置。
(o)委員会が必要と考えるその他の措置。

以上が、拷問禁止委員会一般的所見第三号の簡潔な紹介である。日本政府にもこれらの措置を講じさせ、情報を公開させる必要がある。密室取調べにおける拷問と自白強要の現実を変えていくために、拷問等禁止条約と委員会の所見はますます重要となっている。

第7節　国連人権理事会拷問問題特別報告書

一　二〇〇八年報告書

拷問の定義

二〇〇八年三月に開催された国連人権理事会第七会期に提出されたマンフレッド・ノヴァク「拷問問題特別報告者」の報告書は、女性に対する拷問を主題として取り上げている(12)。

ノヴァク特別報告者は「拷問からの女性の保護を強化する」ために、第一に拷問の定義にジェンダー観点を盛り込む必要性を指摘している。第二にジェンダー観点を盛り込んだ拷問の定義の具体的な試みを開陳している。第三に拷問被害女性のために正義を実現する方策について言及している。

ノヴァク特別報告者は、これまでの女性に対する暴力をめぐる研究の成果を適用し、拷問からの女性の保護のため、さまざまな国際人権文書を活用する必要があるとして、自由権規約第七条および拷問等禁止条約が拷問を禁止していることを確認し、拷問等禁止条約第一条の定義を取り上げる。第一条に示された拷問の四つの要素は、①身体的精神的に重大な苦痛、②意図、③目的、④国家の関与、である。

ノヴァク特別報告者は、これに第五の要素として「無力さ」を追加するよう提案する。無力さの状況は例えば拘禁状態において、ある人が他人に対して全権力を行使する場合に明確になる。被拘禁者は逃げることも自分を守ることもできないからである。警察車両に乗せられて手錠をかけられた場合も同様である。強姦はこうした権力関係の極端な表現である。個人的な暴力の場合にも無力さの程度を検討することが必要である。被害者が逃げることができず、一定の状況にとどまることを強制されていたことが判明すれば、無力さの基準を十分に考慮するべきである。

無力さを基準にすれば、性別、年齢、心身の健康などの被害者の特殊な状況を考慮に入れやすくなる。宗教が女性に無力さの状況を作り出す場合もある。女性が従属的な地位に置かれているのに、国家が差別的な法を放置しているため、犯行者を処罰せず、被害者を保護しないので、女性は組織的に心身の苦痛を余儀なくされている。

目的要素について言えば、実行行為がジェンダーに向けられていれば、拷問等禁止条約の定義に差別条項が含まれているから、目的があったと判断できる。目的があれば意図の要素もあったことになる。女性に対する暴力撤廃宣言の趣旨を踏まえた解釈が必要である。

第一条において国家の中心的役割が要素とされたために、直接に国家の管理の下にない女性に対する暴力からの女性の保護を不十分にする働きをしてきた。特別報告者は、公務員による同意や黙認という言葉は私的領域においても国家に責務のある場合があること、私人による拷問・虐待を裁判にかけ被害者を保護することを怠った国家についても差し向けられていると解釈しようとする。現に、拷問禁止委員会は一般的勧告第二号（二〇〇七年）において、私人等による拷問を処罰しようとしないことは、結果的に国家による事実上の拷問容認を意味することになるとしている。

それでは拷問の再定義は具体的にどのように行われるべきか。ノヴァク特別報告者は第二の問題に歩みを進める。まず、公的領域における拷問・虐待である。

公的領域における拷問

①強姦と性暴力――身柄拘束された女性に対する拷問で、これまで議論されてきた典型例は強姦、その他の形態の性暴力（強姦の脅迫、接触、処女検査、裸にすること、侵襲的な身体検査、性的侮辱など）である。これらが公務員の教唆や黙認のもとに行われた場合に拷問に当たるという拷問禁止委員会の見解がある。欧州人権裁判所の一九九七年判決は、被拘禁者に対する強姦は特に重大な虐待であるとしている。旧ユーゴスラヴィア国際刑事法廷のセレヴィッチ事件及びフルンジヤ事件判決も重要である(13)。国際刑事裁判所規程第八条二項（b）にも関連規定がある。ノヴァク特別報告者は、強姦が他の拷問よりも重大な苦痛を与えることを指摘し、文化によっては強姦被害者がコミュニティや家族から拒絶されてしまい、被害からの回復を妨げ、大きなダメージになることにも言及している。性病、望まない妊娠、流産なども被害の中身である。ルワンダ国際刑事法廷のアカイェス事件判決は、強姦がジェノサイドの一形態として行われたことを認定した(14)。
②妊娠女性に対する暴力、リプロダクティヴ・ライツの否定――自由権委員会の一般的勧告第二八号（二〇〇〇年）は、強姦の結果として妊娠した女性に対する強制中絶や、安全な中絶の否認は、自

由権規約第七条に違反するとしている。拷問禁止委員会の一般的勧告第二号も、再生産に関する決定は、女性が特に被害を受けやすい文脈となることを確認している。自由権委員会は、同意のない不妊手術も自由権規約違反であるとしている。

③身体刑――ノヴァク特別報告者は、従来、シャリア法による石打刑（石を投げつける方法での死刑）の事例について、それが姦通その他の関連犯罪を行ったとされる女性に向けられた差別的な刑罰であるとして、批判してきた。石打刑は女性差別撤廃条約やその他の人権文書に違反する。いかなる身体刑も拷問の禁止に違反する。

④拘禁が女性に特に有する問題――拘禁された女性は、再生産の権利、家族との接触、衛生などさまざまな局面で特にニーズを有することが見過ごされてきた。幼児の養育や、妊娠している場合のニーズなどへの配慮がなされてこなかった。多くの国では男性職員が拘禁された女性に接する地位にあり、性暴力を増大させている。男性職員が監督権限を濫用した性暴力もある。男性職員は暴力だけではなく、女性被拘禁者に対する優遇措置や物品供与を利用して性的関係を結ぶことを取引条件にし、女性に「同意」を強いる例がある。

私的領域

ノヴァク報告書は「私的領域における拷問や虐待」について、伝統的慣行（ダウリー暴力、焼かれる花嫁等）、名誉殺人、セクシュアル・ハラスメントなど多様であると指摘しつつ、大規模なものとしてドメスティック・バイオレンス、女性器切除、人身売買に焦点をあてている。

①ドメスティック・バイオレンス（ＤＶ、親密なパートナーによる暴力）――ノヴァク特別報告者は、被拘禁女性に対する看守による暴力とＤＶを対比して、死傷の結果に至ることもあり、抑圧、不安、自己評価の低下、孤立化をもたらし、ＰＴＳＤを惹き起こす点では変わらないとしている。被害者を無力な状態にとどめ、抵抗力を破壊する点でも同じであるという。だが、国家はＤＶを黙認してきた。女性を虐待状況に放置する法律を制定しＤＶの共犯となってきた。女性に適切な保護を与える国内法を制定していない国家には、ＤＶについて責任がある。欧州人権裁判所一九九八年判決は、子ども虐待を放置していたイギリス法は欧州人権条約第三条に違反するとした。法律があっても執行機関が適切な対処をしなければ不十分である。米州人権委員会二〇〇一年判決は、一九八三年から夫による暴力に耐えていた女性の訴えに適切に対処しなかったブラジル政府は効果的措置をとるべきであったと認定した。ラディカ・クマラスワミ「女性に対する暴力特別報告者」の一九九六年報告書は国際機関やＮＧＯの協力による調査を求めていた(15)。自由権規約委員会二〇〇〇年一般的勧告は、拷問等が男女平等に違反するとしている。

②女性器切除（ＦＧＭ）――ノヴァク特別報告者はＦＧＭは拷問と同様に重大な苦痛を与えるものであり、粗野な道具を用いて、麻酔なしで行われるといっそう苦痛が激しくなるとする。最悪の場合にはショックや病気感染による死亡をもたらす。ＰＴＳＤ、苦痛、抑圧、記憶喪失などの結果が生じる。苦痛は、手術時だけではなく一生涯にわたることもある。妊娠中の女性の場合には母体にも胎児

にも悪影響を及ぼす。十歳未満の少女に手術が行われることがあり、無力さの要因に注目する必要がある。両親やコミュニティによる完全なコントロールのもとで手術が行われるからである。FGMは拷問であり、国内法が容認しているとすれば、国家による拷問の黙認である。医療関係者によるFGMの「医療化」が進んでいるが、だからと言って許容できることにはならない。

③人身売買――人身売買にはさまざまな形態・特徴があるが、多くの場合、被害者は出身国で誘拐・徴募され、受入国に送られ、搾取される。最近のルーマニアやドイツに関する研究によると、人身売買業者は被害者に対する心理的コントロールによって逃げることができないようにしている。毎日一八時間以上もの労働を強制されて搾取される。身体的暴力、心理的暴力、性的虐待、脅迫は拷問や虐待に当たる。欧州人権裁判所二〇〇五年判決は、国家には人身売買を予防、訴追、処罰する刑法を制定する積極的な義務があるとした。

司法救済

ノヴァク特別報告者は、拷問被害女性のための司法（正義）について二点の整理を行っている。

①司法へのアクセス――世界の多くの女性は、お金がない、移動が自由でない、法律が差別的であるといったハードルのために司法にアクセスできない。特に性暴力被害女性は司法にアクセスできずにきた。スティグマ（烙印）、家族やコミュニティによる拒絶、プライヴァシー喪失などさまざまな障害がある。捜査機関による二次被害もある。医療制度の不備があり、強姦被害者に対する迅速な診察

も難しい。国内法は強姦被害者が「同意」していなかった証拠として、いかに抵抗したかに焦点を当ててきた。裁判所は心理的強制を軽視してきた。本来、被害の深刻さを反映したはずの証拠が、被害者に「同意」があったことの証明に逆用されることすらある。旧ユーゴスラヴィア国際刑事法廷のフルンジヤ事件判決は、事件以前の性的行為を被害者に不利な証拠として用いることを禁じた。国際刑事裁判所規則も、被害者が沈黙したり、抵抗しなかったことを、直ちに「同意」があったものとすることを否定している。

②リハビリテーションと補償――ノヴァク特別報告者によると、拷問女性被害者のニーズへの対応はかつては注目されなかった。第二次大戦時における日本軍性奴隷制被害者の事例で、被害者のニーズに応える必要性が明らかになった。拷問禁止委員会が、日本政府報告書の審査の結果として述べたように、国家による事実の否認、事実の不開示・隠蔽、拷問責任者の不訴追、適切なリハビリテーションがないことの結果、被害者に再トラウマをもたらす。性暴力被害者へのスティグマの影響は深刻である。「強姦」を言い換えて「性愛」の問題とすることによってスティグマが強まることもある。強姦の結果として母親となった女性や生まれてきた子どもには特に心理的サポートが必要である。「女性と少女の救済と補償を受ける権利に関するナイロビ宣言」(二〇〇七年)は、従来の武力紛争後の補償政策がジェンダー観点を持っていなかったことを踏まえて、今後の補償政策にジェンダー観点を導入する。「真実を語る」ことは補償にとって決定的な要素であり、刑事司法は補償プロセスの中核であり、制限されてはならない。責任者を裁判にかけることは、補償の重要な鍵となる。

二　二〇〇九年報告書

身体刑と死刑

二〇〇九年三月に開催された国連人権理事会第一〇会期に提出されたマンフレッド・ノヴァク「拷問問題特別報告者」の報告書は、死刑の残虐性に焦点を当てている(16)。

ノヴァク報告者は、まず死刑廃止の潮流を確認する。一九五〇年の欧州人権条約第二条、一九六六年の自由権規約第六条、一九六九年の米州人権条約第四条、一九八九年の子どもの権利条約第三七条による死刑の制限がある。死刑廃止は、一九八三年の欧州人権条約第六追加議定書、二〇〇二年の同第一三追加議定書、一九九〇年の米州人権条約追加議定書、一九八九年の死刑廃止条約。事実上の廃止国は、二〇〇八年一一月に一四一カ国に増えた。死刑廃止の潮流は、戦争犯罪や人道に対する罪のような最も重大な犯罪についても国際刑事裁判所規程が死刑を採用しなかったことに顕著である。人権委員会の二〇〇五年決議や国連総会の二〇〇七年決議および二〇〇八年決議もある。こうした潮流によって古い国際法の解釈にも変化が生じている。「残虐、非人道的、または品位を傷つける取扱い・刑罰（以下「残虐な刑罰」）」の意味も大きく変化しているので、動態的解釈が求められるとする。

動態的解釈による「残虐な刑罰」の意味の変容の典型が、身体刑の禁止であるという。身体刑を死刑と比較するのは、心身の苦痛という観点だけではなく、人間の尊厳という観点になってきた。欧州人権条約が成立した一九五〇年には、欧州では家庭における体罰や学校、監獄、軍隊などにおける懲罰のような身体刑は容認されていた。換言すると、比較的穏やかな身体刑は「残虐な刑罰」に当たらないと解釈されていた。

しかし、六〇～七〇年代に変化が生じて、一九七八年、欧州人権裁判所は、タイラー対大英連邦事件判決において、マン島における伝統的な子どもに対する懲罰としてのムチ打ちは欧州人権条約第三条の意味で、もはや許されない品位を傷つける刑罰であると動態的解釈を行った。四年後、自由権規約委員会は、教育手段としての過剰な体罰は自由権規約第七条で禁止された身体刑であると全会一致で判断した。二〇〇〇年、オズボーン対ジャマイカ事件で、臀部十回ムチ打ちを禁止された身体刑とした。欧州人権裁判所、米州人権裁判所、アフリカ人権委員会、拷問禁止委員会、拷問問題特別報告者、およびウガンダ憲法裁判所も同様に判断した。一九九三年の女性に対する暴力撤廃宣言は、身体刑の禁止は、家庭という私的領域にも及ぶとした。子どもの権利委員会によれば、国家には子どもの権利条約第一九条に基づいて子どもへの身体刑を禁止・予防する責務がある(17)。

三　二〇一〇年報告書

拷問が起きる条件

二〇一〇年三月一～二六日に開催された国連人権理事会第一三会期に提出されたマンフレッド・ノヴァク「拷問問題特別報告者」の報告書は過去五年間にわたる調査研究を踏まえて、拷問はグローバルな現象であり、多くの諸国で構造的原因から生じているとする(18)。

ノヴァク特別報告者は、拷問が起きることを許している条件を検討する。第一に不処罰である。不処罰はどの諸国にもあり、拷問等禁止条約上の義務に違反して、責任者訴追がなされていない。拷問の疑いがあれば即座に徹底的な調査を行うべきである。刑事施設職員、刑事施設医をはじめとして拷問をするおそれがある者について条約第一二条に従って適切な捜査が必要である。拷問を犯罪としていない国家もあり、不処罰の原因となっている。拷問類似の行為を犯罪としている国家もあるが、拷問のごく一部だけを犯罪としているに過ぎず、条約第一条の定義をカバーしていない。拷問を傷害の事実があった場合に限定する例があるが、不適切である。傷害は加重事由であって、拷問の定義ではない。条約は精神的拷問も含んでいる。拷問犯人が処罰される場合も単なる規律違反とされ、ごく軽い刑罰が選択されることがある。

第二に効果的な不服申立て機関の欠如である。狭く劣悪な拘禁場所に過剰収容された被拘禁者が外部と連絡がとれず、被害を申立てることもできない事例があり、深刻な拷問被害を受けている。申立てができないようにしておいて「申立てがないから我が国には拷問はない」という国がある。

第三に予防の欠如である。五つに分けて説明されている。

①告知と拘禁記録——逮捕・留置に際して告知や拘禁記録がきちんと整理されていない。

②警察留置の長さ——自由剥奪の最初の数時間に虐待がなされる危険がある。捜査担当者の手元に置かれ、捜査官は自白その他の情報を引き出したいと考えるからである。危険な時間をできるだけ短縮

するために国際人権法が拘禁時間の極小化を定めているのに、しばしば時間制限が守られない。

③拷問によって得られた証拠の不許容性――これは刑事司法制度の最重要保護手段の一つである。拷問の大半が犯罪捜査の過程で自白追及のために行われる。しかも拷問によって得られた証拠は信用できない。どの国家も強制自白を証拠としないように定めているが、実際には守られていない。無罪の推定が守られていない。

④弁護人による弁護を受ける権利――身柄拘束の初期段階で拷問が行われがちなので早期に弁護人を付す必要があるが、知識がないことや貧困のために実現していない。国選弁護人制度のある諸国であっても被告人が国選弁護人の独立性に対する疑いを抱かざるを得ない場合もある。

⑤法医学の欠如――拷問は閉ざされた扉の向こう側で行われるので証拠収集が困難である。法医学は非常に重要である。目に見える傷害だけではなく、洗練された拷問手段による神経トラウマを解明することもできるが、多くの諸国で外部モニターが実現していない。

残虐な刑罰

ノヴァク特別報告者は、拷問だけではなく残虐な、非人道的な、品位を貶める取扱い又は刑罰について調査研究してきた。国際自由権規約第七条や拷問等禁止条約第一六条はこれらも禁止している。拷問等禁止条約は残虐な刑罰等の定義をしていない。条約第一条の拷問の定義を参考に、それとは区別された残虐な刑罰等の定義をする必要がある。識別する要素は加えられた苦痛の強度ではなく、行為の目的、実行者の意図、被害者の無力さである。拷問は、自白獲得などの特定の目的を持って無力な被害者に対して重大な苦痛を与えるが故に人間の尊厳に対する攻撃である。他方、残虐な刑罰等は、自白獲得などの目的や意図なしに、事実上他人の支配の下に置かれた者に対して苦痛を加えることである。正当化できる苦痛と正当化できない苦痛の区別が必要となる。犯罪容疑者の逮捕や暴力によるデモの解散などの実力行使が合法的に行われれば、仮に苦痛を与えたとしても正当化される。ここでは均衡原則が働き、もし必要のない実力行使が行われれば不均衡と判断され、残虐な刑罰等に当たりうる。事実上の支配の下に置かれた無力な者の場合は、均衡原則を適用できない。拘禁、ドメスティック・バイオレンス、人身売買などである。

第一に、法執行機関による過剰な実力行使は、例えば被疑者の身柄拘束や、選挙期間中のデモ行進に際して生じる。人々が平穏に集会の権利を行使しているのに、警察が殴打、ガス使用、大音量の攻撃、放水、ゴム弾の使用など暴力的に振舞う。

第二に、私的な加害としてのドメスティック・バイオレンスは多くの諸国において行われており、国家が女性や子どもの保護を行っていない。女性器切除は特に重大な苦痛を伴う。人身売買も深刻である。

第三に、身体刑である。規律違反への制裁としての被拘禁者の身体懲罰の共通点は、苦痛を与えるために意図的に物理力が行使されることであり、残虐な刑罰等にあたり、国際法違反である。

第四に、拘禁条件である。自由剥奪は刑事司法にとって不可避の手段であるが、被拘禁者にはその他の自由や権利があることが忘れられがちである。各国の刑事施設、警察留置場、閉鎖病棟その他の身柄収容施設の状況は大いに異なるが、自由剥奪以外の権利剥奪が横行している。食糧や水の権利、衣服、健康、最低限のスペース、衛生、プライヴァシーを考慮すべきである。

四　二〇一一年報告書

被害者中心アプローチ

二〇一一年二月二八日～三月二五日開催の国連人権理事会第一六会期に提出されたファン・エルネスト・メンデス「拷問問題特別報告者」の報告書は、拷問廃止のための人権理事会の議論の指針を提供しようとしている(19)。

メンデス特別報告者は、被害者中心アプローチと国際人権法によって議論を構築するという。拷問に関する国際人権法が存在するが、拷問はしばしばその性質を変容させていくので、新しい状況に対応するために国際人権基準を拡大する必要が出てくる。新たな抑圧に対応するために、すべての人権基準は前進・発展していかなくてはならない。拷問とは何かの解釈も必要に応じてもっと掘り下げていくべきである。そのためにも「最良の実践」に学ぶ必要がある。それでは被害者中心アプローチとは何か。特別報告者は次のように言う。

拷問は被害者に長期に及ぶ心身の損害を与える。長期に及ぶ心身の損害について、国家、市民社会その他の行為者は、拷問被害者に正義とリハビリテーションを提供するため、取り組まなくてはならない。被害者のための適切な補償について、国連総会は「国際人権・人道法違反の被害者のための補償の権利基本原則とガイドライン」を採択した。しかし、ほとんどの諸国でその具体化は不十分である。もっと被害者中心の視座に立って、被害者とその家族のための補償とリハビリテーションへの長期の統合アプローチを取る必要がある。拷問に対処するための計画・政策には拷問被害者の視座を取り入れる必要がある。拷問者の責任を問うためにも、被害者が重要な役割を果す。実際、被害者に応じた刑事手続きを持つ国もあり、被告人の公正な裁判を受ける権利を損なうことなく、被害者に手続き参加を認めている。拷問被害のトラウマ化や被害者の孤立を予防するために、被害者支援も重要である。

当面の課題

メンデス特別報告者は被害者中心アプローチと国際人権法を基礎に、拷問問題を研究するために当面の課題となるテーマを列挙している。

①排除法則の拡大――拷問・虐待は今日も世界的現象である。最近ではテロとの戦争の名の下に安全への脅威が語られ、拷問の絶対禁止が脅かされている。市民社会による批判にもかかわらず、拷問を「必要悪」とする思考が広がり始めた。拷問は非道徳的で違法であるのみならず、法執行そのものに敵対する。テロとの戦争論は、拷問によって得られた情報を許容するために、拷問等禁止条約第一五

条の適用を制限するよう主張している。しかし、拷問によって得られた自白を一切許容しない排除法則は、拷問禁止の絶対的性格を支え、公正な裁判そのものを支えている。条約第一五条は司法手続きや行政手続を射程にしているので、情報機関には直接適用されないという主張がなされる。拷問によって得られた情報に基づいて個人を逮捕・拘禁できるなら、司法手続きも行政手続も混乱する。秘密手続きや拷問によって得られた情報を採用すると違法行為への道を開くことになる。

②法医学の役割――拷問によって得られた情報は信用できないだけでなく、法執行機関に本来の捜査・情報収集を行う意欲をなくしてしまう。法医学その他の科学による捜査技術が拷問・虐待に転化する。

③ノン・ルフールマン原則（不送還原則）――人権理事会決議は、拷問を受ける危険があると考えられる理由のある場合、その者を他国に移送してはならないとしている。ノン・ルフールマン原則は今日では国際条約法及び慣習法の重要原則である。移民法やテロとの戦争論において、外交保証論が登場しているが、外交保証は国家のノン・ルフールマン義務を解除しないし、外交保証には信頼性がない。

④公判前拘禁――警察留置場や未決拘禁所での公判前拘禁の監視と拷問予防措置が重要である。被逮捕者を、勾留状を得るのに必要な時間を超えて、捜査機関が支配する施設に収容してはならない。その時間は最大でも四八時間である。公判前拘禁はしばしば自白獲得に利用される。自白獲得のための拷問は身柄拘束の最初の数時間、または数日間に行われる。条約第一五条に従って、自由を奪われた

者の自白は、裁判官面前自白以外、裁判で証拠とするべきではない。

⑤拘禁条件――多くの諸国の拘禁条件が国際最低基準を満たしていない。食糧、水、衣服、健康、スペース、プライヴァシー、安全など基本的人権が組織的に剥奪されている場合は、残虐な取り扱いとなる。

⑥秘密拘禁における拷問――人権理事会も決議したように秘密拘禁が拷問や虐待を可能にする。この問題は重要であり、現在も国家により行われているという申立がある。自由を剥奪する場所すべてに、独立機関による随時・無制約の・事前通告のない訪問監視制度が必要である。

⑦長期的課題――特別報告者は、死刑、薬物政策、隔離拘禁、精神障害者処遇、ドメスティック・バイオレンスが、拷問や残虐な取扱いに該当しないかについても引き続き検討するとしている。

五　二〇一二年報告書

拷問調査委員会

国連人権理事会第一九会期に提出されたファン・メンデス「拷問問題特別報告者」の報告書は拷問調査委員会の設置について検討を加えている(20)。

そこで報告書は、調査委員会に関する国際的議論を深め、各国が調査委員会を設置する際のガイダンスを提供することを目的とする。適切に活用すれば、調査委員会は有力な手段となる。被害者が真実を知る権利、被害者への補償措置、国家制度の責任解明、民主的な人権監視の強化に役立つ。

調査委員会の主たる目的は、責任解明のために、過去の暴力の原因と結果を明るみに出し、明確にし、公式に認定することである。真相解明のための機関であり、そのためには被害者、証人、政府関係者への事情聴取をはじめとする証拠収集が不可欠である。調査委員会の任務は次のとおりである。第一に実行者の責任を明らかにすること。第二に被害者の必要に対応すること。第三に制度・機関の責任を特定し、制度的法的改善を提言すること。第四に和解を促進すること。

拷問調査委員会の実例

調査委員会の例としてイギリス、オーストラリア、カナダ、ニュージーランドなどがある。軍事独裁や紛争時における暴力に関する調査委員会としてアルゼンチン、ブラジル、チリ、ケニア、モロッコ、シエラレオネ、南アフリカ、スウェーデン、アメリカがある。拷問申立てに応じて政府が適切に調査委員会を設置すれば、国際社会における責任解明事例として有益な成果を上げることができる。

成功例とは言えない場合もある。二〇〇六年に設置されたシエラレオネ政府の調査委員会は財源や政治的意思の欠如のために、二〇〇九年に解散となってしまった。リベリアの真実和解委員会最終報告書は、内容が貧弱で批判を受けた。二〇〇五年のインドネシア真実和解委員会や、二〇〇三年のコンゴ民主共和国真実和解委員会も失敗に帰した。

国際調査委員会として、国連が設置したダルフール、コート・ジボアール、東ティモール、ギニア、パキスタン、ガザの例がある。「アラブの春」以後は、リビアとシリアが加わった。二〇〇六年、欧州理事会は、アメリカＣＩＡによる被拘禁者の違法拘禁・送還問題の調査委員会を設置した。

国内委員会としては、イギリスのギブソン委員会とカナダのアラル委員会が知られる。ギブソン委員会は反テロ戦争作戦における被拘禁者の不適切な処遇に関する調査のために設置されたが、ＮＧＯには被害者としての参加が認められていないという批判がある。アラル委員会は、二〇〇二年、マヘル・アラルが拷問を受けたシリアへの送還について調査するために設置された。アラル委員会は、アラルに対して違法行為が行われたとし、カナダ騎馬警察に改善を勧告した。

人権理事会の特別報告者による調査訪問も重要事例である。前任者たちもさまざまな地域を訪問して報告書を作成してきたが、メンデス報告者もチュニジアとキルギスタンを訪問した。

メンデス報告者は、調査委員会の設置と報告は政府の法的義務を解除するものではないと確認している。調査委員会は拷問等を調査する国家の国際的な法義務の履行に資するものであるが、法的義務を消去するものではない。第一に公的行為者や私的行為者による虐待から保護する義務、第二に捜査する義務、第三に拷問を犯罪化する法律を制定施行する義務、第四に拷問によって得られた自白を証拠排除する義務、第五に公務員を訓練する義務、第六に被害者に補償する義務である。人権法違反を調査する国家の義務は、訴追する義務や被害者が真実を知る権利と結びついている。拷問等禁止条約や国際自由権規約の要請である。国際自由権規約に基づく自由権委員会は一般的勧告第三一において、司法機関だけではなく、行政機関による対処の必要性も指摘している。真相解明、個人の特定、被害者に対する国家責任、再発防止策、実行者への訴追や懲戒が求められる。

調査委員会は捜査機関そのものではないから、調査委員会が収集した証拠がそのまま刑事裁判で使えるとは限らない。被害者中心の立場での収集証拠は、調査にとって大きな意味を有する。調査委員会が捜査機関を直接援助して刑事裁判に登場することもありうる。調査委員会に訴追権限が与えられた場合には、捜査機関と競合することもありうる。パキスタン元首相ベナジル・ブット暗殺事件の国連調査委員会は刑事捜査を行うためではなく、訴追権限はパキスタン当局に委ねられた。

調査委員会の基準

これまでの調査委員会の経験および国際人権文書によって、拷問調査委員会の基準は一定程度明らかになっている。事例が多様であるため、調査委員会が設置される条件や文脈も多様である。今後、各国において又は国際的に拷問調査委員会を設置していくために、調査委員会に関する基準を議論していく必要がある。そこでメンデス報告者は、以下の諸点について検討する。

①財源——委員会は、隠蔽され調査が困難となりがちな事実を徹底解明するための手段を持つ必要がある。そのため委員会は、調査のための旅費、証人保護手段、専門家による報告書作成、医学的調査などの費用を持たなければならない。政治的影響を受けない法律専門家を採用する費用も必要である。

②国際委員会と国内委員会の関係——できれば、国際委員会よりも前に国内委員会を設置するべきである。被害を受けた人々に近い方が、委員会の正当性や影響力を増す。各国は、財源や専門性を持た

ない場合は国際協力を求めるべきである。国家が不処罰の連鎖を終わらせることができない場合、真相を解明する意思を持っていない場合、人権侵害が国際平和と安全の脅威となる場合、国際社会は調査委員会を設置するべきである。

③構成――調査委員は、委員会の独立性と公平性を保障できる基準に従って選出されるべきである。委員は、高い道徳性と専門的能力を有し、被害者や証人が委員会に協力した時に、自分の証言が悪用されることはないと信じて委員会に協力できると感じられるような人物である必要がある。それぞれの国家の条件や法文化の中で、さまざまな選出方法がありうる。すべての政治的立場、イデオロギー的立場を代表する場合もありうるし、そうでない場合もありうる。重要なのは党派性を超えて真相解明に努力する人物である。事実解明調査や証拠評価の能力を有する必要がある。現職又は退職した治安判事や検察官はこれに当たる。幅広い知見が必要になるので、科学者（医学、心理学、法医学）や社会科学、人文学的背景を持つ者やジャーナリストも含めるべきである。

人権侵害が民族、人種、宗教的次元で発生した場合には、被害を受けたコミュニティを知悉した委員が必要である。とりわけ女性委員が含まれる必要性が高い。被害を受けやすい女性、子ども、レズビアン、ゲイ、バイセクシュアル、トランスジェンダーの人々、障害を持った人々、マイノリティや先住民族が被害を受けた場合を考慮するべきである。

④任務と権限――委員会は当該条件にもっともふさわしい法機関として設置されるべきである。議会による立法、行政命令、最高裁判決などが考えられる。委員会の任務を明確に規定し、時間的地理的

枠組みが明示されるべきである。任務が広範すぎないようにするべきである。例外状況によっては、委員会は任務を中途で変更できることも必要である。

委員会の権限と属性も明示されるべきである。委員会が「公式」の機関であり、その職務と帰結を国家が尊重する必要がある。委員会は、秘密文書も含めて国家のすべての公文書を調査する権限、必要な場合には捜索令状を入手し得る権限が必要である。被害者や証人が証言したことへの報復がなされることがあるので、委員会は証人保護の権限を有するべきである(21)。

六　二〇一四年報告書

排除法則

二〇一四年三月に開催された国連人権理事会第二五会期に提出されたメンデス「拷問問題特別報告者」の報告書は拷問によって得られた情報の利用に焦点を当てている(22)。第一に刑事裁判における供述等の利用に関する証拠排除法則、第二に情報機関等の行政機関による利用である。

メンデス特別報告者によると、排除法則は拷問等の禁止のための基本である。排除法則とは、いかなる手続においても拷問等によってなされた供述を利用することの絶対禁止である。現実にはこの禁止が常に守られているわけではない。「いかなる手続においても」を狭く解釈する国もある。供述が拷問のもとでなされたことが証明されない限り排除法則は適用されないという見解もある。しかし、排除法則は慣習国際法の規範であり、拷問等禁止条約だけに限定されない。

「手続」を狭く解釈して、獲得された供述を当該手続き以外の場、例えばインテリジェンス（情報収集）目的で用いることができるようにする見解もある。国家間のインテリジェンス協力は「テロとの戦い」に拡大され、警察や情報機関が拷問による情報に依拠し、情報交換をしている。排除法則を司法手続きだけでなく行政にも及ぼすべきである。

特別報告者によると、自由権委員会も拷問禁止委員会も排除法則は拷問絶対禁止の一部であるとしている。拷問等を受けているすべての者の保護宣言第一二条で、国連総会は拷問等の結果なされた供述はいかなる手続においても証拠として認められないとした。拷問禁止条約第一五条は「締約国は、拷問によるものと認められるいかなる供述も、当該供述が行われた旨の事実についての、かつ、拷問の罪の被告人に不利な証拠とする場合を除くほか、訴訟手続における証拠としてはならないことを確保する」としている。拷問禁止は絶対的であるから排除法則も絶対的でなければならない。メンデスは三つの論点について論じている。
①排除法則の射程と履行——かつて「証拠の女王」とされた自白はいまでは補強証拠を必要とし、法廷外の自白は十分な証拠とは認められず、状況証拠にとどまる。拷問によって得られた証拠を許容する国があるが、法執行官行動綱領やあらゆる形態の拘禁下におけるすべての者の保護原則においても、確認されている。拷問等禁止条約第一五条の解釈により、排除法則は拷問被害者の事件だけでなく、第三者の事件にも適用される。排除法則は自白その他の供述だけでなく、拷問行為に由来するす

べての証拠に及ぶ。

②挙証責任――拷問によって得られた証拠の許容性に関する挙証責任の最大の問題は、その証拠が拷問によって得られたことを個人が証明できないがゆえに証拠が法廷で許容されるという現実の危険にある。拷問被害申立人には証明手段が限られているため、イギリスの判例においても見解が分かれている。申立人は拷問の具体的危険性があったことを提示すれば、挙証責任は訴追側に転換されるべきである。

③秘密の証拠、秘密審理――秘密の証拠はとりわけ軍事法廷や特別法廷などで増えている。秘密の証拠の許容性が広がれば拷問によって得られた証拠の可能性が高まる。しかも、一次情報ではなく二次情報になりがちである。

行政機関による利用

メンデス特別報告者によると「テロとの戦い」が始まって以来、行政機関は自国の市民を保護するために情報を収集するという強いプレッシャーのもとにある。拷問によって得られた情報を利用すると公然と主張し、例外として情報を共有するという国もある。この主張は拷問の絶対禁止を弱めてしまう。テロとの戦いの論理に立つと、拷問によって得られた情報を司法機関が利用することと、行政機関が利用することを区別する傾向が生じる。行政機関は自国の市民を保護する責任があり、事態の緊急性に応じて情報を利用する必要のある場合も生じるから、行政機関はその情報がどのようにして得られたかを吟味している余裕もない、とされる。

メンデス特別報告者によると、拷問の禁止と拷問予防の責務は国際法におけるユス・コーゲンスであり、強行規範である。国家は単に拷問を正当化しないことだけでなく、拷問を抑止、予防する責務がある。国際自由権委員会は、自由権規約第七条の解釈として、拷問を禁止するだけでは十分ではなく、犯罪とするべきであるとしている。拷問等禁止条約も自由権規約も、国家には立法、司法、行政その他すべての手段で拷問禁止を実効化する措置を講じる責務があるとしている(23)。

七　二〇一五年報告書

自由を剥奪された子ども

二〇一五年三月に開催された国連人権理事会第二八会期に提出されたメンデス「拷問問題特別報告者」の報告書を紹介する(24)。今回のテーマは子どもに対する拷問である。

メンデス特別報告者によると、国際基準としては拷問禁止条約、国際自由権規約、アフリカ・米州・欧州の人権条約及び子どもの権利条約がある。北京ルールズ(少年司法国連最低基準規則)、リヤド・ガイドライン(少年非行予防国連ガイドライン)、ハヴァナ・ルールズ(自由を剥奪された少年保護国連ルールズ)、バンコク・ルールズ(女性被収容者処遇ルールズ)なども ある。

「自由の剥奪」とは、司法、行政その他の当局の命令により、子どもが自由に離れることのできない場所へ収容する拘禁諸形態を指す。閉ざされた空間への収容のみならず、移動の自由の制限も含まれる。警察留置、勾留、有罪判決による収容、家宅収容（外出禁止）、行政拘禁、不任意の病院収容、当局から授権された民間人による収容も含まれる。

拷問の禁止は絶対的な人権であり、慣習国際法の強行規範であり、国際法は子どもの保護のためのニーズを認めている。拷問禁止委員会一般的勧告第二号は、国家に拷問を予防する義務を確認した。子どもの権利条約とハヴァナ・ルールズは自由を奪われた子どもの保護に関して、いかなる施設職員もいかなる条件下にあっても子どもに拷問や虐待を加えてはならないとする。子どもの権利条約第三七条（b）は子どもの自由の剥奪は最終解決手段であり、最も短い適当な期間のみ用いるとしている。ハヴァナ・ルールズは自由剥奪を例外としている。北京ルールズとリヤド・ガイドラインもこれらの原則を強調している。子どもの権利条約第三条により、子どもの最善の利益が常に考慮されねばならない。

法と実例

国際人権法は子どもの刑事責任能力を一二歳以上と定め、刑事司法について成人とは異なる手続を要請し、子どもに対する死刑、及び仮釈放のない終身刑を禁止している。子どもの権利委員会一般的勧告第一〇号と自由権規約委員会一般的勧告第二一号は仮釈放のない終身刑を不適切とした。大半の国家がこれを受け入れているが、アメリカ合州国だけが子どもに対して仮釈放のない終身刑を用いている。

子どもにとって最悪の状況は逮捕時及び警察留置場への移送時である。逮捕直後に子どもは暴力や脅迫を受ける危険性が高く、自分の人権について教わることもなく、弁護士の援助を受けることもできない。多くの国で子どもに対する未決拘禁が成人と同じ施設を用い、多数の子どもが成人と同じ施設に過剰収容状態で置かれている。規律秩序等も子どもの特性を配慮していない。子どもは収容時に性暴力被害を受ける確率が高い。暴力を目撃する機会も多くなる。自由を剥奪された子どもは自殺したり、自傷行為に出ることが多い。成人と同じ施設に収容された子どもへの悪影響が大きい。

多くの国で子どもに対して厳正独居が規律手段や「保護」措置として利用される。数日どころか数カ月という例もある。拷問予防小委員会も子どもの権利委員会も子どもを厳正独居に付すことは拷問等に当たると解釈した（25）。

註
（1）刑事司法改革について、川崎英明・三島聡編『刑事司法改革とは何か』（現代人文社、二〇一四年）、周防正行『それでもボクは会議で闘う——ドキュメント刑事司法改革』（岩波書店、二〇一五年）、葛野尋之『刑事司法改革と刑事弁護』（現代人文社、二〇一六年）等。
（2）CAT/C/JPN/CO/1. 18 May 2007.
（3）日本政府報告書はCAT/C/JPN/1.21 March 2007.
（4）CAT/C/JPN/2.15 September 2011. 勧告はCAT/C/JPN/2. 28 June 2013. 二〇一三年五月二一日にジュネーヴの国連

人権高等弁務官事務所で開催された拷問禁止委員会の席上、委員から日本の刑事司法が「中世のようだ」と指摘されたのに対し、上田秀明・人権人道大使が「日本は先進国だ」と答えたところ、会場に失笑が広がった。そのとたん上田大使が「なぜ笑うんだ、笑うな、シャラップ、シャラップ！」と叫んだ。審議を傍聴した小池振一郎（弁護士）は「上田大使が怒鳴った後、会場全体がびっくりして、シーンと静まりかえった。すごく居丈高な印象だった」と述べる（『東京新聞』二〇一三年六月五日）。上田大使は二〇〇八年から人権人道大使の地位についているが、良識が欠落していることは、二〇一〇年の人種差別撤廃委員会において「先住民族の定義は存在しない」とか、「沖縄語は日本語であり、沖縄人は日本民族である」と平然と述べたことからも、疑われていた。上田大使は日本語で話していたが、唯一英語を使ったのが「黙れ！」であった。

（5）国連人権機関における「慰安婦」問題については、ラディカ・クマラスワミ『女性に対する暴力』（明石書店、二〇〇〇年）、前田朗『戦争犯罪と人権』（明石書店、一九九八年）、同『戦争犯罪論』（青木書店、二〇〇〇年）、同『人道に対する罪』（青木書店、二〇〇九年）等。

（6）日本政府報告書はCCPR/C/JPN/5. 25 April 2007. 委員会勧告CCPR/C/JPN/CO/5. 18 December 2008.

（7）日本政府報告書はE/C.12/JPN/3. 16 May 2011. 委員会勧告はE/C.12/JPN/CO/3. 10 June 2013.

（8）朝鮮学校高校無償化問題について、月刊イオ編集部編『高校無償化裁判』（樹花社、二〇一五年）、ヘイト・スピーチについて、前田朗『ヘイト・スピーチ法研究序説』（三一書房、二〇一五年）。

（9）社会権規約委員会は次のような勧告もしている。第一に、日本の裁判所が社会権規約を適用しないなど、社会権規約の国内法における適用が制限されているのを改めること。第二に、独立した実効性のある国内人権機関を設置すること。第三に、社会的扶助の予算が削減されていることへの懸念。第四に、女性、婚外子および同性カップルに対する差別的な法規定を改めること。第五に、雇用分野における差別の禁止が全面的でなく、限られているのを改めること。包括的な差別禁止法を制定すること。第六に、ジェンダー役割についてのステレオタイプを解消するために措置を講じること。第七に、刑罰としての強制労働をやめ、強制労働の廃止に関するＩＬＯ条約の批准を検討すること等。

（10）ＵＰＲ審議をリードする三カ国・トロイカ（日本政府報告書担当政府）はバングラデシュ、リビア、ペルーであった。普遍的定期審査は人権理事会で新設された手続で、すべての国連加盟国を順次対象にして、人権状況を相互に審査する。日本に関する審査は二〇〇八年の第一回審査に続く二度目である。第一回勧告は二六項目であったのが、今回は七九カ国の政府から合計一七四項目の勧告が出された。報告書は二〇一三年三月に開催される人権理事会第二二会期で正式採択された。

（11）CAT/C/GC/3. 19 November 2012.

（12）A/HRC/7/3. 15 January 2008.

（13）セレヴィッチ事件およびフルンジヤ事件判決について、前田朗『ジェノサイド論』（青木書店、二〇〇二年）、同『人道に対する罪』（青木書店、二〇〇九年）。最近の動向について、前田朗「裁かれた戦時性暴力――ベンバ事件・国際刑事裁判所一審判決」『Let's』八六号（二〇一六年）。

（14）アカイェス事件判決について、前田朗『戦争犯罪論』（青木書店、二〇〇〇年）。

（15）クマラスワミ報告書についてはクマラスワミ『女性に対する暴力』前掲。

（16）A/HRC/10/44. 14 January 2009.

（17）ノヴァク特別報告者は死刑の残虐性について次のように論じている。身体刑に関する法解釈は死刑にも同じように適用されるべきではないか。死刑は身体刑の加重形態ではないのか。身体の切断が残虐な刑罰ならば首切りは違うといえるのか。臀部十回ムチ打ちでさえ国際人権法のもとでは絶対禁止されているのに、絞首、電気椅子、銃殺などの死刑が正当化されることがありうるのか。欧州人権委員会でさえ「死刑それ自体」が欧州人権条約第三条違反とは結論付けていなかった。生命権と人間の尊厳をめぐる議論は、死刑執行方法によって異なる。石打刑のように意図的に苦痛を長引かせるものは残虐な刑罰だと一致が見られた。しかし、今日の「人道的な」執行については見解が分かれる。一九九三年、キンドラー対カナダ事件で、自由権規約委員会は、注射による死刑を非人道的な刑罰と判断しなかった。二〇〇八年、ベイズ対リース事件で、アメリカ連邦最高裁も同様であった。他方、Ｎｇ対カナダ事件で、自由権規約委員会はガス窒息死刑は残虐な刑罰とした。二〇〇三年、自由権規約委員会は、スタセロヴィチ対ベラルーシ事件で、銃殺を規約違反とはせず、息子の執行日や墓の場所を母親に告知しなかったことが母親に対する非人道的な取り扱いだとした。恣意的処刑特別報告者は、執行直前まで本人に知らせない執行や、家族にも事後通知の場合を非人道的で品位を傷つけるとした。他方、死刑囚房についても争いがある。一九九三年、大英連邦高等法院はプラット・モーガン対ジャマイカ総督事件で、五年以上の拘禁は非人道的で品位を傷つける取り扱いの憲法上の禁止に違反するとした。自由権規約委員会は、十年以上であっても自由権規約第七条違反でないとしている。

ノヴァク報告者は死刑と人間の尊厳について、多様なアプローチが必要だと言う。国際人権機関が身体刑を残虐な刑罰と判断した時に、身体刑がもたらす苦痛について検討していないことに注目する。苦痛を与えなくても、人間の尊厳を保護する目的に反すれば残虐な刑罰に当たると理解できるからである。国連総会は、死刑執行は人間の尊厳を害すると述べている。国連加盟国の明確な多数意見であるから、死刑は残虐な刑罰を科されない権利を侵害するといえる。子どもの権利条約は第六条（生命権）ではなく、第三七条（残虐な刑罰禁止）において少年への死刑を絶対禁止する。拷問禁止委員会は、死刑そのものが残虐な刑罰か否かについて明示的判断を下していないが、死刑廃止のための手続きをとるよう各国に呼びかけている。死刑それ自体が残虐な刑罰と判断した国内裁判所としては、ハンガリー、リトアニア、アルバニア憲法裁判所があるが、一九九五年のマクワニャン・ンチュヌ事件における南アフリカ憲法裁判所判決がもっとも重要である。

（18）A/HRC/13/39.9 February 2010.

（19）A/HRC/16/52.3 February 2011. ファン・エルネスト・メンデス拷問問題特別報告者の報告書は、前任者であるノヴァク特別報告者の五年にわたる調査研究を継承して、拷問廃止のための人権理事会の議論の指針を提供しようとしている。メンデス特別報告者はジャマイカ、パプアニューギニア、ギリシアを訪問して、現地の状況を調査して付属報告書を作成した。続く調査希望地として、エリトリア、エチオピア、インド、イラン、イラク、ロシア、サウジアラビア、シリア、ウズベキスタンを挙げている。当該政府の受け入れがなかったケースである。

（20）A/HRC/19/61.18 January 2012. 拷問に関する調査委員会と言えば、一九八四年の拷問等禁止条約第一七条に基づく拷問予防委員会（政府報告書の審査、拷問事件の調査を行う）、二〇〇二年の拷問等禁止条約選択議定書第二条に基づく拷問等防止小委員会（拘禁場所への訪問調査を行う）が思い起こされるが、報告書が念頭に置いているのは、それ以外に拷問調査委員会を設置できないかということである。報告書で取り扱う拷問調査委員会とは、国内調査委員会、真実和解委員会、国内人権機関による調査活動である。一般的には一時的なものに限定され、特定の事件を調査する。将来の暴力の予防やそのための勧告をはじめ、他の任務が加えられることもありうる。イスタンブール・プロトコルは拷問等の効果的調査に関する国際法基準や調査手続き、証拠収集の包括的なガイドラインである。不処罰と闘う行動に関する国連人権委員会文書も諸原則を提示している。しかし、調査委員会についての議論はあまり見られないと言う。

（21）聴聞と報告の方法論についてメンデス特別報告者は次のように論じる。委員会はその任務に関連する事実を効果的に解明する戦略を注意深く練る必要がある。委員会の調査を実現するために、幅広い誠実な国内外の協力を必要とする。南アフリカやペルーで設置された真実和解委員会のように、公衆に開かれた聴聞手続きが有益である。被害者や証人が自分の声で公衆に直接語る公開聴聞は、委員会の職務に対する公衆の理解と信頼を構築するのに決定的である。同時に、公開聴聞は被害者や証人の尊厳、被告発者の権利（無罪の推定など）を尊重した方法で行われるべきである。証人の安全の保護のために秘密手続きが必要となる場合もあるが、「国家の秘密」を人権侵害秘匿の口実としてはならない。秘密とするか否かの判断は調査委員会だけが行うべきである。

さらに訴追との関係である。委員会を設置すれば国家が国際法上の責務を果たしたことになるわけではない。国家には真実、被害者補償、再発防止の責務もある。その一つだけに絞って他を除外してはならない。それゆえ委員会は、訴追機関、補償機関、制度改革の補完的な役割を担う。訴追と同時並行で行われれば、委員会は包括的政策における重要な役割を持ちうる。紛争や抑圧的政権の後に登場した諸国では、司法制度改革が重要であり、独立で公平な裁判所の設立と公正な裁判が求められる。委員会は訴追機関ではないので、訴追機関との重複を避ける必要がある。委員会は二重の危険の禁止を配慮し、個人の刑事責任を認定しないようにしなければならない。

（22）A/HRC/25/60. 10 April 2014.

（23）メンデス特別報告者によると、欧州人権裁判所ソーリング対イギリス事件判決は、拷問が当該国家の管轄外でなされた場合でさえ、国家は違反行為につき責任を有すると判断した。自国の領土外・統制外で行われたという事実は、拷問事件に関する自国の行為についての責任を解除しない。国家には自国の管轄下にあるすべての個人の権利を保護する国際法上の義務があり、その管轄下において外国機関が人権侵害行為を行わないようにさせる責務がある。国家は拷問等禁止条約第三条以下のさまざまな措置を講じて拷問を禁止する責務がある。拷問を受ける危険のある国に送還しないノン・ルフールマン原則の遵守も含まれる。

（24）A/HRC/28/68. 5 March 2015. メンデス特別報告者によると、自由を剥奪された子どもは暴力や虐待の被害を受けるリスクが高い。短期間の拘禁であっても精神的身体的な影響を被る。憂鬱、不安、ＰＴＳＤに見舞われることもある。自殺、自傷、成長阻害なども起きやすい。子どもへの拷問や虐待を予防する高度の基準が求められる。分離収容、拘禁施設の組織、規律制裁の在り方、リハビリテーションの機会、職員の訓練、家族の支援、代替措置、適切なモニタリングが必要となる。

（25）拘禁中の子どもに対する体罰も見られる。殴る、蹴る、鞭打ち、棒でたたく、長時間ひざまづかせるなど。体罰は拷問等に当たる。多くの子どもが自由剥奪に伴い精神的健康に悪影響を被る。抑圧ゆえに自殺や自傷行為をすることもある。少女は性暴力、性的搾取、妊娠の危険性もある。男性看守がつく場合はその危険性が高まる。未決既決ともに少女が成人女性と分離収容されることは少ない。ＬＧＢＴの子どもも高いリスクにさらされる。国家には拷問を予防する義務があり、医師、看護職員、ソーシャル・ワーカー等にも責任がある。刑事施設でも病院でも子どもを収容する場合、健康への配慮は重要である。障害を持つ子どもは特に強制医療措置、予告も同意もないまま医療措置を受けさせられることがある。子どもや親の決定権を侵害する例が多い。医師と患者の間の権力の落差が、自由を剥奪された障害を持つ子どもの場合にはとりわけ大きくなる。障害者権利委員会一般的勧告第一号は同意なき措置は禁止されるべきとした。

第3章　代用監獄と取調べの実態

第1節　代用監獄実態アンケート結果（一）

一　アンケートの概要

二〇〇七年二月二三日に鹿児島地裁で無罪判決の出た志布志事件では、「鹿児島県警の捜査は虚偽と不正、横暴と杜撰を極め、『デッチ上げ』という単語がこれほど当てはまる事例もそうは多くないように思える」と指摘されている（1）。「『バカ、認めろ』『このウソつき野郎』『認めなければ親も子も逮捕だ』。気が遠くなるほど長時間の聴取で脅迫まがいの言辞と罵声を浴びせられ、捜査官たちは虚偽の自白を強要し続けた」と。

志布志事件は冤罪だったから問題とされている。では、冤罪でなければ良かったのだろうか。後に真犯人であると判明したとしても、取調べのあり方は無罪の推定に反し、防御権も人格権も侵害している。代用監獄を利用した二四時間管理体制（あらゆる自由の剥奪）、長期の未決勾留（家族の破壊）、そして長時間に及ぶ暴力的な密室「取調べ」は、法が予定している取調べではなく、端的に拷問と呼ぶべきではないのか。その意味では（冤罪ではなくても）すべての事件において重大人権侵害が繰り返されてきたと言える。

筆者はかつて「拷問大国から脱却するために」と題して次のように書いた。

「代用監獄は、主に次のような機能を果たしてきた。①被疑者の逃走予防、証拠隠滅予防（ただし、それなら拘置所で足りる）、②警察による被疑者取調べ、自白の強要、虚偽自白、③政治目的などによる弾圧（最近は『国策捜査』と呼ばれることもある）や報復、④『改善更正』、転向強要、人格破壊。従来の代用監獄批判は②の問題点を取り上げてきたが、③④も考慮すれば、代用監獄の真の機能は『裁判抜き短期自由刑の執行』と見るのが正当であり、正当化の余地はない」（2）。

同じことをその一九年前には次のように書いた。

「代用監獄に象徴される拘禁二法とは、単に冤罪の温床になる反人権的悪法であるだけではなく、単に受刑者の自由を制限する施設管理法であるだけでもなく、そのいま一つの狙いが、労働・政治運動に襲いかかる治安立法にほかならないからである。代用監獄とは、被疑者の拘禁場所ではなく、被疑者の人間性剥奪の場であり、『裁判なき刑罰執行』の場である。警察によって反体制的とみなされた運動から狩り出された個人を恥ずかしめ、圧迫し、打ちのめすための場である。それは、異端排除による国民統合のシステムの要である。しばしばいわれる自白獲得すら、そこでは二の次となるであろう。労働・政治運動こそ、拘禁二法反対運動の主翼を担って闘うべきゆえんである」（3）。

アンケート実施

代用監獄が②被疑者取調べ、自白強要のために活用されているのは事実であり、この点への批判は欠かすことができないが、③弾圧、④転向強要も無視してはならないだろう。刑事法学の諸論文では、①逃走予防、②被疑者取調べに限定した議論がなされてきたため、筆者の見解への賛同を刑事法学者の中に見出すことがあまりできない。刑事法学では、実体的真実主義のゆきすぎをデュー・プロセスによって制約する論理が唱えられてきたからである。しかし、警察捜査の現実を実体的真実主義と見るのは適切と言えるだろうか。

一九八〇年代に代用監獄批判が盛り上がった時期、代用監獄体験者の聞取り調査が行われた。これらの体験談を通じて、②のみではなく、③④の側面もあると考えたのが右の引用文である。その後も、多くの冤罪事件などで取調べ批判、代用監獄の実態が明らかにされてきた。しかし、冤罪の衝撃性が、論点を②に絞ることにつながる傾向があったように思われる。実際には、②③④は単純に区別できず、つねに同時並行でからみあっているのだが、その主張を支える実証データがあまりない。

そこで代用監獄体験者にアンケート協力をお願いした。質問項目は次の八項目である（4）。選択肢を設ける形式ではなく、自由記述である。

①体験の時期（一九九〇年頃とか、二〇〇七年春などの記述）
②場所（＊＊警察署、あるいは＊＊県内の警察署）
③留置担当官の言動に疑問点はなかったか
④取調べにおける自白強要の有無・程度・手段
⑤捜査機関に弾圧や報復の意図を感じたか（具体例を）
⑥取調べ目的と関係のない侮辱行為などはあったか

⑦「代用監獄＝裁判抜き刑罰執行」論についてどう考えるか
⑧その他関連する情報または意見

二　アンケート結果

結論から言うと、多くの回答は、逮捕の不当性、取調べにおける脅迫、欺計、侮辱、自白強要を中心にしたもので、代用監獄の利用がその条件となっているというものである。代用監獄だけを取り上げた批判はむしろ多くはない。弾圧や報復に関連する情報は多数あるが、それが主眼というわけではない。代用監獄の条件、取調べ、自白強要、弾圧・報復が密接に結びついているからであろう。言うまでもなく、被疑事件の性質や、捜査協力の姿勢（自白か否認か）などにより相当異なる。

留置場の状況

留置場の生活状況から始めよう。

「留置場内の生活に関する規則があいまいであり、不当に思うことが多くあった。手紙を発信するまで、一週間〜一〇日間かかる決済システム、速達による着信が着信後五日目ぐらいに交付されるなど」（宮城県大和署、〇三年七月〜〇四年三月）。

「差入品等も担当官によって変わる。妻が持ってきた単行本を三、四冊持って帰らせる。八月一八日から四月二日までいましたが、みそ汁は一度も出たことがなく、正月にカップヌードルをお願いしましたが、お湯をわかし入れるのが面倒で中止になった」（兵庫県須磨署、九八年八月〜九九年四月）。

暴行・傷害の訴えもある。

「起床後、洗面所にて口をすすぎ水を飲んだだけで大声をはり上げ怒られ、言い返したら警察官ら三人、私に集団暴行を加え、歯が二本（折れ）、身体に大怪我をさせられた。人権擁護委員会に告発するというと、逆に公務執行妨害、傷害の事件を捏造された。一切警察官に暴行等行っていないのに。怪我が元で救急車にて東京警察病院に運ばれたのですが、医師に身体の怪我、歯が折れていると言っているにもかかわらず、診断書にも一切記載がないのです。まったく出鱈目です」（東京都浅草署、〇四年七月）。

取調べと連動する局面では次のような回答が目立つ。

「留置担当官が刑事に漏洩しているみたいなので、『ボクは○×△□です』とウソを言ってみたら、次の日に刑事に『お前は○×△□なのか？』と言われた」（千葉県松戸署、〇六年一一月〜〇七年二月）。

「刑事が留置場に入って来て被疑者と話すなど規則に違反する言動が多く、月日を送るのに居辛い」（大阪南署、〇一年三〜四月）。

「監視官の執拗な嫌がらせが半端ではなかった。眠らせない為に音などにより不眠状態にする。携帯電話を持ち込んで夜間に着信音を（鳴ら）させ、なかなか切らない。持ち込み禁止になっているのに、訴えても変わらなかった。医務は最悪で自費で市販薬を購入しないといけない。取調べ中に倒れたが、二〇分ほど房に入れられ仮病かどうか様子を見られていた。過食といわれたが、あの食事量でそれはない。拘置所に移監した際に八キロ減っていた。毎日下痢をしているのを知りながら、管理課は冷酷だった」（福岡県博多署、〇四年三～五月）

「夜勤の時、携帯でメールを打って遊んでいたり、マンガを読んでいたり、人が水を一杯くださいといっても知らんぷりです。捜査に協力する者には、飲食やたばこを吸わす面倒見を行っている。署長に、職員が朝の運動時に一緒にたばこを吸っていると告発したら、一切そんなことはないと言う」（東京都浅草署、〇四年七月）

ここには医療の貧困問題も含まれているが、体調不良にしておいて取調べで自白を強要するが、逆に協力的な者にはたばこなど面倒見のパターンがある。

数は少ないが次のような回答もあった。

「どの被疑者に対しても公平に接していたし、特に問題となることは記憶にない」（兵庫県灘署、九八年五～一一月）。

「担当さんも、私が作られた事件にて入っているということを聞いていたらしく、いろいろと気を使ってくれていた。押送される時だったでしょうか、『あなたも被害者なんだろう？』と話しかけてきたり、少なくとも犯罪者という扱いをされていませんでした」（東京都池袋署、〇五年六～一一月）。

取調べの状況

取調べの状況も多様であるが、基本的に自白獲得目的なので、自白強要がなされる。脅迫、泣き落とし、暴力、偽計など、事件により、被疑者の態度や性格により使い分ける。大声で怒鳴る、机を叩く、蹴る、足を蹴る例も多い。非常に侮蔑的な言葉で貶める。親を引き合いに出して不安にさせる手口も常套手段である。

「優しいふりをして、互いの親子の歳が近いので、取調官を親と思って全て話せ、息子と思って黙って聞いてやると言い、親子関係で嘘のないように誘導していく」が、他方で「『警察ナメとるんか〜コラ〜、痛い目にあわなわからんとか』『聞こえとるんかコラ〜』と言い、机を蹴りあげる。また、『気違いの真似しよんか〜』と足を蹴られた」(福岡県博多署、〇四年三月〜五月)

「警察はどなる、机を殴りつけるのは日常的で、意味もなく机をケリとばしたり、強く机を押して私の胸に当たるようにする」、「否認のたびに、『お前は麻原だ!嘘吐きの麻原と一緒に死刑になっちまえ』と毎回言われた。また、『お前の名前が悪い! だから親も悪い』と言われた」(愛知県名古屋南署、〇三年二月〜七月)

麻原というのはオウム真理教の教祖・麻原彰晃のことである。

「否認したところ、いったん処分保留で釈放し、玄関前で別件により再逮捕、交通違反も起訴さ

れた。処分保留の事件も後日起訴された。徹底的に嫌がらせされた」（大阪南署、〇一年三月～四月）

「検事が作文しちゃったことに話を合わせてくれと、なだめたり、すかしたりでした。私が応じなかったので、一日に一五時間以上のメシぬき、休みぬき、暴行で調べ、二ヵ月後の起訴まで無意味に勾留された」（千葉県松戸署、〇六年一一月～〇七年二月）

「今日も同じ脅し、泣き落とし、途中で『部屋に帰る』といったが、帰してくれない。任意だから俺の自由だと思う。不当な取調べだ。『まわりの者が喋っている』と刑事は言う。『喋った者がおるなら逮捕すればいいじゃないか、いつでも逮捕しろ』と居直ると、今度は泣き落とし」、「『お前は他の者に迷惑をかけていいのか。人間以下だな、外道だ、お前みたいな奴は死んでしまえ』などと怒鳴る。死ねるものなら俺も死にたい。死んでやる。刑事が死ねというなら死んでやろう」、「お前が認めんならMもGも殺人の共犯者にしてしまうぞと脅され、調書に署名押印をさせられた。この指さえなかったら署名も押印もせずに済んだのに。刑事は汚い。脅しにのる俺の意志の弱さも情けない。もう精神的にまいった」（愛知県名古屋中署、〇二年九月～〇三年）

「（共犯とされた妻が当初は否認していたが後に自白に転じたのは）連日過酷な取調べが行われたことが原因である。糖尿病、肝臓病、胃潰瘍などの持病があり、体調が十分でないにもかかわらず、連日取調べが行われた。病状はたちまち悪化してしまい、ついには、倒れてしまうという状況にまで至った。直ちに病院で診察を受けてしかるべきなのであるが、病院での治療を受けさせてもらえなかった」（福岡県折尾署、〇三年）

「取調べはほとんどが『謝罪せよ、それから認めて反省せよ』の毎日。処分保留後は一ヶ月のうち二〇日は休みの状態。捜査が一時中断になったり、任意捜査になったり。一年二ヶ月留置されたが、数ヶ月は時間の浪費でした。何のための一時中断とか任意捜査なのか不可解でした」、「黙秘しているると捜査員が勝手にしゃべっては、被疑者の答弁として『黙して語らず』と調書を作成していく」（岡山西署、〇五年八月〜〇六年八月）

「『お袋さんと約束したから必ずお前をやめさす。組織を抜けたら守ってやる』、『黙っていたら損ぞ、今日の調べは終わらない』、『親は近所を歩けんぞ、弟たちもお前が死んでくれたらいいと思とる』と転向強要」（福岡県久留米署、〇一年）

検事調べ

検事調べについてもいくつか情報が寄せられた。

「検事は、私が供述したことをわずかに聞いただけで、あとはその女性検事、自らワープロを操作し、パチパチと三〇分から四〇分ぐらいかけ、一切検察事務官に頼ることなく調書を作り上げた。私の口から出た言葉はほとんどなく、もうあらかじめ作っていたんだなとゆう調書でしたが事実とは違うとこは違うと意見し二箇所ほど訂正してもらいました」（東京都池袋署、〇五年六〜一一月）

「警察の脅迫や暴力行為を弁護士に相談したら、申入書を検事に郵送。その旨で取調べ、検事が証拠隠滅をする調書を作成、指印は拒否したら、怒って居なくなり、勝手に取調べを終了し、調書を

訂正しない」、「検事は、暴力以外は何でもする」(博多署、〇四年三〜五月)

過去には検事による拷問の事例もあったが、さすがにほとんどの検事は物理的暴力を振るうわけではないだろう。「暴力以外は何でもする」とは名言ではないだろうか。

「黙秘していると、『検察庁に挑戦的である。徹底的にやってやる』と、やってもいないのに窃盗が強盗に訴因変更された」、「A検事が、『十年ぐらいは辛抱してきなさい、接見禁止はとく』と約束しておきながら接見禁止にしたので、黙秘すると、後任のS検事に代わり、求刑を無期懲役にされた」(兵庫県須磨署、九八年)

「事実調べがなく、転向強要一本やりであった。両親を持ち出して『親を見殺しにするのか。家に帰れ』。『主張は正しい。しかし、やり方においてあまりに過激で人を集められない。そこで行き詰ってますます過激になる。悪循環・自滅の道だ』。『組織のロボットにならず自分で主体的に考えてみろ』。『組織は老化しているばかりだ。君も六〇、七〇になって出てきたとしても何もできないぞ。一生を棒にふることになる』。『組織のことしか考えていない弁護士は解任しろ』。『転向者は勇気をもって幸福な人生をつかみとった』など、思い出すのもうんざり」(警視庁、八七年一〇〜一一月)。

組織に関連する事件では、警察だけではなく、検事も加わって転向強要に励む。最近では立川反戦ビラ事件の刑事取調べにおける侮辱と転向強要が知られるが、この種の事案では同じことが続いているのであろう(5)。

弾圧・報復・侮辱

捜査官による嫌がらせについては、取調べそのものにおける暴言、罵声、長時間取調べなどが指摘されるとともに、体調不良にさせていじめる例も見られる。

「発熱して入院したら、病院まで取調官がきて、『そのまま死んでくれ』としつこく言われた。検事は、妻に私が浮気して女に金を使っていると嘘を言っていた。知り合いの暴力団員らにガサを入れたり、何回も呼び出して、『お前が恨まれるようにしてやる』『お前の家族をヤクザに襲わせる』と何度となく言われた」(愛知県名古屋南署、〇三年一~七月)

被害者や関係者に恨まれるように仕向け、家族が襲われるなどと不安にさせるのも、取調べの目的であると同時に弾圧や報復の手口である。

「『マスコミは怖いぞ。被害者がお前の実家の住所を知ったら実家へ押しかけるぞ』と脅し、『喋れ』と耳元で怒鳴りまくる。取調官が使う言葉は『キチガイ。おし。ツンボ。カタワ。ゴキブリ。クズ。ダニ』」(福岡県久留米署、〇二年)

差別的な言葉がふんだんに用いられる。人格を否定し、貶めることによって精神状態を悪化させる。不安定な心理につけ込んで自白を引き出すためだ。その意味では、取調べは最初から弾圧・報復・侮辱によって成り立っている。

「手帳の中から友人や仕事のお客さんらをコピーして刑事が電話したり、呼び出したりした。当時通っていた病院から『通院拒否。刑事から処方をとめられている』といわれ、権力で投薬ができないようにされ、転院せざるをえないようにされた。留置場ではトイレに男性刑事がついてきて、隣のトイレに入られ音を聞かれ、調書に『排尿量は普通だった』と書かれた。『立ちションせえへんのか』などセクハラが多かった。排尿障害になり、ネフローゼになった」（関西空港署、〇一年八月～一一月）

家族関係や友人関係を破壊し、被疑者に孤立感をもたせるのも同じ目的である。女性に対するセクシュアル・ハラスメントは数多いと思われる。今回のアンケートでは女性の回答は一通のみであるが、かつて女性たちが留置場体験を社会的に訴えたことがある（6）。

留置場と拘置所

次のようなコメントも見られる。

「代監は冤罪づくりのシステムです。信じられないかもしれませんが、刑事からの差し入れのジュースやお菓子で自白したり、嘘を言う奴もいます。買えないので苦しいのです。否認するとタバコは吸えなくされます。言うとおりに喋れば吸わせてくれます。私の事件では捜査官が証拠を捏造しました。しかし、裁判官は捏造と知りつつ証拠から除外せず判決を書きました。冤罪の一番の問題は検察よりも、すぐ有罪にする裁判官だと思います」（名古屋南署、〇三年二～七月）

「代監は自白の強要、拷問、偽計の取調べに用いる所です。私は拘置所にいたのですが、留置場に移管され、偽計により事実と異なる事を認めさせられました。一審では、認定に相反する証拠まで、検事の中立てだから両方とも信用できるとされました。代監は冤罪事件を創ります。拘置所は一応他人の目があるので、暴行とかできないし、食べ物でイジメル事もできないから虚偽自白させられる事も少ない」（名古屋中署、〇二年九月～〇三年）

「否認していたので、体調不良を無視され、他の収容者よりも差別されていました。その中で数人の留置担当者はいろいろと個人的に世話をしてくれました。代監は暴力的な密室です。脅迫的な言葉と罵声を浴びせられたら内容のない虚偽の自白になってしまうのです。密室取調べがどのようなものか、一般的には知られていませんから、捜査官の思うままに事が進むのです。被疑者の拘禁場所ではないです。人間性を改悪・剥奪する場所です」（岡山西署、〇五年八月～〇六年一〇月）

他方、拘置所より留置場が快適となる場合もあるという。

「自分から望んで刑事や検事に頼み、求刑まで留置場にいたのです。否認する者にとっては不利でしょうが、私のように犯罪を認め争うことがない場合は、拘置所より留置場の方が規則が甘く勝手がきき過ごしやすいのです。もちろん刑事も追起訴があるので都合がいいのです。面会も時間は許される限りできるし、立会いなしもあります。面会したいから電話してくれと頼めばしてくれます。捜査官が一番嫌うのは否認されることです。この意識がなくならない限り代監はなくなりません。日弁連がどれだけ騒ごうが現場の体質が変わらない限りダメでしょう」（宮城県大和署、〇三年七月～〇四年三月）

これは⑤の便宜供与の裏返しである。当該被疑者に便宜供与しなくても、他の被疑者を優遇しているのを見せることで十分な効果を挙げることができる。この点だけから言っても、警察庁の指針は無意味である。長期間の身柄拘束、密室における支配と管理（身体、人格、あらゆる動作と状況への支配）のもと、自白を強要するのが現状である。

第2節　代用監獄実態アンケート結果（二）

一　アンケートの趣旨

二〇一四年六月、再びアンケート調査を行った。

前節では、二〇〇七年一〇～一二月に行ったアンケート結果を紹介した。全国各地の代用監獄の状況の一端が明らかになった。

本節では、方法を変えて、法政大学闘争のさなかに逮捕された経験者に協力を依頼して回答してもらった。質問項目は前回と同じであるが、回答者に特徴がある。場所も首都圏に集中している（7）。

法政大学闘争の若者にアンケートに協力してもらったのは、一般の犯罪容疑で身柄拘束された者ではなく、大学と警察の連携による弾圧と闘っている若者の目に代用監獄と取調べがどのように見えたかを明らかにできたらという問題関心による。

二〇一四年六月二五日現在、七人から回答を得ることができた。性別では男性六名、女性一名である。年齢層は二〇代後半が五名、三〇代前半が二名である。

質問項目は前節と同じで、次の通りである。①体験の時期、②場所（＊＊警察署）、③留置担当官の言動に疑問点はなかったか、④取調べにおける自白強要の有無・程度・手段、⑤捜査機関に弾圧や報復の意図を感じたか（具体例を）、⑥取調べ目的と関係のない侮辱行為などはあったか、⑦「代用監獄の実態は裁判抜きの刑罰執行に等しい」という考えについてどう考えるか、⑧その他関連する情報または意見。

二　アンケートの結果

規律と取調べ

代用監獄への批判をかわすために捜査と留置の分離がなされ、留置担当官が一定程度の自立性を持って職務につくことになっている。留置担当官の言動について、次のような回答があった。

「両親との面会を拒否していたが、面会を促された」（下谷署、二〇〇七年一〇月）

「書籍の回欄が禁止され、複数人での閲覧もできないのは理不尽だ」（品川分室、二〇〇九年五～八月）

「風呂の時間制限が厳しく疑問だった」（神田署、二〇〇六年三月）
「明らかに時間の余裕があるのに、歯磨きや風呂の時間を制限してくる。トイレ用にチリ紙をためていると回収しにくる」（万世橋署、二〇〇九年五～一二月）
これは留置場における規律や処遇に関連する意見である。両親との面会拒否の詳細は不明であるが、法政大学闘争での逮捕事例なので、両親が大学側の情報に騙されて「説得」に来るのを拒んだのであろうか。規律については、被収容者のニーズを無視して、管理する側の都合だけで規律を定めていることが以前から指摘されてきた。
「取調べを行った刑事が留置業務を行っている日があった。房での生活状況、どのような本を読んでいるかを取調官が知っていた」（練馬署、二〇〇九年五～六月）
留置担当官が取調刑事に情報提供していることはこれまでも知られていた。刑事が留置場に入ってくる例も報告されていた。捜査と留置の分離はタテマエにすぎない。さらに右のように、取調刑事が別の日には留置業務を担当している。次のような回答もあった。
「留置場そのものの不当性は強力に感じたが、留置担当官の言動に疑問点はなかった」（光が丘署、二〇〇九年五～一二月）
「融通が利かないと思ったが、特に疑問はない」（万世橋署、二〇〇六年六月）
取調室における取調状況（自白強要）については、次のような回答があった。
「一日の三分の一にもわたる長時間取調べをすること自体、自白強要だ」（下谷署、二〇〇七年一〇

月）

「大声で怒鳴る。机を叩く。胸倉を掴んで揺するなどの身体的・精神的圧迫を加える」（練馬署、二〇〇九年五～六月）

「『救援連絡センターの弁護士は極左。解任しろ』『弁護士は金もうけのためにやっている。釈放されたら莫大な金を請求される』など弁護士との間の分断を企てる。『お前は中核派に利用されている』『文化連盟を除名される』などと言って孤立感・孤独感に陥れようとする」（練馬署、二〇〇九年五～六月）

「『親を悲しませるな』『まだやり直しがきく』などと言って、恫喝しようとした」（品川分室、二〇〇九年五～八月）

「『お前が喋らないからお前の友人に聞くしかない』などと脅す。『私と政治議論しよう』『趣味は何なんだ』と、とにかく喋らせようとする」（万世橋署、二〇〇九年五～一二月）

「『喋ろ！』と怒鳴って机をバンバン叩くことがそれなりの頻度であった」（神田署、二〇〇六年三月）

「頭を小突く。椅子を引っ張る。目を閉じていると、瞼をつついてくる。机をバンバン叩く」（万世橋署、二〇〇六年六月）

供述の強要、暴行が当たり前のように行われている。

二％の文明国

二〇一四年六月一八日、最高検は取調べの可視化について同年一〇月から実施範囲を拡大すると発表した。しかし、同年七月九日の法制審議会特別部会答申は可視化の範囲を再び限定した。対象範囲は裁判員裁判の対象事件などに限られ、全事件の二％にとどまる見通しだ。二〇一〇年の大阪地検特捜部証拠改竄事件を契機に、取調べの可視化が現実的な動きとなってきたが、可視化の範囲が幾分拡大したとはいえ、可視化が原則化したわけではなく捜査機関側の裁量が残されている。他方で司法取引や盗聴（通信傍受）の範囲を拡大するなど捜査機関の権限をいたずらに拡大している。証拠改竄事件の反省どころか捜査機関の「焼け太り」である。

法制審特別部会の答申は全会一致で決定された。つまり、日弁連や有識者もこれに賛成したことになる(8)。もともと日弁連は、被疑者取調べが「密室」で行われ、裁判の長期化や冤罪の原因となっていることから、「取調べの全過程を録画すべきです」とし、裁判員制度の成功のためにも必要であり、欧米諸国でも可視化が進んでいることを指摘して、「取調べの可視化を実現して、日本の刑事司法制度を文明国の名に恥じないものにすべきと考えます」としてきた。「取調べの全過程を録画すべき」としていたのに、今回は二％の可視化でゴーサインを出したのは「二％の文明国」で十分ということであろうか。

朝日新聞によると「証拠改ざん事件の被害者で、部会で委員を務めた村木厚子・厚生労働事務次官らは『冤罪防止のためには全面可視化が必要』と訴えてきた。最終案はこうした声に配慮し、義務化の開始から『一定期間』が経過した段階で制度の見直しを検討する必要性を明記した」という(9)。検察は可視化を受け入れる用意ができているが、警察の抵抗が強いため「一定期間」経過後の見直しという形でのスタートとせざるを得なかったということであろう。

可視化は必要であり、日弁連の本来の基本姿勢は正しい。可視化だけで文明国になりうるとは考えられないが、可視化が必要であることは間違いない。法務省や警察庁が相手であるから、改革が容易に進まないことはよくわかる。段階を徐々に踏んでいくしかないことも理解できる。それならば「文明国」にふさわしい「刑事司法制度」といった一般論ではなく、「1．文明国にふさわしい全面可視化と、2．それを支える被疑者身柄拘束制度と取調べの合理的統制」の全体を明確に打ち出し、そこに向けての工程表を法制審に明らかにさせるべきであろう。司法取引や盗聴と引き換えの二％の文明国というのでは、原則放棄と呼ばざるを得ない（二〇一六年五月、一部可視化のみが法制された）。

弾圧と恫喝

アンケート調査の結果に戻ろう。捜査機関側の姿勢や意図について次のような回答があった。

「自分の大学でデモをやっただけで建造物侵入罪容疑で逮捕していること自体がそもそも違法な弾圧だと思う」（神田署、〇八年五～一一月）

法政大学事件の特徴は、大学が学生を次々と警察に売り渡して身柄拘束させ、それを口実に退学処分を強行したり、検問体制を敷いて元学生や他大学生の入校を実力阻止したことである。

「黙秘を理由に『証拠隠滅の恐れがある』とか、『それは罪を認めたことだ』などと、法律を守る気のない発言が続いた」（万世橋署、〇九年五～一二月）

「取調べ中に被疑内容が次々と変わった。横断幕を持っていただけなのに、最初は旗竿で殴ったことにされていたが、次に素手で殴ったことになり、最後はポールを持っている手で押したことにされた。被疑事実などどうでもよくて、留置して転向を迫ることが目的だと感じた」（上野署、一〇年二月）

「非常に長時間の取調べの上、中身は実は転向強要だった。具合が悪くなっても病院に連れて行ってくれない。弾圧、嫌がらせの意図しか感じなかった」（光が丘署、〇九年五～一二月）

「『運動をやめろ』『我々が刈り取らないとお前らは止まらない』などの発言があり、警察として運動に制動をかけたい意図を感じた。逮捕、再逮捕のため合計三三日もの間、毎日取調べを受けたが、実質は取調べではなく転向強要で、無駄に長い時間だった。『看板が壊れた』という被疑事実と弾圧の程度がまったく釣り合っていない」（練馬署、〇九年五～六月）

「検察の取調べの時、『やったことの責任は取らせる』と息巻いて、睨みつけてきた。何としてでも弾圧する意図を感じた」（品川分室、〇九年五～八月）

一般事件と異なり法政大学事件は公安警察による弾圧のため、長時間の取調べの実質が取調目的ではなく、転向強要であった。このため虚偽自白を強要するというよりも、転向につなげる手掛かりを得るために喋らせることや、嫌がらせをして運動を断念させることに主眼があったと思われる。

法政大学事件での被逮捕・被勾留者の中には完全黙秘を貫いた者が多かったと聞く。自白強要であれ転向強要であれ、これと闘うために黙秘権の行使が重要であり、その実践がなされたことは高く評価できる。

これに対して警察が執拗に嫌がらせを繰り返し、転向を強要し、応じない者に対して一層悪質な攻撃を仕掛けたことは不当であり、非難されなければならない。こうした違法捜査を可能にしているのが代用監獄とこれを利用した密室取調べである。取調べという名目の人格攻撃、侮辱、人間関係の破壊がまかり通っている。警察の違法捜査にお墨付きを与えているのが裁判所であり、刑事司法の闇は深い。

無意味な「取調べ」

代用監獄に長期間身柄拘束して取調室で人格攻撃をしながら自白を強要する異常な手法をとりながら、これを「取調べ」と呼ぶのが日本的刑事司法である。実際には嫌疑に関する取調べではなく、無関係の質問や侮辱が続く。

「刑事自身が『これは取調べじゃない』と言い、『馬鹿』などの言葉を投げつける」（万世橋署、○九年五〜一二月）

「『死ね』『クズ』といった侮蔑は頻繁に言われた」（神田署、○六年三月、牛込署、○六年六月）

「『逮捕されたせいで妹は結婚できないぞ。お前のせいで家族が路頭に迷う』などと脅された」（練

馬署、〇九年五月）

「同じ活動をしている女性の容姿をあげつらう差別発言を聞かされた」（下谷署、〇七年一〇月）

「組織や仲間への不信をあおるようなことばかり言い続ける」（上野署、〇六年一〇月）

自称「取調べ」は実は取調べではなく、差別発言を用いた人格攻撃、組織破壊目的であり、人間不信を植え付けるためになされている。代用監獄とセットの「取調べ」は裁判抜きの刑罰に等しい負担をかける。二三日の身柄拘束は既に短期自由刑であるし、余罪を口実に数か月の収容もなされる。こうした違法行為を容認してきたのが裁判所と刑事法学である。

「代用監獄と取調室では人権侵害以外のことは何も行われていない」（品川分室、〇六年五～八月）

「食事も制限され運動も制限され、恒常的な監視がなされているし、学習の機会も限られるので、刑罰執行に等しいと思う」（下谷署、〇七年一〇月）

「食事の劣悪さといい、空間の狭さといい、留置場の処遇は既に刑罰だ。拘置所の方が食事もましだし、運動もまあまあできる」（万世橋署、〇九年五～一二月）

「捜査する側の警察が被疑者を二四時間拘束できる制度がそもそもおかしい。仕事、家族関係、交友関係など事件の中身と関係ないことで圧力を加えて、でっち上げの『自白』を強要するための施設でしかない。だからこそ、外とのつながりを持つ救援活動がとても大事だ」（万世橋署、〇六年六月）

「未決収容の実態は権力犯罪であり、広く知らせて広範な民衆の怒りで対決し、改善させていかなくてはならない」（光が丘署、〇九年五～一二月）

以上紹介してきたのは法政大学闘争に関連して代用監獄に身柄拘束された若者たちの意見である。一般事件での身柄拘束・取調べの場合と異なる点もあるだろうが、人質司法の特質がよく現れている点では、一般事件における問題点をいっそう凝縮させた形で提示していると考えられる。

自由権規約委員会勧告

二〇一四年七月二四日、自由権規約委員会が日本政府に対する勧告を公表した。自由権規約に基づいて、締約国が規約の履行状況に関する報告書を審査し、委員会が改善のための勧告を出す作業が続いてきた（前回につき本書第2章第2節）。今回の日本政府報告書審査は同年七月一五日・一六日に、ジュネーヴの国連欧州本部の会議室で開催された。

勧告は、個人通報制度の受諾、パリ原則に基づいた独立した国内人権機関の設置、死刑（存廃問題、確定死刑囚処遇）、刑務所における人権、特定秘密保護法と表現の自由、ジェンダー平等と性暴力問題、性的マイノリティの権利、日本軍性奴隷制度（「慰安婦」）問題、ヘイト・スピーチの規制、人身取引と技能実習生問題、難民の人権、精神病院への強制入院問題、福島原発事故被害者問題など幅広い多くの問題に及んだ。

代用監獄と取調べ問題については、次のような評価が委員会によって述べられた。

「利用可能な資源が不足していることと犯罪捜査のためには、このシステムが効率的であることを理由に代用監獄の使用を正当化し続けていることを遺憾に思う。」「起訴前保釈の権利がなく、国選弁護を受ける権利が保障されていないことが、代用監獄における強制自白を引き出してしまうリスクを高めていることに依然として懸念をもっている。」「取調べの実施に関して厳しい規則が存在しないことに懸念を表明し、二〇一四年『改革プラン』で提案されている取調べについてのビデオ録画が義務づけられた範囲が限られていることを遺憾に思う。」

その上で、委員会は次のように勧告した。

「代替収容制度を廃止するか、さもなければ、規約第九条と規約第一四条におけるすべての保障の完全な遵守を確実にすべきであり、それは特に次のことを保障することによって行うべきである。

（a）保釈などの勾留代替措置が、起訴前の勾留中にも十分に考慮されること。

（b）すべての被疑者が逮捕のときから弁護人の援助を受ける権利を保障され、弁護人が取調べ中に立会うこと。

（c）取調べの継続時間及び方法に厳格な時間的制約を設定する立法措置、また、取調べは完全にビデオ録画されるべきである。

（d）都道府県公安委員会から独立し、尋問中に行われた拷問や虐待の申立てについて迅速、公平かつ効果的に調査する権限を持つ不服審査機関。」

自由権規約委員会はこれまで繰り返し代用監獄の廃止を勧告してきたが、今回改めて代用監獄を廃止するか、そうでない場合には、自由権規約第九条と自由権規約第一四条を厳格に順守するための十分な措置を講じるように勧告した。この後段を取り上げて、日本政府は従来、「委員会は代用監獄を認めた」と虚偽の宣伝を行ってきたが、勧告はまず代用監獄の廃止を求め、次いで、そうでない場合の代替措置として四項目を掲げている。起訴前保釈の実現、取調べへの弁護人立会い、取調時間の制限と取調べの完全録画、そして警察から独立した不服申立てメカニズムである。これらを実現すれば刑事司法の改善になる。

現在進められているニセ刑事司法改革とは、その目指す方向が全く異なる。勧告に従って改革を進めつつ、被疑者弁護を充実させる中で、必要な場合には黙秘権の完全行使、そのための取調拒否権の行使が重要となる。黙秘権と取調拒否権とは、市民的権利の実践を通じ刑事司法改革の前進を権力に強制していく闘いである。

第3節　未決拘禁改革のために

未決拘禁改革の挑戦

代用監獄（代用刑事施設）に象徴される拷問・自白強要・人格破壊・弾圧・誤判・冤罪の刑事司法制度に対する改善勧告は、国内外から繰り返し出されてきた。国際的には、一九八〇年代以降、国連人権小委員会における議論、国際自由権規約に基づく自由権委員会による勧告、そして国際人権連盟やアムネスティ・インターナショナルなどの国際NGOからの勧告が続いた。ごく最近でも二〇〇七年には拷問等禁止条約に基づく拷問禁止委員会による勧告、二〇〇八年には国連人権理事会の普遍的定期審査（UPR）の結果としての勧告、そして同年の自由権委員会による勧告が続いた。

しかし、日本政府は国際人権法の要請を撥ねつけ、警察による捜査の都合を優先する姿勢を変えようとしない。「精密司法」「緻密な捜査」という幻想を振りまいて人質司法を正当化し続けている。未決拘禁の改善を求める刑事法学者の理論的挑戦にも長い歴史があるが、改革に抗する学者の活躍ぶりも目立つ。凶悪犯罪キャンペーン、重罰化キャンペーンに伴い、「市民的安全の担い手」としての警察イメージが捏造され、警察翼賛理論が跋扈し、未決拘禁改革への障壁となっている。

刑事立法研究会編『代用監獄・拘置所改革のゆくえ』は刑事施設法・留置施設法案に対する批判とともに、代用監獄の廃止、ないしは暫定的な改革のためにさまざまな提案を示した(10)。葛野尋之『刑事手続と刑事拘禁』は近代法における人権としての人身の自由、無罪推定の原則に照らしての身柄不拘束の原則を徹底解明して、訴訟法における未決拘禁のあり方を提示した(11)。

こうした成果を踏まえて、福井厚編『未決拘禁改革の課題と展望』が登場した(12)。同書は右の『ゆくえ』の続編であり、「はしがき」には本書に至る三年間の共同研究計画が次のように記されている。

「本書が〈未決拘禁の比較法的・総合的研究〉という場合、逮捕と勾留の両者を含み、かつ、逮捕・勾留の実体要件の検討のみならず、逮捕・勾留の執行の規律のあり方をも視野に入れている。したがって、本研究は刑事訴訟法と監獄法との有機的な関連を問う総合的な研究ということになる。そして、その課題を英米独仏の四カ国を対象に比較法的に遂行するというのが、本研究の方法的特徴である。本研究は、刑事訴訟法と監獄法の各々について、現行法のパラダイムを抽出し、それに代わる新たなパラダイムを理論的に提示し、両者のあるべき関係を再構成することを目的とする。」

後に指摘するように、「総合的研究」と称するにはなお制約があり、重要な点で実態把握に欠けるところがないではないが、同書は刑事法研究者による理論研究として非常に優れた成果であり、学ぶべき点が数多く含まれている。

身体不拘束の原則

後藤昭「未決拘禁法の基本問題」は、合理的な未決拘禁制度を構想するための前提として、未決拘禁の目的（出頭確保、証拠隠滅防止、取調べ、再犯防止）を検討し、その要件（嫌疑の要件、必要性と相当性、代替手段など）を整理した上で、未決拘禁の効果（拘禁目的に適合した権利制約への限定、訴訟法上の権利保障、拘禁の弊害の除去、付加的制裁の回避）を論じ、未決拘禁がなぜ正当化できるかの原理的な問いに立ち返って見直しを説く。

豊崎七絵「『身体不拘束の原則』の意義」は、前稿「未決拘禁は何のためにあるか」『ゆくえ』等に引き続き、未決拘禁の理論的検討を行う(13)。被疑者・被告人には一般市民とは異なり一定の権利制約は当然とする外在的アプローチを批判的に検討し、無罪推定の原則に立った内在的アプローチとして身体不拘束の原則を唱える。

水谷規男「未決拘禁の代替処分」は、前稿「未決拘禁の代替処分」『ゆくえ』で検討した未決拘禁の代替処分の必要性と理論的正当性を踏まえて、さらに代替処分の具体的制度設計を試みる。その際の基本的視座は、憲法と適合し、国際人権基準と適合する制度でなければならないということである。被疑者勾留規定、被告人勾留規定について、具体的な法改正が提案される。

葛野尋之「保釈決定手続きの改革と保釈促進のための社会的援助」は、身体の自由を剥奪する未決拘禁は被疑者・被告人の防御権行使を困難にし、市民としての社会生活に重大な障害をもたらすので、勾留の回避と保釈の拡大が求められるとし、そのために、たとえばイギリスの社会的援助として保釈支援サービスを参照して制度を構築し、保釈情報サービスを実現するよう提案する。

白取祐司「起訴前勾留と起訴後の勾留」は、起訴前勾留と起訴後勾留の共通点と相違点を考慮し、起訴前勾留が違法な場合の起訴後勾留の効力、および起訴前勾留から起訴後勾留に「自動的に切り替わる」ことを理由に勾留質問を不要とする実務の当否を検討する。特に従来議論の少なかった後者について、自動延長論の形式的根拠や実質的根拠を見直し、その弊害を除去するために自動延長否定論を展開する。

改革の刑事法学へ

葛野尋之「代用刑事施設問題の現在」は、二〇〇八年一〇月に開催された国際自由権規約委員会における第五回日本政府報告書審査を取り上げる。委員会は日本政府報告書、ＮＧＯによるオルタナティヴ報告書等を踏まえて数々の勧告を行った。

石田倫識「警察拘禁の極小化と被疑者取調べの在り方」は、未決拘禁制度を刑事手続き全体の中に位置づけ直して実践的かつ理論的な検討を加え、被逮捕者の「留め置き」場所を解釈し、「逮捕後、勾留請求までの身体拘束中に被疑者を取り調べることは許されない」「起訴前勾留中の被疑者取調べも、可及的に極小化される」と主張する。

豊崎七絵「警察拘禁の実際的意義」は、被疑者の「犯行告白」を内容とする同房者供述の任意性が問題となった引野口事件を素材に、警察拘禁のあり方を検討する。秘密裏の、警察拘禁の利用による違法捜査は「捜査弁護の活性化や取調べの可視化によって防止することは困難である」として代用監獄制度の廃止を求める。

福井厚「未決被拘禁者の権利保障：原則」は、刑事被収容者処遇法が被収容者の書籍等の閲覧の原則的な権利を保障し、未決の場合の制限事由を定めていることを取り上げ、判例およびドイツ法の検討を通じて、未決勾留の執行に関する比例原則を明らかにする。

中川孝博「弁護人等以外の者との外部交通」は、外部交通権の性格と制約基準を考察して、施設の都合による権利制限の極小化を求めるとともに、処遇法における立法ミスの存在を指摘する。

緑大輔「弁護人等との外部交通と施設担当者の義務」は、訴訟法と施設法の関係に関する一元主義と二元主義の対立を踏まえ、接見交通権に即して処遇法と一元主義の可能性を探り、接見における施設担当者の接見実現義務、秘密交通権保障義務を導き出す。

斎藤司「未決拘禁における社会的援助」は、未決被拘禁者に対する援助の可否、その根拠、内容といった議論を踏まえて、未決拘禁が未決被拘禁者の社会的排除の原因になっていると説き、社会的援助の基礎理論を展開する。同書にはさらに、不服申立て、留置施設視察委員会についての検討や、英米独仏の比較法として現地調査報告が収録されている。

もう一つの視点

同書は刑事立法研究会の集団的な共同研究であり、理論研究として非常に優れており、未決拘禁実務を改革するための貴重な成果である。基礎理論を展開するだけではなく、実態を踏まえての改革案であり、比較法的知見や国際人権法の視点も内在しており、今後の議論をリードするものである。

ところで、先に「『総合的研究』と称するにはなお制約があり、重要な点で実態把握に欠けるという方法的特徴を有する」と一定の留保を付した。同書には多く学ぶべき点があるが、筆者は代用刑事施設問題については一部理解を異にする。そのため実態把握においても改革の課題についてもいささか異なる見解を持っている。先に述べたように、代用監獄は単に自白強要と冤罪生産の場であるだけでなく、反体制的とみなされた個人を恥ずかしめ、圧迫する場であり、「異端排除による国民統合のシステムの要である」。代用監獄には、①被疑者の逃走予防、証拠隠滅予防、②被疑者取調べ、自白の強要、虚偽自白、③政治目的による弾圧や報復、④「改善更正」、転向強要、人格破壊という機能がある。

代用監獄問題には、訴訟法と施設法の二元性という論点では把握できない重要論点が含まれる。代用監獄を維持し密室を必要とするのは刑事警察による捜査・取調べだけではない。公安警察による弾圧事件こそ代用監獄を必須不可欠のものとしている。この視点抜きに代用監獄を語っても「総合的研究」にはなりえないし、実態把握すら不十分に終わる。取調べの実態を暴き、代用監獄が虚偽自白強要と冤罪の温床となっていることを訴えるだけでは、代用監獄廃止は獲得できないだろう。国家統治における代用監獄の象徴的機能と現実的機能の解明に踏み込まなければ、表層的な研究にとどまるしかない。

第4節　刑事訴訟法理論の新展開

現代的課題への視線

川﨑英明・白取祐司編『刑事訴訟法理論の探求』は、編者二名と若手研究者一三名による論文集である(14)。ここでは主に捜査に関する論文を取り上げたい。

巻頭の白取祐司「戦後刑事訴訟法学の歩みと現状」は、現行刑訴法施行直後の指導的理論だった団藤重光理論はその骨格も内容も戦前・戦中に形成されたことを確認し、団藤理論への批判を通じて形成された平野龍一理論が日本国憲法の民主主義を法理論化し、学説に圧倒的な影響を与えたが、実務に受け入れられなかった理由を検討する。平野理論を継承した田宮裕理論と松尾浩也理論の分岐——「デュー・プロセス」から「精密司法」論への転換を追いかけ、「精密司法」論が実務を正当化する役割を果したことを見る。「精密司法」論の現状説明能力を評価するにしても、現状を憲法の基本的人権や民主主義に照らして検証するには、その先の理論が必要であることも明らかにされる。七〇年に及ぶ刑事訴訟法学の展開を簡潔にまとめた上で、新しい時代に対応した刑訴法理論をいかに構築するべきか、示唆に富む。

斎藤司「強制処分概念と任意捜査の限界に関する再検討」は、捜査における強制処分概念について判例や通説を踏まえ、志布志事件や足利事件を考えるなら、判例や通説と言っても問題解決には至っていないことを確認し、強制処分法定主義の意味を再検討する。通説と新しい強制処分説とを対比して、強制処分法定主義が民主主義との関係でどのように理解されるべきかを問い、それゆえ議会の「自己決定義務」、「意識的・自覚的な決断」という強制処分法定主義を再考する。そこから任意捜査の限界を論じ、任意同行や宿泊を伴う取調べの問題を取り上げ、最高裁第二小法廷判決（一九八四・二・二九）の二段階判断枠組みに対する学説からの批判、学説相互の関係を問い返し、議論のポイントが、被疑者の側の「同意」の有無や内容や程度、意思決定の自由があったか否かではなく、捜査機関の側の客観的条件を明確に論じることにあると言う。

古臭い捜査観批判

緑大輔「捜査機関による緊急性・必要性の作出と令状主義」は刑訴法第二二〇条一項の解釈である。「逮捕する場合において必要があるとき」に被疑者捜索や逮捕現場での対物強制処分を無令状で執行できるとしているため、捜査機関は「逮捕する場合」を操作することによって、無令状捜索を自由に行えるようにする可能性がある。公道上で逮捕できる要件が揃っても逮捕せずに、被疑者を別の場所に移動させる。例えば共犯かもしれないと見込んだ第三者の居宅に移動させてから逮捕して「逮捕する場合において必要があるとき」として、第三者の居宅の捜索を強行する場合である。

緑は「緊急事態の作出」に関するアメリカ合州国判例を参考にしながら、日本における問題解決を試みる。「緊急性の作出という観点から、逮捕前の経緯を含めた形で時間軸を幅広く設定すると、本来は公道上で逮捕が可能だったにもかかわらず、殊更に被疑者宅に立ち入った行為の適否が問題になる。裏返せば、これは、被疑者宅への別途の捜索差押令状の発付が見込めるにもかかわらず、その機会を捜査機関が回避した場合といえる。そのため、二二〇条一項にいう『必要』が作出されたと評価して、実質的には無令状で対物強制処分を執行する緊急性ないし必要性が欠けていたと判断できよう。」

京明「別件逮捕・勾留——実体喪失説の有力化と本件基準説の課題」は、別件逮捕・勾留について本件基準説と別件基準説の争いがあったが、最近は実体喪失説が学説において有力化してきたという。実体喪失説に立脚したとみられる判決も登場している。京は実体喪失説の意義を確認し、それが本件基準説にとってどのような理論的影響を与えるのかと問い、実体喪失説を形成・リードしてきた川出敏裕説を中心にその意義を概観し、客観主義的な思考枠組みを確認する。

実体喪失説は、捜査機関の主観的な意図や目的によってではなく、実際に行った取調べの内容、時間、別件と本件の関連性などを考慮して判断する。事後的・客観的な判断枠組みを提供する点で一定の魅力があるが、捜査機関の側から議論を立てていることに変わりはない。このため事後抑制が中心となる。

京は、取調べの録音・録画問題や、近時の現行犯逮捕による別件逮捕に関する新しい判例を基に、実体喪失説の修正が余儀なくされることも指摘する。実体喪失説と本件基準説を、松尾浩也が述べた「一括方式と個別方式」の対比に即して考察している点は面白い。目の前の具体的問題を一つ一つ解決することを目指すか、抜本的解決を目指すかの違いだ。

いずれの論文も、「新しい時代の刑事司法」を呼号しながら「古臭い捜査観」に開き直っている現状への批判である。

古臭い「新しい捜査手法」

内藤大海「犯罪対策と新しい捜査手法」は「捜査手法の高度化」がもつ令状主義の掘り崩しに着目し、ＰＣ等の差押えに関する新たな処分について検討する。

①刑訴法第九九条二項、第二一八条二項はＰＣ等の差押えの際に他のＰＣ等へのリモート・アクセス措置を規定する。憲法第三五条の令状主義に照らして処分範囲の拡大に問題はないか。リモート・アクセスは「バーチャルな捜索・差押え」に該当すると考えるならば、捜索場所、対象物の特定等令状主義の精神が及ぶはずであると言う。②刑訴法第九九条の二、第二一八条一項により、捜査機関は、プロバイダ等に管理委託された情報の提出を命令することができる。しかし、当該情報は管理委託されているのであって、通常他人の手に渡ることがないという意味でのプライバシーの期待度は高い。不利益を受ける利用者に対する令状の呈示や、速やかな告知が求められる。③刑訴法第一一〇条の二は、代替的執行方法を規定する。それでは本来的執行方法と代替的執行方法のいずれを選択するべきか。比例原則の観点から、できるだけ代替的執行方法を用いるべきであるという。④刑訴法第一二三条三項は、捜査機関が持参した媒体に、情報の「移転」が行われた場合で必要以上の処分があ

った時、被処分者に対して当該記録媒体の交付または情報の複写を許さなければならないとする。内藤は最後に「法は、処分対象の個別化・限定化という点で課題を残した」とし、「総合的監視の問題性とともに、取得された情報の利用に対する規制のあり方についてもさらなる検討の必要がある」と述べる。

徳永光「秘密交通権をめぐる議論状況」は、身体を拘束された被疑者等と弁護人の接見交通における秘密性の保障を取り上げる。取調べ時における接見内容の聴取が秘密交通権の侵害に当たるのではないかが問われた裁判例を検討し、「被疑者が取調べにおいて接見内容に関する供述を始めたとしても、接見の秘密性が解除されたものとして扱うべきではないことになる。捜査機関は、接見内容を聴き続けることなく、接見内容については供述する必要のないことを告知するなど、その秘密性を積極的に保障する義務を負う」とする。また、接見時に弁護人が行う録音・録画について、戒護や保安・警備上の支障による制約や、施設管理権による制約について慎重に検討したうえで、弁護人によるスクリーニングを強調し、「録音や撮影機器の持ち込み、パソコン、携帯電話の持ち込みについても、その中に第三者からの通信が含まれうるという単なる可能性で、秘密交通権を侵害することは正当化されない」とする。

黙秘権の保障とは

中島洋樹「違法収集証拠排除法則の現状と展望」は、最高裁判所が排除法則を採用したにもかかわらず、その具体的運用が停滞し、排除法則の実質が伴っていなかったことを批判的に検討する。学説における排除法則の理論的根拠や、証拠排除の判断基準を確認したうえで、下級審における排除法則の採用と展開を跡づけ、一九七八年の最高裁による排除法則の採用の意義を点検し、「違法の重大性」を重視し「排除の相当性」を消極的に判断する手法を確認する。最高裁が理論的には排除法則を認めてから三五年もの歳月が流れた。下級審では排除を認めた判例の蓄積も見られる。にもかかわらず、証拠排除の論理はいまだに不明確であり、「却って捜査機関を安堵させ、あるいは手続き遵守の意識を鈍麻させ、結果として違法捜査を助長させてはいないか」と問う。「かかる閉塞状況を打開するためには、もう一度排除法則の理論的根拠から検討し直すことによるしかない。すなわち、憲法規範に対する違反行為に対して、政策的な利益較量によることのない排除領域を確保するような排除法則を再構築することである。」

渕野貴生「黙秘権保障と自白法則」は、判例・実務における黙秘権侵害の基準を再検討する。判例・実務は身柄拘束されている被疑者について取調受忍義務を前提とし、身柄拘束されていない被疑者についても事実上退去・退出を認めない場合を作り出してきた。その結果、自白法則の適用においても、黙秘権を侵害した自白が排除されるとしているものの、被疑者が抗拒完全不能状態になるほどの場合に初めて侵害を認めている。これに対して渕野は黙秘権の意義に立ち返って検討する。第一に黙秘権は自己保存本能ともいうべき、人間の本質に根差すものである。第二に刑訴法上の無罪の推定に立って黙秘権の重要性を確認できる。第三に黙秘権を保障しないと、糾問的な取調べが生じ、虚偽自白がなされてきた歴史を踏まえる必要がある。「被疑者がいったん供述を提供しないと決断した以上、その決断は完全に尊重されなければならない。被疑者がいったん供述拒否の決断をしたにもかかわらず、さらに供述するように説得を続けることは、説得の強弱にかかわらず、また、説得時間の長短にかかわらず、被疑者の供述拒否という権利行使を無視することにほかならず、まぎれもなく事実上の供述の強制であって、人間の尊厳領域に踏み込む行為、疑わしきは被告人の利益に原則を侵害する行為にほかならない」という。

渕野は「被疑者が取調官からの追及に耐え忍びながら供述を拒否し続けている状態を黙秘権を行使していると評価してよいのか」と問い、「この我慢比べの間について、黙秘権は何の役にも立っていないことになる。このような状態は、黙秘権の行使とは言えないし、黙秘が権利として保障されているともいえない」と言う（以上、傍点は引用者）。

実に的確な見解であり、黙秘権と取調拒否権を考察するに際して出発点となるべき議論である（本書第4章参照）。

註

（1）青木理「何から何までデタラメな県警の強圧的捜査」『週刊金曜日』六七〇号（以下の引用も同じ）。志布志事件について、木村朗編『メディアは私たちを守れるか？——松本サリン・志布志事件にみる冤罪と報道被害』（凱風社、二〇〇七年）。なお、二〇一六年八月五日の志布志事件民事訴訟二審・福岡高裁宮崎支部判決参照。

（2）前田朗「拷問大国から脱却するために」『未決勾留一六年』（編集工房朔、二〇〇七年）。

（3）前田朗「拘禁二法反対運動に向けて」『思想運動』三八二号（一九八八年）。

（4）救援連絡センター機関紙『救援』四六二号（二〇〇七年一〇月号）でアンケート協力要請を呼びかけた。二〇〇七年一二月二〇日現在、一五人から二二件の情報提供を受けた。女性が一名で、残りは男性である。以下では寄せられた情報をもとに順次紹介する。引用文は基本的に原文からの抜粋であるが、明らかな誤字は訂正した。

（5）立川・反戦ビラ弾圧救援会編著『立川反戦ビラ入れ事件——「安心」社会がもたらす言論の不自由』（明石書店、二〇〇五年）、宗像充『街から反戦の声が消えるとき——立川反戦ビラ入れ弾圧事件』（樹心社、二〇〇五年）。

（6）手塚千砂子編著『留置場・女たちの告発』（三一書房、一九八九年）、同『警察官の性暴力』（三一書房、一九九〇年）、前田朗監修『劇画代用監獄』（三一書房、一九九三年）等。

（7）法政大学闘争とは、二〇〇六年頃から大学構内でのたて看板やビラ貼りなどの規制が強化され、これに反対する学生と大学当局が対立する中、大学当局が学生を公安警察に逮捕させたことから激しい闘争に突入した事件である。逮捕や退学処分が連発される中、法政大学生及び応援に駆け付けた他大学生も含めて多くの学生・元学生が逮捕された。延べ人数で一二〇名を越える学生らが逮捕されたという。学生らによる暴行罪、器物損壊罪、建造物侵入罪などが被疑罪名とされているが、残された映像を見ると、大学職員や公安警察が学生に暴行をふるっていた事実を確認できる。二〇一四年二月には暴力行為等処罰法で弾圧された元学生五名に無罪判決が確定した。

（8）ただし、周防正行『それでもボクは会議で闘う——ドキュメント刑事司法改革』（岩波書店、二〇一五年）。

（9）『朝日新聞』二〇一四年七月九日。

(10) 刑事立法研究会編『代用監獄・拘置所改革のゆくえ——監獄法改正をめぐって』(現代人文社、二〇〇五年)。

(11) 葛野尋之『刑事手続と刑事拘禁』(現代人文社、二〇〇七年)。なお、同『刑事司法改革と刑事弁護』(現代人文社、二〇一六年)。

(12) 福井厚編『未決拘禁改革の課題と展望』(日本評論社、二〇〇九年)。

(13) 豊崎七絵「未決拘禁の理論的根拠」『法学』六九巻五号(二〇〇五年)。

(14) 川崎英明・白取祐司編『刑事訴訟法理論の探求』(日本評論社、二〇一五年)。

第４章　取調拒否権の法理と実践

第1節　取調拒否権の思想

一　取調拒否の実践

逮捕の経緯

二〇一二年三月三一日に開催された市民集会において、代用監獄（留置場）に逮捕・勾留された被疑者による取調拒否の実践が報告された。

逮捕されたAは、警視庁三田署において取調拒否、点呼拒否、ハンストを宣言した。ハンストは体力等を勘案して勾留決定までとした。Aの取調拒否（出房拒否）の実践は非常に示唆的であり、理論的にも検討を深める必要があるので、やや詳しく紹介したい。

二〇一一年二月二〇日、沖縄高江での米軍ヘリパッド建設に反対する東京都内における反戦デモで、主催者はアメリカ大使館前を通るコースを申請したが、都公安委員会がコース変更処分をしてアメリカ大使館に行けなくなったため、当日、デモをボイコットして歩いて大使館まで行く戦術に切り替えた。集合場所・新橋駅前では、警察が任意の参加者に対して、公安条例違反の無届集会だと警告していた。大使館前への移動中も、警察は「公安条例違反の無届デモだ」と、参加者を萎縮させようとした。

Aは、麻生邸リアリティーツアー不当逮捕事件国賠訴訟の原告支援の事務局員をしてきた経験から、このような公安条例弾圧に非常に腹が立ち、悪宣伝を繰り返す警察車両の梯子に登って口頭で抗議をした。拘束されないようにすぐに降りた。警察は、大使館に抗議をさせないために手前でピケを張っていた。不当不法なピケを見ると腹が立ち、Aは再度警察車両の梯子にのぼり指揮官に抗議をした。すぐに降りたが、群がった警察官はAを拘束し、突然の「検挙」の掛け声で逮捕された。

Aは、梯子に登ることが違法行為になるとは思わなかったし、抗議自体も口頭による平穏なもので、物理的な実力行使ではなかった。赤坂署に連行されるまでの間、私服刑事に「被疑事実は何か」と聞いても、被疑事実、罪名は答えなかった。後に被疑事実とされたのは警察官の胸を殴打したとの身に覚えのない公務執行妨害であった。

赤坂署での弁解録取で、Aは逮捕自体が被疑事実すら告げられない違憲な逮捕だとして即時の釈放を要求した。「手続に異議があるので、六法全書を持ってくるよう」要求したが、「便宜供与になる」と言うので、「ならば便宜供与になるといった発言のみを録取書に記載せよ」と言ったが、取調刑事は拒否した。六法全書を渡すと便宜供与になるというのは法律無視の日本警察らしい言い訳である。

赤坂署前に仲間が来てくれて「接見させろ」のコールが聞こえたので、これに呼応してAが取調室でシュプレヒコールをあげたところ、数人がかりで体を押さえつけられた。その際、一人の刑事が肘でAの喉を圧迫した。数時間たって弁護士接見が入ったので、押収品目録を宅下げするよう要求したが、「赤坂署は改装中の仮施設で留置設備がなく書式もないから無理だ」などと無責任なことを言うので、弁護士とともに抗議した。Aは喘息もちなので病院診察を要求し、慶応大学病院の診察を経て、三田署に移送された。

出房拒否戦術

二〇〇三年からのイラク反戦運動以降付き合いのある仲間たちは街頭闘争の最中に何人も逮捕されてきた。仲間が逮捕されれば救援するし、救援された仲間は次の弾圧の救援をするといった相互救援のなかで経験を共有してきた。「黙秘」の話が出た時に「そもそも取調自体を拒否すれば、あの長時間の苦痛はないのではないか」、「取調べしたって何も話さないんだから、黙秘権っていうならそもそも出ていかなくてもいいのじゃないか」という雑談をしたことがある。興味を持って調べた仲間から包括的黙秘権と取調受忍義務という概念を教わり、さらに調べてみたら、その点を争った判例もないようなので、「次に入ったらやってみるか」と話していた。そこでAは三田署に留置されるや取調拒否を宣言した。

Aは「供述は任意であり、そもそも黙秘を公言しているのだから取調室に行く必要がない。強制的に引きずってでも連れて行くつもりなのか。もしそうするなら徹底的に争うぞ」と言った。すると、留置担当官は「強制的には連れて行けないけど、取調べの刑事さんに直接言ってもらえる？」と言うので、「言うために出て行ったら、なし崩しに取調べになる。行かない」と返すと、それで終わった。他の日も呼びには来るが、「出ない」と言えばそれまでであった。

警察側は何を聞きたがっているのか探りを入れようと思って一度出房したが、人定質問程度のことしか聞かれなかったので、早々に切り上げさせて房に戻った。救援の仲間に警察の動向を知らせるために出たわけだが、無意味だと思い直して、以降は出房拒否を貫いた。

取調室に入れば長時間にわたって身体的精神的苦痛を受けるから、そもそも出なければ非常に健康にいいという。

検察庁での検事調べに対しては「黙して語らずとだけ書くように」と言い、すぐに終わった。その後、三田署に検事が調べに来たが出房しないでいたら、留置担当官は警察の調べとは違う困った様子で、「頼むから直接検事に言ってくれ」と言われ、取調室ではなく弁護士接見に使う面会室でやるというので面白がって出てみた。もちろん被疑事実については何も述べず、逆に「写真や映像を見ても被疑事実が確認できない」という言質をとった。

Aは仲間に出房拒否を勧めている。実際に九・一一弾圧と竪川事件弾圧では何人か出房拒否を実践した。警察の対応はまちまちで、「引きずり出す」と留置係に言われた者もいれば、捜査担当刑事が留置場に入ってきて「引きずりだしてやる」と言われた者もいる。前者は無理せず結局は出房したようだが、後者は拒否を貫徹した。

Aは「権力の反撃もあるので楽観できませんが、転向強要・自白強要の温床である密室から自由であることの意義は大きく、自白中心主義を解体するための強力な武器になると思います。新たな捜査手法として黙秘の不利益推定も目論まれていますから、これまで以上に黙秘の意義を強調すべきです」と語る。

以上がAの取調拒否の実践である。これまで黙秘権行使の重要性が唱えられてきたが、黙秘権行使にはそれなりの覚悟が必要でもある。取調室で刑事に囲まれて、延々と恫喝や嫌がらせ攻撃にさらされ、黙秘を貫くのは容易ではない。黙秘権を行使するということは、取調べの質問には答えないことである。答える必要がないのだから、そもそも取調室に行く必要もない。出房拒否をするのが穏当かつ効果的な黙秘権行使である。

二　黙秘権再考

前項では、黙秘権を行使して取調べを拒否し、そのために出房拒否を実践した例を紹介した。この実践は黙秘権行使に新しい局面を拓くものであり、しかも取調べをめぐる法理論にも重要な問題提起となっている。取調拒否権が浮上するからである。取調べに際して黙秘することから一歩踏み込んで、黙秘権行使として取調べそのものを拒否する思考である。そこで黙秘権とは何かの基本に立ち返って、より詳しく検討することにしよう。

黙秘権（自己負罪拒否権）は、例えば次のように定義される（1）。

「自己帰罪拒否特権ともいう。何人も、自己に不利益な供述を強要されないこと（憲三八Ⅰ）、即ち、自分自身に罪（＝刑事責任）を負わせる（ないし加重する）結果となる供述を拒否できる権利である。自己に不利益な供述には名誉や財産上の不利益は含まない。アメリカ合衆国憲法の自己負罪（セルフ・インクリミネーション）に由来する。被疑者・被告人については、利益・不利益を問わずいっさいの供述を包括的に拒否できる（刑訴二九一Ⅱ・三一一）ので、黙秘権とも呼ばれる（そもそも供述義務がない）。証人は、一般に出頭・宣誓・供述の義務があるが、『自己が刑事訴追を受け、又は有罪判決を受ける虞のある証言』は拒否できる（刑訴一四六）。議院の審査・国政調査における証人が、当該内容の証言を拒否することも保障する。」

「刑事訴訟法一九八条二項は、捜査機関が被疑者の取調べに際して、予め自己の意思に反して供述する必要がない旨を告げなければならないと規定する。また、同二九一条二項は、裁判長に対し、起訴状の朗読が終わった後、被告人に対し、終始沈黙し、または個々の質問に対し陳述を拒むことができる旨を告げることを要求する。これらを黙秘権の告知という。」

以上のことを整理すると、いくつかの論点が交錯することになる。

第一に、憲法上の権利であるのか、それとも刑事訴訟法上の権利であるのか。ここで注意するべきことは、右のように憲法第三八条一項「何人も、自己に不利益な供述を強要されない」を引証するだけで十分なのかどうかである。憲法第三六条は「公務員による拷問及び残虐な刑罰は、絶対にこれを禁ずる」としているので、重要条文であることは言うまでもない。それだけではない。第三六条、第三八条の前提に、憲法第一三条が「すべて国民は、個人として尊重される」とし、自由権と幸福追求権を定めていることを忘れてはならない。

第二に、誰の権利であるのか。被疑者、被告人、証人その他が列挙されている。ここでも憲法第一三条などを前提として、原則論としては、すべての者の黙秘権が想定されなければならない。そのうえで法律上のそれぞれの扱いが定められている。取調拒否権を論じる本章では、被疑者の黙秘権を中心に検討する。

第三に、権利告知の要請と、その効果が問題となる。権利告知は憲法の明文の要請であると断定できるわけではないが、それに準ずるものと理解するべきである。

第四に、黙秘権行使の帰結も重要である。権利である以上、黙秘権を行使したことを理由に不利益推定をしてはならないというのが通常の理解である。黙秘権を侵害して得られた供述を裁判において証拠として使えないことは当然である。この原則を守れば、数限りない誤判・冤罪のかなりのものが、なかったであろう。

取調受忍義務論

実務では被疑者について取調受忍義務論が採用されている。とりわけ身柄拘束された被疑者には取調受忍義務があるのが当然であるかのごとき実務が支配している。身柄拘束されていない被疑者についても、しばしば事実上の取調受忍義務が課されていると言って過言ではない。

実務における被疑者の取調受忍義務論は、一方で捜査機関の被疑者取調権を前提とし、同時に被疑者の出頭・滞留義務を根拠としている。

刑事訴訟法第一九八条一項は「検察官、検察事務官又は司法警察職員は、犯罪の捜査をするについて必要があるときは、被疑者の出頭を求め、これを取り調べることができる。但し、被疑者は、逮捕又は勾留されている場合を除いては、出頭を拒み、又は出頭後、何時でも退去することができる。」と定めているので、被疑者に対する取調べの強制権限と、身柄拘束されていない被疑者には出頭拒否を認めている体裁なので、身柄拘束されている被疑者には出頭義務だけでなく滞留義務もあると解釈されている。

取調受忍義務論には疑問が少なくない。福井厚は次のように述べる（2）。

「実務は、一九八条一項但書の『逮捕又は勾留されている場合を除いては』という文言を根拠に、逮捕・勾留中の被疑者取調を強制処分と考えている。学説の中にも、逮捕・勾留中の被疑者には、捜査官の取調を受忍する義務があり、捜査官の出頭要請に対して被疑者は出頭を拒み、又は出頭後退去することはできないとするものがある。出頭義務・滞留義務を肯定しても、供述自体を強制することにはならないというのであろう。しかし、被疑者には、憲法上、黙秘権が認められている。この黙秘権は包括的なものであり、黙秘権を保障する見地に立てば、取調受忍義務を肯定することはできないであろう。また、逮捕・勾留は積極的な取調のために設けられている制度ではなく、逃亡及び罪証隠滅を防止すると言う消極的な機能を果たすための制度であり、従って逮捕・勾留が取調受忍義務を生ぜしめるという見解には、理論上、重大な疑問がある。取調目的の身柄拘束を認めることは、被疑者・被告人に訴追側と対等の地位を認める当事者主義に悖る思想であると言うべきであろう。そもそも、強制処分法定主義からすれば、逮捕・勾留中の被疑者に逮捕・勾留とは別個独立の処分である取調受忍義務を負わすのであれば、そのための（一九八条一項但書とは別の）明文の根拠規定が必要だと言うべきである。」

取調受忍義務肯定論者としては、検察関係者のほか、団藤重光（東京大学名誉教授、元最高裁判事）があげられる。

他方、否定論者としては平野龍一（元東京大学総長）、石川才顕（日本大学名誉教授）、光藤景皎（大阪市立大学名誉教授）、松尾浩也（東京大学名誉教授）、田宮裕（立教大学名誉教授）、小田中聡樹（東北大学名誉教授）などが代表的である。

取調受忍義務をめぐる議論は、黙秘権論だけではなく、未決拘禁（逮捕・勾留）論、訴訟構造論にも及ぶ理論問題として展開されてきた。そうした射程も考慮に入れつつ、取調拒否権の立場から光を再照射する必要がある。

取調受忍義務論の内容

被疑者を逮捕・勾留し、取調室に出頭・滞留して取調べを受けることを強制するのが実務である。黙秘権の保障など顧みようとしない。しかも、被疑者の身柄拘束場所は本来は拘置所であるにもかかわらず、警察署内の留置場を代用監獄として利用してきた。捜査機関が被疑者の身柄を自由自在にコントロールし、取調べを強制し、自白を強要する拷問システムである。国際自由権規約に基づく自由権委員会や拷問禁止委員会から厳しく批判されてきたが、捜査当局は改めようとしない。代用監獄、取調受忍義務論、自白強要は三位一体の実務であるが、これらを切り離して正当化してきた。取調受忍義務論は次のような「論理」をもとにしている。

第一に法律上の根拠である。刑事訴訟法第一九八条一項は「検察官、検察事務官又は司法警察職員は、犯罪の捜査をするについて必要があるときは、被疑者の出頭を求め、これを取り調べることができる。但し、被疑者は、逮捕又は勾留されている場合を除いては、出頭を拒み、又は出頭後、何時でも退去することができる。」と定めている。被疑者に対する取調べの強制権限と、身柄拘束されていない被疑者に出頭拒否を認めていると読めるので、身柄拘束されている被疑者には出頭義務だけでなく滞留義務もあるという。第一九八条一項但書の反対解釈である。

第二に逮捕の法的性質である。逮捕の目的に被疑者取調べを含め、起訴前勾留は被疑者取調べを含めた捜査のためのものであると言う。未決拘禁全体の目的に被疑者取調べを含める見解もある。

第三に黙秘権との関係は、出頭・滞留義務を認めて取調べを受けることを強制しても、供述そのものを強制しているわけではないと説明される。取調室で沈黙しているのは自由であるとしつつ、強制処分としての取調べだから捜査官が被疑者に供述を促し、説得するのは当然であるという趣旨である。つまり、憲法で禁止された自白強要はしていないとされる。

第四に実際上の必要性である。犯罪捜査にとって被疑者取調べは必須であり、治安確保のために被疑者取調べは欠かせないという。一九八〇年代には「日本警察優秀論」が喧伝されたが、その際にも犯罪検挙率の高さとともに、犯罪者に説得をして自白させ反省させることが再犯防止につながり、その努力が警察の優秀さに含まれていると、警察官僚が自画自賛していた。

なお、最高裁判例は被疑者の取調受忍義務について特に言及していない。下級審判例の中には、被疑者の取調受忍義務を前提としていると理解されるものがある。例えば、都立富士高校放火事件に関する一九七四年一二月九日東京地裁判決である。

取調受忍義務論は以上のようなものであるが、警察・検察関係者はもとより、裁判所もこれを是認ないし放置している。逮捕・勾留実務を見るならば、被疑者取調受忍義務が当然の前提であるかのような様相を呈している。

受忍義務論批判

しかし、被疑者取調受忍義務を課している実務は違法であり、憲法違反であり、重大な人権侵害であって、改められる必要がある。多田辰也は次のように述べる(3)。

「身柄拘束中の被疑者には、取調室へ出頭しそこに留まる義務、つまりは取調べ受忍義務があるかが、最大の論点とされている。この争いの根源は、旧法までは予審に属していた強制的取調べ権が、現行法では捜査機関に委譲されたと考えるか否かという点にあり、その意味で捜査構造論の中核をなす」。

そのうえで、受忍義務肯定説に対して、「しかし、但書の反対解釈から導かれるに過ぎない受忍義務は、強制処分法定主義に反する。しかも、受忍義務を肯定することは、包括的な黙秘権を保障した現行法の理念にも反するといわなければならない」と批判する。

受忍義務否定の根拠は「黙秘権の実質的保障、取調べ目的の逮捕・勾留は認められていないこと、被疑者の当事者としての地位」があげられる。

それでは、一九八条一項但書をどのように解釈するのか。この点はいくつかの学説に分かれるが、例えば「出頭拒否とか退去を認めることが逮捕・勾留の効力自体を否定するものではない趣旨を注意的に明らかにしたと解する見解」や、「本条一項は在宅被疑者に対する出頭要求の規定であり、そうであれば身柄拘束中の被疑者については出頭要求は問題となりえないので、念のため除外規定が設けられたとの見解」などを紹介したうえで、「いずれの解釈にも問題があることは否定できない。しかし、憲法及び刑訴法の精神に照らせば、受忍義務否定説に与すべきは明らかである」とする。

他方で、取調禁止説について多田は次のように述べる。「証拠収集方法としての被疑者取調べを否定し、取調べを被疑者の権利としての『告知と聴聞』の機会と捉える見解もある。しかし、そのよって立つ訴訟観自体に問題があるだけでなく、現行法の解釈としても無理がある」とし、「さらに、現行法上、身柄拘束中の被疑者取調べは許されないとの主張も展開されているが、解釈論としても現実論としても、説得性に乏しい」とする。後者は澤登佳人（新潟大学名誉教授）、横山晃一郎（九州大学名誉教授）らの見解のことである。有力少数説であるが、第一九八条一項は逮捕・勾留中の被疑者の取調べを認めているため、支持は広がっていない。

取調べの法的性質について、多田は次のように述べる。「受忍義務肯定説は、受忍義務を認めても供述義務を課すわけではないとして、身柄拘束中の被疑者取調べを任意処分に分類する。しかし、取調べという形での拘束を肯定する以上、強制処分と解すべきである。これに対し、受忍義務否定説は、供述だけでなく、取調べに応じるか否かの自由をも認めるのであるから、取調べは任意処分ということになる」。

最後に黙秘権について、多田は「本条二項は黙秘しうる事項を限定していないから、被疑者はすべてを黙秘することができる」とする。憲法第三八条一項は「自己に不利益な供述」を強要されないと定めているが、黙秘権の範囲は自己に不利益な事項だけではなく、すべてが含まれるという趣旨である。具体的には氏名等の黙秘が問題となる。判例は氏名は黙秘権の対象ではないとするが、学説は氏名も黙秘権の対象と解している。

黙秘権と弁護権

刑事法学説の多くは被疑者取調べの実務を批判しているが、そうした学説を総括し発展させたのが葛野尋之である（4）。

葛野は、代用監獄に関する二〇〇七年の拷問禁止委員会の勧告が代用刑事施設（代用監獄）の存在・継続を認めたものであるかの如き主張に対して、拷問禁止条約の精神と内容、拷問禁止委員会における審議経過、及び最終的な勧告の内容を吟味して、代用刑事施設は「捜査と拘禁の分離」に適合しないことから、国際的最低水準を満たさず、制度的廃止を勧告したことを明らかにする。

葛野は、二〇〇八年の自由権規約委員会の勧告がやはり代用刑事施設の廃止を求め、それまでの間に自由権規約第一四条の完全遵守を促したものであると指摘する。自由権規約第九条三項の「捜査と拘禁の分離」を達成するために代用刑事施設の極小化が求められるという。

被疑者取調べは自白強要のための人権侵害が起きやすい場面であり、虚偽自白による誤判・冤罪の危険性が高まる。被疑者取調べの適正化は喫緊の課題である。そこで葛野は、被疑者取調べへの弁護人のアクセスを取り上げ、欧州人権裁判所のサルダズ判決及びイギリス最高裁のカダー判決に学びながら、欧州人権条約を参考に国際自由権規約の弁護権や、不利益供述強要の禁止について解釈する。葛野は次のように述べる。

「弁護人の援助により黙秘権を確保するという予防的ルールのもと、逮捕後、弁護人へのアクセスを制限したまま被疑者を取り調べることは、規約一四条三項（c）による弁護権を侵害するのみならず、同項（g）の黙秘権をも侵害する。そのような取調べの結果採取された自白を有罪証拠とすることは許されないのである」。

「自由権規約一四条三項（c）・（g）の要請からすれば、逮捕・勾留中の被疑者が、弁護人となろうとする者としての当番弁護士との接見を含め、弁護人等との接見を申し出たときは、取調べに先立ち、または取調べを中止して、接見の機会を付与しなければならない。被疑者が弁護人を選任する意思を表明したときは、当然、弁護人等との接見要求を含む趣旨と理解すべきである。接見・選任の要求があるにもかかわらず、取調べ中または取調べの間近い確実な予定をもって『捜査のため必要がある』として接見指定をすることは、弁護人へのアクセスの制度的な制限として許されない」。

さらに、「被疑者の権利としての取調べの適正化」のための弁護人立会権を論じ、「取調べへの対応が防御上重要な意味をもつ以上、防御権的性格を有する黙秘権を確保するための手続き保障として、被疑者が自己の権利を十分理解したうえで取調べに臨み、黙秘するか、なにを、どのように供述するかを判断するにあたり、取調べに先立つ弁護人との接見とあわせ、取調べ中の弁護人立会権が保障されなければならない。このような弁護人の援助は、黙秘権を確保するための手続保障として、憲法三四条の弁護権とともに、憲法三八条一項により基礎づけられることになる」と述べる。

こうした刑事法学説を参考にしながら、取調拒否権の具体的内容に入ることにしよう。

三　取調拒否権の内容

個人の尊重

取調拒否権とは何か。いかなる思想的根拠、法的根拠を有するのか。具体的内容はどうか。実践方法と留意事項は何か。そして、その効果はどうか。以下、取調拒否権の概要を明らかにしていきたい。

まず取調拒否権の根拠である。一般に、自己負罪拒否権は憲法第三八条に由来し、憲法第三七条の弁護人選任権などとともに議論の基礎とされる。それは誤りではないが、取調拒否権を市民が有する基本的権利として構成するためには、まず第一に憲法第一三条を踏まえる必要がある。

憲法第一三条は「すべて国民は、個人として尊重される。生命、自由及び幸福追求に対する国民の権利については、公共の福祉に反しない限り、立法その他の国政の上で、最大の尊重を必要とする」と定める。まず、「国民」とあるので、外国人は憲法上の基本権享有主体ではないとする学説も存在したが、基本権は国家以前の権利であり、日本国憲法は国際協調主義を採用しているうえ、「個人として尊重される」のであるから、国籍が要件となるのは疑問であり、外国人も個人として尊重される。

次に「個人として尊重される」とは「一人ひとりの人間が人格的自律の存在として最大限尊重されなければならない」ということである(5)。個人の尊重は「個人の尊厳」「人格の尊厳」とも呼ばれる。「『人格の尊厳』原理は、まず、およそ公的判断が個人の人格を適正に配慮するものであることを要請し、第二に、そのような適正な公的判断を確保するための適正な手続きを確立することを要求する」(佐藤、一七四頁)。

また、「幸福追求に対する権利」は、個人の尊重を受けて「人格的自律の存在として自己を主張し、そのような存在であり続けるうえで重要な権利・自由を包括的に保証する権利」(佐藤、一七五頁)である。なお、幸福追求権の性格については人格的利益説以外に、一般的自由説もある。

幸福追求権は個人の尊重と結びついて包括的な権利とされる。その内容は、第一に「人格価値そのものにかかわる権利」(名誉権、プライヴァシーの権利、環境権)、第二に「人格的自律権(自己決定権）」、第三に「適正な手続的処遇を受ける権利」に分けられる。プライヴァシーの権利と自己決定権とは重なるように見える概念であり、同じ意味で用いられることもあるが、より広い意味で用いられることもある。いずれにせよ、市民は取調べの客体として追及的取調べを受け、望まない供述をすることを強要されてはならない。また、プライヴァシーの権利は表現の自由とも密接に関係する。個人のプライヴァシーをみだりに公表されないだけではなく、表現したくないことを表現させられないことも含まれる。表現するか、しないか。何を表現するかは、個人の自由である。取調べを強要することは、個人の表現の自由に国家が介入することである。そして、適正な手続的処遇を受ける権利である。これは憲法第三一条以下に詳細に規定されているが、まずは第一三条に由来するのである。

国際人権法についてみると、世界人権宣言第一条は「すべての人間は、生れながらにして自由であり、かつ、尊厳と権利とについて平等である。人間は、理性と良心とを授けられており、互いに同胞の精神をもって行動しなければならない」とし、第三条は「すべて人は、生命、自由及び身体の安全に対する権利を有する」とする。幸福追求権のような規定ではないが、尊厳と自由が確認される。国際自由権規約にはこのような一般的規定はないが、前文において「これらの権利が人間の固有の尊厳に由来することを認め」て、各条で具体的な自由と権利を定めている。

自己負罪拒否権

取調拒否権の第二の根拠は、憲法第三八条である。憲法第三八条は「何人も、自己に不利益な供述を強要されない。強制、拷問若しくは脅迫による自白又は不当に長く抑留若しくは拘禁された後の自白は、これを証拠とすることができない。何人も、自己に不利益な唯一の証拠が本人の自白である場合には、有罪とされ、又は刑罰を科せられない」と定める。

第三八条第一項の「何人も、自己に不利益な供述を強要されない」を、憲法学及び刑事法学は「自己負罪拒否特権」と略称しているが、不適切である。「何人も、自己に不利益な供述を強要されない」と明示しているのであるから普遍的権利であって、「特権」ではない。コモン・ローの伝統に由来することを表現するために「特権」という語が用いられているが、それ以上の意味はない。個人の尊重に照らし、人間性を配慮して、何人に対しても供述強要は許されないという意味である。

また、第一項を、第二項の「強制、拷問若しくは脅迫による自白又は不当に長く抑留若しくは拘禁された後の自白は、これを証拠とすることができない」に強引に引きつけて解釈するべきではない。第二項は「強制、拷問若しくは脅迫」と明示しているが、第一項は端的に「自己に不利益な供述を強要されない」とする。「強制、拷問若しくは脅迫」があれば強要したことになるが、それがなければ強要したことにならないと解釈する理由はない。

「自己に不利益な供述」とは「自己の刑事上の責任に関する不利益な供述、すなわち刑罰を科せられる基礎となる事実や量刑にかかわる不利益な事実などについての供述をいう」(佐藤、三四五頁)。

重要なのは、憲法第一三条の個人の尊重に照らせば、自己に利益か不利益かを問わず、あらゆる供述強要が許されないのに対して、第三八条では不利益供述に限定されていると読めることである。

この点は刑事訴訟法第一九八条二項の黙秘権の理解にかかわる。刑事訴訟法第一九八条二項は「前項の取調に際しては、被疑者に対し、あらかじめ、自己の意思に反して供述をする必要がない旨を告げなければならない」とする。刑事訴訟法第二九一条三項や第三一一条一項も含めて、不利益供述に限定していない。憲法第三八条一項と刑事訴訟法の諸規定とを比較して、刑事訴訟法の黙秘権は憲法の保障の趣旨を拡大したものだとする学説があるが、不適切である。供述強要禁止は第三八条だけではなく、第一三条の要請でもある。刑事訴訟法の黙秘権規定は憲法の要請を正しく反映しているのであり、拡大したのではない。第三八条は特に不利益供述禁止を強調したものと理解すれば足りる。

国際人権法についてみると、国際自由権規約第一四条三項（g）は「自己に不利益な供述又は有罪の自白を強要されないこと」を権利と定めている。

誰でもできる黙秘権を

次に取調拒否権の具体的内容である。市民が権利主体として取調拒否権をいかに位置づけ、いかに我がものとし、実践するかである。取調拒否権の行使の在り方と言ってもよい。取調拒否権の根拠は個人の尊重と自己負罪拒否権であり、その両輪を抜きに論じてはならない。自己負罪拒否権だけを念頭に置いて、しかもこれを「特権」として理解するべきではない。誰もが有するという意味での普遍的人権の一つであり、人格権の一側面である。

自己負罪拒否権は直接的には憲法第三八条一項に規定されている。刑事訴訟法第一九八条二項は被疑者、同法第二九一条三項及び第三一一条一項は被告人の黙秘権を規定する。黙秘権について、従来、憲法学及び刑事訴訟法学では、第一に自己負罪拒否権との関係、第二に黙秘権の主体、第三に黙秘権の告知、第四に黙秘権の対象範囲をめぐって議論してきた。救援団体や弁護士は黙秘権行使を実践的に論じてきたが、法律学としての議論は右の四つに絞られていたと言ってよいだろう（行政手続については別論）。

第一に、自己負罪拒否権との関係である。憲法第三八条一項は不利益供述に限定しているように読めるが、憲法第一三条の個人の尊重をもとにすれば、利益不利益を問わずあらゆる供述強要が禁止されるのが当然であり、黙秘権規定もその趣旨である。

第二に、黙秘権の主体である。刑事訴訟法は被疑者・被告人の黙秘権を定め、憲法第一三条及び第三八条一項は何人も供述を強要されないことを定めている。何人も黙秘権を有するが、法は特に被疑者・被告人について明示規定を掲げた。

第三に、刑事訴訟法は黙秘権の告知を定めているが、憲法第三八条一項が告知を要求しているか否かについて判例・学説は否定的とされる。しかし、憲法第一三条及び第三八条一項の双方に根拠を有する供述強要の禁止であるから、告知がなければ権利保障とは言えない。アメリカにおけるミランダ・ルールと同様に考えるべきである（6）。

第四に、黙秘権の対象範囲として氏名の黙秘が問われてきた。一九五七年二月二〇日の最高裁判決は、氏名の供述は原則として不利益供述に当たらないとし、氏名を黙秘した者による弁護人選任届を無効とすることは第三八条二項に反しないとした。しかし、憲法第一三条も黙秘権の根拠であり、いかなる供述強要も許されない。憲法第三八条二項も、許される供述強要と許されない供述強要を区別していないし、そのような区別の合理的基準を示すことはできない。包括的黙秘権を保障しなければならない。

第五に、黙秘権行使の実践である。従来、被疑者・被告人が黙秘権行使を選択すれば、供述強要はできず、供述しないことを法律上不利益に扱ってはならないという形で議論されてきた。

しかし、これでは権利保障になりえない。以下では特に身柄拘束された被疑者について言及するが、長期にわたる勾留の下、取調室において捜査官による取調受忍義務を強制され、人格を侮辱する罵声を浴びせられ、執拗に供述を強要されてきた。黙秘権を行使するために、身柄拘束された被疑者は捜査官と徹底対決し、あらゆる身体的苦痛と闘い、精神的抑圧に抗して英雄的な闘いを敢行しなければならなかった。黙秘権の意義を熟知し、その帰結を明確に認識し、供述強要と徹底的に闘う強靭な意思が必要とされた。完黙（完全黙秘）が称賛されるべき英雄的闘争と理解されてきた。

これでは黙秘権は憲法によって保障されるのではなく、当事者の闘う意思によって実現されるにすぎないことになる。黙秘権行使が英雄的闘いであってはならない。誰でもできる黙秘権の実践を考える必要がある。

出房拒否の実践

黙秘権行使が英雄的闘いとなってきた理由は、代用監獄を利用した取調べの実態にある。身柄拘束された被疑者の大半が拘置所ではなく、警察留置場に収容される。逮捕段階で七二時間、勾留が付されると一〇日プラス一〇日で、合計二三日間もの身柄拘束が強行される。この間、被疑者は家族にも職場にも連絡できず、外界の情報から遮断される。二四時間、身体と生活を警察によって管理される。取調室に移動させられ、捜査官の支配下、勝手気ままな取調べを強要される。弁護士との接見時間はごくごく限られている。取調時間が一時間なら、接見時間も一時間という当たり前のことさえ弁護士は要求しない。このように圧倒的に不利な状況において、被疑者は黙秘権を行使しなければならない。黙秘権を行使しようとしても、えんえんと取調べが続き、捜査官は質問を続け、被疑者を貶め、人格を攻撃する。黙秘権を行使できるのは、確乎とした思想を持ち、捜査官による強要に頑として抵抗できる者だけとなる。

こうした状況を改める必要がある。黙秘権はすべての者が有する普遍的人権としての人格権の一側面でもある。実践困難な課題であってはならない。

そこで注目すべきは出房拒否による取調拒否の実践である。先に紹介したように、二〇一一年二月二〇日、奇しくも最高裁判決から五四年目に、米軍ヘリパッド建設反対デモの際に逮捕・勾留されたAは取調拒否を宣言し、出房拒否を実践した。先の紹介を繰り返そう。

「Aは『供述は任意であり、そもそも黙秘を公言しているのだから、取調室に行く必要がない。強制的に引きずってでも連れて行くつもりなのか。もしそうするなら徹底的に争うぞ』と言った。すると、留置担当官は『強制的には連れて行けないけど、取調べの刑事さんに直接言ってもらえる？』と言うので、『言うために出て行ったら、なし崩しに取調べになる。行かない』と返すと、それで終わった。他の日も呼びには来るが、『出ない』と言えばそれまでであった。」

黙秘権を行使するのだから何も話すことがない。従って取調室に行く理由がない。取調室に行っても、捜査官による執拗な質問責めにあうか、侮辱に耐えるかしかない。時間とエネルギーの浪費である。身柄拘束された被疑者は留置場の房で心静かに釈放の日を待つのが一番である。Aは次のように述べている。「当然権力の反撃もあるので楽観できませんが、転向強要・自白強要の温床である密室から自由であることの意義は大きく、自白中心主義を解体するための強力な武器になると思います」。

市民には個人の尊重と不利益供述強要の禁止という憲法上の権利がある。刑事訴訟法では黙秘権の告知が要求されている。黙秘権行使を選択した市民は、拘置所に収容されようと、留置場に収容されようと、取調べを強要される理由がない。積極的に取調べを受けたい場合はともかく、捜査官の違法な取調べを避けるための一番の方法は取調室に行かないことであり、出房拒否である。これが被疑者の防御権の核心である。

在房義務

以上、取調拒否権の憲法上の根拠と具体的内容を明らかにした。違法取調べと自白強要を避けるための方法は出房拒否であり、取調室に行かないことである。これが代用監獄に収容された被疑者の防御権の核心である。

同時に、そもそも被疑者は取調室に行くことを許されていない。逮捕・勾留中の被疑者を代用監獄から取調室に連れ出して取調べを行うことは違法である。被疑者には在房義務があるからである。

梅田豊はかつて、被疑者の身柄拘束は捜査機関の権限ではなく、裁判官の権限であり、裁判官の勾留命令によって「勾留すべき監獄」が指定され、被疑者はその施設に「滞留」しなければならないことに着目した(7)。

もともと、被疑者の身柄拘束場所は拘置所である。これに代えて警察署付属の留置場を代用監獄として用いる実務が続いてきた。現に多くの勾留命令は警察署付属の留置場を身柄拘束場所として指定してきた。身柄拘束場所が拘置所であれば、捜査官が被疑者の身柄を拘置所から他へ移すことはできない。検証令状などが必要となる。同じように、身柄拘束場所が留置場(代用監獄)であれば、捜査官は被疑者を留置場から連れ出すことは許されない。裁判官の命令に反して勝手に取調室に連れて行くことは許されない。被疑者には留置場に在留する義務がある。

高内寿夫も「身柄を拘束された被疑者には取調室に出頭する権利はない」と言う(8)。刑事訴訟法第一九八条一項は、主に身柄拘束されていない被疑者に対する出頭要求の規定である。他方、身柄拘束されている被疑者には出頭する権利がないから、捜査官側に出頭要求権がない。身柄拘束された被疑者は監獄又は代用監獄にいるのであって、取調室にはいない。取調室に行くことができない。

梅田・高内説は、実務に慣れ切った頭には容易に理解できないかもしれないが、憲法に適合し、国際人権法の要求に合致し、刑事訴訟法を無理なく解釈している。被疑者には裁判官の勾留命令により在房義務があるので、取調室に行くことができない。留置担当官の勝手な判断で被疑者の在留場所を変更することはできない（9）。

他方、これまで見てきたように、被疑者には黙秘権行使のための取調拒否権がある。取調拒否権を行使するならば、取調室に行かないことが被疑者の防御権行使である。いずれにしても、捜査官は勝手に被疑者を取調室に連れて行くことができない。

二〇〇五年の刑事収容施設及び被収容者等の処遇に関する法律第一四条以下は留置施設について定め、同法第三章は「留置施設における被留置者の処遇」を定めているが、留置施設に関する規定によって憲法と刑事訴訟法に定める被疑者の権利を制限することはできない。

権利不行使

以上が取調拒否権の基本であるが、いくつか補足しておこう。

第一に、取調拒否権の思想は取調否定説とは異なる。取調否定説はかつて澤登佳人及び横山晃一郎によって唱えられた。誤判・冤罪防止のための意欲的な学説であるが、学界に支持を増やすことができなかった。取調べそのものを否定することは無理があると受け止められた。取調拒否権の思想は取調受忍義務を否定するが、取調そのものを否定しない。

第二に、それではどのような場合に取調べが可能となるか。それは被疑者が取調拒否権を行使しない場合である。これを「権利放棄説」と呼ぶのは適切ではない。取調拒否権は憲法第一三条の個人の尊重、人格権に由来するので権利放棄と見るのは必ずしも適切ではない。被疑者が弁護人と相談の上で、権利不行使を選択すれば、取調べが可能である。

被疑者には弁護人の援助を受ける権利がある。とりわけ身柄拘束された被疑者は、身柄拘束の最初期段階で弁護人の援助を受ける必要性が高い。それゆえ身柄拘束された被疑者は、まず弁護人選任をなし、弁護人と接見して黙秘権や刑事手続きについて説明を受けたうえで、黙秘権を行使するか、それとも行使せずに積極的に取調べに臨むかを選択できなければならない。黙秘権を行使する場合には、取調室に行かないのが本筋である。被疑者は取調室に行けないと考えるべきである。

他方、被疑者が取調室に行くことができるとする実務を前提とすれば、取調拒否権を行使する被疑者は取調室に出向くことになるが、黙秘権・取調拒否権を行使する被疑者に捜査官が取調べを行うことはナンセンスである。取調べの機会を活かした方が良いという選択をした被疑者は、取調拒否権を行使せず、取調室に出向いて自らの記憶に基づいた供述をすれば良い。

第三に、「可視化」との関連であるが、取調拒否権を行使しない場合であっても、現状のような長時間・密室の自白強要的取調べは許されない。取調拒否権を行使せずに取調べを受ける被疑者は、弁護人と相談の上、録音録画を求めるか、弁護人の取調べへの立会いを求めるべきであろう。被疑者には取調受忍義務がなく取調拒否権があるが、これを行使せずに取調べを受けるのであるから、取調べの条件を付すことが相当である。条件が守られなければ、取調室から退去する自由がある。「可視化」

の意味はこのような文脈で理解されるべきである。取調受忍義務を前提とした可視化は本末転倒であるし、一部可視化は論外である。

取調拒否権の思想の要諦は、それが憲法第一三条と第三八条という人権規定によって保障されていることを適切に理解して、権利行使の具体的方法を明示したことにある。従来の実務はもとより、学説もこれらが憲法上の権利規定であることを十分にわきまえた理解を示してこなかったと思われる。憲法上の権利を前提として刑事訴訟法第一九八条を解釈するべきである。憲法と刑事訴訟法を切り離して、刑事訴訟法第一九八条一項の反対解釈を唱えるのは、原則と例外の安易な転倒である。

被疑者は法主体

黙秘権を実践するためには取調拒否権が不可欠である。取調拒否権を実践するためには出房拒否が効果的である。留置場（代用監獄）に収容された被疑者には留置場に滞留義務があり取調室に行く自由はないから、被疑者は出房してはならず、取調室に行く必要もなく、行ってはいけない。この実践によって被疑者の黙秘権行使ができるし、自白強要を防止することができる。

これまで弁護実務も刑事訴訟法学も、留置場収容された被疑者が取調室に行って取調べを受けることを疑わずにきた。取調否定説が大方の賛同を得ることができなかったのはなぜか。弁護実務も学説も、法的根拠なしに「被疑者は取調室で取調べを受けるもの」と考えてきたからであろう。取調受忍義務を否定する学説でさえ、取調室から退去することができるとする程度であって、被疑者が取調室に行くことを当然の前提としてきた。刑事訴訟法第一九八条一項但書の反対解釈に囚われてきたと言ってよい。

なぜなのか。弁護実務も学説も、被疑者の法主体性を積極的に認めてこなかったのではないだろうか。学説は一般に、訴訟の主体として裁判所、検察官、被告人及び弁護人を掲げてきた。被告人もいちおう法主体として位置づけられている。

ところが、起訴前手続、捜査段階については、捜査の端緒、任意捜査の原則、逮捕と勾留、証拠の収集・保全、被疑者の取調べなどを論じた後に、防御（黙秘権、弁護人選任権、外部交通権、証拠保全請求など）が論じられるにとどまってきた。明らかに捜査機関の活動に焦点が当てられている。捜査の主体は警察等の捜査機関とされる。弾劾的捜査観に立つ論者であっても、捜査段階の議論の仕方は変わらない。被疑者は捜査の客体として登場する。捜査の客体として位置づけられた被疑者に一定程度の「主体性」を仮構するために黙秘権や弁護人選任権が追加的・補助的に論じられる。あくまでも仮の主体としか見ないため、黙秘権の実践が論じられることはなく、弁護人の活動に焦点が当てられる。捜査の客体から「弁護の客体」への変化にすぎない。

近代市民法は自由・平等・博愛といったスローガンに代表される主体としての市民の法体系である。私的所有、契約自由の原則、国民主権、個人の尊重、内心の自由、表現の自由などの市民法原理は、刑事法の領域では、人身の自由、無罪推定、適正手続の保障、黙秘権、拷問の禁止、罪刑法定原則、行為原則などの諸原則に集約される。

しかし、刑事法学は裁判段階の被告人の主体性を確立することに力を注いだが、起訴前の被疑者については仮の主体性しか認めてこなかったのではないだろうか。

なるほど被疑者は自らの意思に反して捜査の客体として引き出されるのが実態である。そうであっても、否、逆にそうだからこそ、被疑者を法主体として位置づける理論が不可欠であるはずだ。被疑者に黙秘権を認めるのであれば、単に黙秘権があることや、黙秘権行使の帰結・効果だけを論じるのではなく、黙秘権を行使できる客観的状況をつくり出し、保障することが弁護実務と学説の任務だったはずである。黙秘権を有する被疑者を取調室において捜査官による執拗な取調べに晒している現状は、被疑者の主体性を剥奪する実務を容認しているものと言わざるを得ない。

権利の要諦

近時、取調可視化や弁護人立会いが強調されている。可視化も立会いも重要であるが、本筋ではない。本筋はまず取調受忍義務という名の供述強要を否定することであり、黙秘権行使の実践である。法原則を棚上げした小手先の弁護戦術論だけでは事態の改善は望めないだろう。

憲法第一三条はすべての市民に個人の尊重を認めている。憲法第三一条は適正手続きを保障し、憲法第三七条三項は被告人に弁護権を保障しているが、被疑者にも当然保障するべきである。憲法第三八条一項は不利益供述の強要を禁じ、二項は強制等による自白の証拠能力を否定している。刑事訴訟法第一九八条二項は被疑者の供述拒否権を定め、訴訟主体である被告人にも黙秘権が認められている。それでは身柄拘束された被疑者はどうするべきか。

第一に、弁護人を選任することは言うまでもない。以下の判断の際も基本的に弁護人と相談のうえ判断するべきである。弁護人と相談できない段階では、つねに取調拒否権行使が正しい。

第二に、たとえ一部でも被疑事実を否認する場合、弁護人と相談の上で黙秘権行使を検討し、黙秘権行使を決めた場合は、その旨を留置担当官に告げて、取調室行きを拒否するべきである。留置場の房から出ず、取調室への連行を拒否するのである。

第三に、被疑事実を認める場合であっても、必要のない過剰な取調べを拒否することである。捜査官は余罪追及と称して、被疑者が認めた被疑事実以外の事実について取調べを強行することがあるが、その際は取調拒否権を行使し、取調室から房に戻るべきである。

自らの被疑事実を認める場合であっても、不用意に取調べに応じることの危険性は、共犯者供述の場合に著しい。共犯者の供述に安易に証拠能力を認める実務において、共犯者供述が誤判・冤罪の量産を支えてきたことは言うまでもない。また、政治的組織の場合には、被疑事実と無関係に、被疑者から組織内の情報を引き出す目的で取調べがなされ、さらなる政治弾圧に利用されてきたことを忘れてはならない。

第四に、取調室に行って取調べを受ける場合、まずは弁護人立会いを要求するべきである。

第五に、取調べを受ける場合、全面可視化（録画録音）を要求するべきである。つまみぐいの一部可視化の場合は、取調拒否権に立ち返って、房に戻るべきである。

次に弁護人は、どうするべきか。最低限、次のことを検討するべきである。

第一に、被疑者が身柄拘束された場合、初回接見時に黙秘権があることを告げ、黙秘権を行使する場合と行使しない場合について説明する。被疑者が黙秘権行使を選択した場合には、取調拒否権と出房拒否権を説明するべきである。被疑者には取調受忍義務はなく、出房する必要はなく、留置場に滞留するようにと、助言するべきである。

第二に、被疑者が黙秘権を行使し、取調べを拒否することを捜査機関に伝えて、被疑者を房から出さないように申し入れるべきである。それにもかかわらず、被疑者を取調室に連行した場合は供述の任意性が完全に失われることを確認するべきである。

第三に、被疑者が黙秘権不行使を選択した場合は、取調室に行かせることになる。そこで弁護人は立会いを要求するべきである。立会いがやむを得ない理由から実現できない場合であっても、取調直前及び直後に接見を要求するべきである。

第四に、被疑者が取調べを受ける場合は、その条件として全面可視化を要求するべきである。全面可視化が容れられない場合は取調べを拒否させるべきである。

第2節　黙秘権と取調拒否権

一　取調の全面可視化論

拷問禁止委員会における日本

二〇一四年一月一五日、都内で「学習会：黙秘権と取調拒否権」（主催：平和力フォーラム）が開催された。取調拒否権とは、黙秘権行使を実践するために、自白強要や人格権侵害を柱とする不当な取調べそのものを拒否する権利であり、具体的には取調室に行くことを拒否する、つまり出房拒否の権利を意味する。取調拒否権の輪郭を前節でスケッチしたが、まだまだ議論が必要である。憲法上の位置づけ、国際人権法における理論、刑事訴訟法の解釈もさらに深める必要がある。実践的には、取調拒否権が有効なのはどのような事例なのか、逆にあまり有効とは言えないのはどのような事例なのか。取調拒否権の行使に実際にどのような制約があるのか。捜査側による取調拒否権妨害にいかに対処するのかなど、課題は尽きない。

学習会では、現行の捜査実務や、刑事司法改革の動きとの関係で、国際人権法の観点から取調拒否権について考えることにして、小池振一郎（弁護士）及び寺中誠（東京経済大学教員、元アムネスティ・インターナショナル日本支部事務局長）に報告をお願いした。さらに、取調拒否権の行使を実践した体験者三人から発言してもらった。

小池報告では主に次の趣旨が語られた。第一に、新時代の刑事司法改革をめぐる動きには、取調べの規制という関心から半分は期待した面もあったが、各論の最大のテーマである可視化について、全面可視化に対する抵抗が強く、捜査に著しい支障のある時という例外が唱えられ、原則と例外が逆転する恐れがある。捜査権力はいまだに真実解明のための取調べを絶対化している気配がみられる。

第二に、拷問等禁止条約における拷問の定義には「精神的拷問」が含まれている。否認するといつ釈放されるかわからない人質司法の実態はまさに精神的拷問である。現状では黙秘権行使は著しく困難である。被疑者を弱らせて自白を取るという発想そのものを変えなくてはならない。

第三に、可視化論はある意味で価値中立的で、弁護側にも捜査側にもメリットがあるので、実現可能性が高いと思われたが、実際には捜査側に都合の良い可視化しか実現しない。全部可視化か一部可視化かを決定する権限を捜査側が握って離さないためである。可視化すると自白を取れないことが問題とされるが、可視化して自白が取れなくなっても、近代刑事法の原則に照らして、それでよいのだと考えるべきである。

第四に、拷問等禁止条約に基づく拷問禁止委員会における日本政府報告書審査の結果、二〇〇七年に、委員会はいくつもの重要な勧告を出した。二〇一三年の委員会でも同じ勧告が繰り返し出された。日本政府が勧告を受け入れないからである(10)。それどころか、取調べの実態が「中世のようだ」と指摘され、上田秀明人権人道大使が「日本は人権先進国だ」などと述べて失笑を買い、「なぜ笑うんだ。黙れ」と怒鳴る失態を演じた。日本の刑事司法が世界からどのように見られているのか、およそ理解しようとしていない。

二〇一三年一月、法制審特別部会は、可視化について捜査側の裁量とし、弁護人立会いについては捜査妨害になるなどとして先送りにした。取調時間の制限すら何も言及していない。逆に通信傍受や司法取引など権限拡大に目を向けている。国際人権基準に照らして日本の実務を点検し、人権を保障する刑事手続きを実現する必要がある。以上が小池報告の概要である。

なお、暴言大使はその後退職に追い込まれたが、日本政府は、二〇一三年六月、国際人権条約に基づく委員会の勧告には従う必要はない、と閣議決定する暴挙に出た。

常識と国際人権

寺中誠報告では主に次の趣旨が語られた。第一に、捜査実務において常識が見失われていることが、法に捜査の目的規定がないこと、そして被疑者に取調受忍義務を課していることに顕著に示されている。法第一九八条一項は任意取調べを基本としているのに、原則と例外が逆転して身柄拘束と自白強要の取調べが原則化している。逃亡の恐れや罪証隠滅の恐れがないのに、身柄拘束を原則化して、捜査を成り立たせるための手段としての自白強要取調が強行されている。

第二に、国際基準から見ると、捜査は証拠収集のためにあるので、任意取調べが原則であり、身柄拘束した場合でも取調時間の制限が当然である。日本のような長時間取調べは明らかに逸脱している。自白を取ることに集中する捜査観が、裁判員制度の導入に伴って変化することが期待されたが、実際には変わっていない。自白追及中心の取調べはリスクが高いことを認識するべきである。

第三に、別件逮捕の問題を無視できない。判例でさえ一応は別件逮捕に一定の制約をかけようとしたが、本件・別件と取調受忍義務とが交錯する中、人権侵害の危険が強まっている。

第四に、取調拒否権行使は理論的には十分可能であるが、実務のハードルは高い。取調拒否権だけの行使では困難が伴うので、可視化と弁護人立会いを前提として、密室における精神的圧力によって自白をもぎ取る思考を変えて、取調べを適正化していく必要がある。捜査側が、被疑者と捜査官の間の信頼関係を築くことによって被疑者が進んで自白するという思考に立っているのが問題である。また、捜査側は黙秘権そのものを制約するよう求めている。捜査の現場では国際人権基準がまったく守られていないのに、裁判所はあたかも国際基準が守られているかのような前提で考えている。国際人権基準を知らない法律家がいまだに数多くいる。国際自由権規約委員会や拷問禁止委員会の勧告を手掛かりに、国内において実務を改革するいっそうの努力が必要である。以上が寺中報告の概要である。

小池・寺中両報告によって、捜査側の基本的思考、捜査・取調実務の問題点が明らかにされ、同時に警察・検察ともに現状をいっそう権限拡大の方向に変えようとし、人権保障のために取調べを合理的に規制する思考が欠落していることが明確になった。拷問禁止委員から「中世（失格）」と評されるような人権侵害司法を改善するどころか、治安維持目的でいっそう抑圧的な刑事司法を目指している。市民の自由と人権を保障し、適正な捜査・取調べと適正で効果的な弁護を実現するために、取調拒否権をめぐる議論が一つの手掛かりを提供しうることがわかった。

二　出房拒否の実践

学習会において、黙秘権行使、取調拒否権行使の出房拒否実践経験が語られた。三人の証言を簡単に紹介する。

まずAは前節で紹介したAと同一人物である。今回は取調拒否体験ではなく、取調拒否実践の意義について語ったが後述する。

Bは、二〇一三年六月一六日、新大久保駅前弾圧で逮捕された。新大久保における在特会の差別・迫害のヘイト・デモに対するカウンター行動に参加して、暴行容疑で逮捕されたBはまず新宿署に連行され、次いで原宿署に移送された。担当は公安二課だった。即日、弁護人接見がありアドバイスを受けた。仲間からの差入れによって取調拒否・出房拒否という方法があることを知った。六月一八日に東京地検、一九日に勾留質問で勾留決定がなされたが、その間も黙秘権を行使し、六月二〇日から七月五日までの二〇日間、取調拒否をした。出房を拒否すると最初は看守五人が房に入ってきて強圧的な態度をとったが、あくまで拒否と伝えると、それ以上の強要には出てこなくて、房から出されることはなかった。翌日からも毎日のように「取調べだ」と言ってくるが拒否をした。一度、警官が

「取調受忍義務があるんだ」と言って房の鍵を開けようとしたが、ベテランらしい警官がそれを制止した。検察官も毎日、原宿署に来たので、「一応言っとくけど、検事が取調べに来ているよ」とか、「検事が顔だけでいいから見せてくれと言っている」と言うだけで、拒否と伝えると、それ以上のことはなかった。六月三〇日以後、検察官は来なくなった。七月五日に不起訴決定となり釈放された。Bは、速やかに弁護士と接見できたことと、外で仲間が支援に取り組んでくれて、それがわかっていたことが大きかったと言う。

Cは、二〇一二年二月九日、江東区における野宿者排除強制に抗議した堅川弾圧事件で逮捕された。Cは器物損壊容疑で逮捕され原宿署に送致された。取調拒否のことを知っていたことと、逮捕に際して落胆したりあわてず気持ちを保っていたから、黙秘権を行使することにし、取調べの要求があっても房から出ないことにした。取調べに出ても黙秘するのに、一方的に取調べと称してあれこれ言われるだけで、時間の無駄だと思った。房から出なければ自分のペースで過ごせるので、精神衛生上もとてもいい。取調べでは取調官が屈服させようと威圧的に攻撃してくる。「親が泣いてるぞ」「お前の将来はないぞ」などさんざん脅迫をしてくるので、それがないだけでも平穏でいられた。無理に引きずり出されるようなことはなく、そのような気配は感じなかった。警察の取調べには一度も出なかったが、検察の取調べには出た。拒否することもできたと思う。Cは、取調拒否を実践できたことについて、現行犯逮捕で証拠はそろっていたから、警察にとっても取調べの必要性はなかった。そもそも勾留の必要もないはずだと述べる。裁判官がほとんど自動的に勾留決定をするのがおかしいと感じる。結局、四カ月勾留されて、東京地裁判決は有罪だったが、現行犯逮捕現場の証拠だけで有罪認定した。勾留して取調べる必要がなかったことは明らかである。

取調拒否と弁護人立会い

Ａの取調拒否の実践はすでに前節で紹介済みなので、Ａには体験談ではなく、取調拒否の意義や最近の状況についての意見を語ってもらった。まず、取調拒否事例が出はじめたので、警察側も対策を始めているようである。ある公安でっち上げ事件では、取調拒否をすると、看守がビデオ撮影をしながら「出てこい」と言った事例がある。他方、著名なＰＣ遠隔操作事件では、弁護人と被疑者が「弁護人立会いの下での取調べ」を要求し、立会いがなければ取調べを拒否すると表明したが、立会いが認められなかったため、実際に拒否をした。また、福岡における公安事件では、出房拒否をする被疑者を強制的に引き出して取調室に連行した事例があると言う。

Ａは、公安事件や著名事件と一般刑事事件とでは取調拒否の意味が異なる可能性を指摘し、黙秘権や無罪推定をはじめとする自分の権利を認識して、権利行使する取調拒否は一般刑事事件ではなかなか実践に結び付けにくいようだと推定する。また、取調拒否だけではなく、弁護人立会要求やビデオ撮影などの可視化と組み合わせて、選択肢の一つとして取調拒否を位置づけるのが良いのではないかと述べた。いずれにしても権利は闘わないと獲得できない。代用監獄を利用した密室取調べや自白強要の実態を暴露して、被疑者の権利を守る闘いをしないと状況は悪くなると述べた。

以上が取調拒否実践体験報告である。先に紹介した小池振一郎、寺中誠の見解も合わせて考えると、特に公安事件や冤罪の疑いのある事件では取調拒否の意義が非常に高く、また有益な場合があると言える。自白強要に対する防波堤としても高い意義を有する。公安事件では取調べと称する侮辱や恫喝を予防する意味がある。無意味でストレスだけ募る取調べは拒否するしかない。そもそも被疑者に取調受忍義務はないし、身柄拘束の目的に反する取調要求は違法である。違法な取調べに協力するべきではない。権力の言いなりになって取調室に行ってはいけない。

他方、一般通常事件（冤罪でない場合）では、取調拒否をする意義はさほど高くない場合も少なくないかもしれない。取調べに協力して手続きを迅速に進行させ、早期終結したほうが被疑者自身の利益になる場合があることを否定はできないかもしれない。被疑者は弁護人と相談して、取調べに応じるか、応じるとすればどのような取調べであるべきかを判断する。弁護人立会いの下で適正な取調べが実現するのであれば、取調べに応じるのが適切と言える場合もないとは言えない。

もっとも、別件逮捕や共犯事件の場合は、さらに検討を要する。共犯事件では弁護人立会下の取調べにおいて自分の権利は守れても、共犯者と疑われた者の権利を侵害することに協力させられてしまうこともありうるので、弁護人による慎重な判断が不可欠である。共犯者による巻き込み虚偽供述の危険性をつねに意識しておく必要がある。

近時、当局は黙秘権そのものの廃棄を狙っている。すでに有名無実と言われてきた黙秘権を根元から枯死させようとする策動である。黙秘権論及び取調拒否権論の活性化が必須である。

三　最近の学説

シェルターとしての黙秘権

最近の刑事法学者の見解を見ておこう。これまで福井厚、多田辰也、葛野尋之などの見解を紹介してきた。その後も取調受忍義務論を批判し、被疑者取調べを合理的に規制しようという学説が登場している。

緑大輔は、黙秘権の意味を「シェルター」と表現する(11)。「もう少し機能的に考えてみると、黙秘権には、公権力による拷問や圧迫から個人を守る『シェルター（避難所）』として存在理由を見出せそうです。人は圧迫を加えられたり、執拗に追及されたりすれば、多くの場合は自分の考えとは裏腹に、他人に迎合して供述してしまいます。そうだとすれば、圧迫、執拗な追及といった事実上の供述の強制、そしてそれによって生じうる冤罪からのシェルターとして、供述をするかどうかを自ら決定する権利を保障することには意味があるといえそうです。黙秘権を保障すれば、拷問や圧迫からの防壁として機能し、任意に供述する状況を保障することが期待できるというわけです」。

次に緑は、被疑者取調べに関連して刑事訴訟法第一九八条一項但書きを「取調べの際には被疑者であっても何時でも自宅に退去できるけれど、逮捕・勾留された被疑者は拘置所（留置施設）に拘束されている以上、被疑者は出頭も退去もできない（自宅へ帰ることもできない）」と解釈する見解に与している。逮捕・勾留は取調べを目的としていないし、黙秘権行使を実質的に保障するためにも右のような理解が求められると言う。

さらに緑は取調可視化に触れたうえで、「より徹底した対処方法をとるべきだとすれば、取調べ受忍義務を否定し、黙秘権の行使に取調べの遮断効を認める主張もありうるでしょう」と述べる。取調遮断効の主張として、上口裕論文をあげる(12)。緑は「もっとも、『遮断効』の意味・効果は議論の余地がありえます」と述べるが、それ以上立ち入った議論をしていない。

黙秘権の内実を正確に理解し、その保障を実質化するために「シェルター」として把握し、取調受忍義務論を否定する見解は、取調拒否権の前提となる見解と言える。

さらに取調遮断効を認める立場は取調拒否権とほぼ同じ内容を有することになりうるだろう。遮断を、現に取調べが行われている際に被疑者が黙秘権行使を宣言すれば、ただちに取調べを中断して被疑者を房に返すべきだと理解することができるだろう。この議論は、取調べが行われている場合にだけ適用されるのだろうか。それとも取調べが行われようとする際に黙秘権行使を宣言すれば取調べの開始ができないと理解し、取調室から房に返すべきだとするのか。あるいは黙秘権行使を宣言すれば、そもそも取調室に連れて行ってはいけないと理解するのか。ここが分かれ目となる。

取調べの「刑事政策的機能」

内山真由美は、現在の捜査が実はいまだに糾問的であり、任意捜査の原則にもかかわらず拒否できなくされている上、令状主義は機能せず、取調受忍義務が横行していることを批判的に検証する(13)。取調べの可視化も、一部可視化では有効に機能せず、「新たな捜査手法」の導入により困難は増すと見る。

そして、内山は二三日間の代用監獄における身体拘束について、「それは、捜査機関は、代用監獄において狭義の犯罪事実を行った旨の供述にとどまらず、生い立ちから犯行後の動向といった量刑に必要なことまで取り調べているからである。捜査機関はみずからの役割を、公判における量刑判断のために、犯罪の結果のみならず、犯行の動機や背景等の情状を明らかにしなければならないものと考えており、取調べは、犯人に真の反省悔悟を促し、改善更生に機能を果たすものだと考えている。これは、取調べの『刑事政策的機能』、さらに言えば、『恩恵的パターナリズム』と言われるわが国の被疑者取調べの特色である」という。

無罪の推定を真っ向から否定する「日本型無法刑事司法」の特質が浮かび上がる。一般刑事事件では量刑のためという話になるが、冤罪では被疑者を屈服させ、その心情を自在に操って強制自白を得る。公安事件では転向強要や延々と続く嫌がらせとなる。内山によれば、これが司法制度改革審議会においても検証されることなく、容認されている。「捜査手法、取調べの高度化を図るための研究会最終報告」においても、有罪の推定に立った思考が堂々と語られている。

これに対して、内山は「長期にわたる身体拘束と長時間の取調べに対して厳格な制限を課し、被疑者段階での保釈を制度化し、代用監獄を廃止し、弁護人の取調べ立会いを保障し、取調べの全過程を録画し、何よりも、反省と悔悟《かいご》まで迫る自白を追求する捜査手法の否定である」という抜本的改革を提言する。

内山の指摘はもっともであり全面的に支持できるが、抜本的な制度改革には相当の時間を要する。捜査機関側だけでなく、裁判所関係者も一部の刑事法研究者も現状を是認して、自白追及司法を翼賛しているからである。法制度改革ができるまでの間に何をなすべきかを考え、提言していかなくてはならない。そのために弁護人立会いや可視化のための実践は続いているが不十分である。被疑者や弁護人が何をなしうるかを考えるならば、被疑者の法主体化の実践として黙秘権行使のよりよい実現方法が具体的に考えられる必要がある。それが黙秘権行使としての取調拒否権の行使であり、そのための手段が出房拒否である。

緑や内山の論文は取調拒否権には言及していないが、同じ問題関心を共有している。取調拒否権という選択肢を組み込んだ上で取調べの合理的規制についてより具体的に考えていきたい。

第3節　取調拒否権の現段階

取調強要の現状

足立昌勝は、救援連絡センター規約の「3目的」に掲げられた二大原則を確認した上で、こう述べる(14)。

「以上の原則の上に、更にセンターの闘争上の行動準則(被疑者・被告人と国家との対決の場における被疑者・被告人のとるべき態度)として『完全黙秘・非転向』が存在する。これは、半世紀に近いセンターが一連の爆弾冤罪事件救援や、三里塚・国鉄闘争、あるいは破防法型弾圧諸闘争等々救援の中で実践的につかみ取り確立してきたものである。司法取引が現実化されようとしている現情勢においては、更に『取調拒否』の方針も展望される必要があるであろう。センターの現場ではすでにその実践が開始されている」。

政治弾圧やでっち上げ事件など、国家権力と被疑者・被告人が敵対的関係にある事例での完全黙秘・非転向の重要性は言うまでもない。

一般刑事事件の場合にあっても、事案の内容や被疑者・被告人の主体的条件を考慮して、黙秘権を行使するのは当然の「権利」である。「権利」とカギカッコ付きで書かざるを得ないのは、現実には黙秘権はほぼ全面的に否定されているからである。

渕野貴生は「被疑者が取調官からの追及に耐え忍びながら供述を拒否し続けている状態を黙秘権を行使していると評価してよいのか」と問い、的確にも「この我慢比べの間について、黙秘権は何の役にも立っていないことになる。このような状態は、黙秘権の行使とは言えないし、黙秘が権利として保障されているともいえない」と述べている(15)。

被疑者が黙秘権行使を表明すれば、取調べを中止して取調室から退去させるべきなのに、実際には捜査当局は被疑者に取調べを受けるように「説得」し、取調べを強行している。裁判所も人権無視の取調受忍義務論を採用している。

弁護士も被疑者に黙秘権行使を実質的に保障することに力を注いできたとは言い難い。被疑者に黙秘権があることを教示するだけでは黙秘権行使はできないから、刑事弁護として不適切ではないだろうか。かつて「ミランダの会」の実践があったが、捜査当局による誹謗中傷を受け、マスコミにも誤解されたことがある。結局、完黙・非転向の信念を持った一握りのツワモノだけが黙秘を行い、大半の被疑者は延々と取調べを受け続けることになった。

黙秘権行使を実現・獲得するためには、取調室における完黙・非転向の実践から話を始めるのではなく、被疑者はそもそも取調室に行く必要がないという原則から議論し直す必要がある。それが取調拒否権であり、出房拒否権である。

取調拒否権の挑戦

安倍政権が安全保障法と称する戦争法を参議院で強行採決したことへの抗議活動の中で、多数の市民が逮捕された。二〇一五年九月一四日から一八日にかけて連日のように逮捕者が出て、二〇名に及んだ。七月の三名、八月の二名を合わせると、一五年夏の逮捕者は合計二五名である。

政治弾圧事件においてはとりわけ完全黙秘が重要であるが、権力側からだけでなく市民の中からも、黙秘の意義を理解せず、黙秘権行使を非難する攻撃が生まれてきたことには注意を要する。

菊池さよ子によると、二〇一五年九月一五日に逮捕された三名のうち二名は救援連絡センターによる弁護人選任であり、取調べを拒否して闘い抜いた。九月一六日に逮捕された一三名のうち八名は同センターの弁護人選任であり、六名が勾留されたが、うち三名は取調べを拒否し、うち「二名は検察庁・裁判所への連行も拒否したため、車いすに縛り付けられて連行された」という。逮捕直後から、警視庁や麹町署への抗議行動、そして逮捕者への激励行動が取り組まれた。「獄中の仲間は完全黙秘の闘いを貫き、うち五名が完全黙秘の一環として取調べを拒否して闘った。指紋採取と写真撮影を拒否した仲間もいたが、警察官が数人がかりで身体を押さえつけて無理やり指紋をとり、写真撮影を強行した」(16)。

取調拒否の実践は次のとおりである。「取調べの呼び出しにも応じず、房から出ることを拒否する闘いが広がっている。取調拒否の闘いに対して、今回は強制的に取調室に連行することはしていないが、弁護士や外からの抗議がなければ暴力的に連行することもありえた」。「赤坂署は取調拒否、指紋採取拒否、写真撮影拒否をはじめ、警察官による指示に一切従わない仲間を六日間も『保護房』にぶち込むという拷問を行い、弁護士と救援の仲間は赤坂署への弾劾・抗議を行った」。

赤坂署における取調拒否の実践は次のようなものである(17)。

「三名の同志たちは、不当逮捕への怒りを燃やし、これまでの完黙—非転向の闘いを引き継ぎ、あらたに開始されている『取調べ』そのものの拒否、という闘いに合流した。各々の判断で『取調べ』拒否を闘った。この闘いは、弾圧に怒りを燃やし、非妥協で敵に対する多くの仲間たちに広がっている。／……赤坂署三号同志は、徹底抗戦で臨み、地裁職員が地裁接見にやってきた弁護士に『どうか先生から裁判官と会うように説得してください』と音を上げる始末だ。完黙闘争の延長である『取調べ拒否』の闘いは、不当な勾留手続きの一切の拒否の闘いとして頑強に闘われた」という。

取調拒否権は単に刑事手続の一局面でたまたま認められるものではなく、人間の尊厳、人格権に基づく基本的権利の具体的内容である。近代市民社会における個人の人格権（憲法第一三条）は、無罪推定の原則、拷問その他の非人間的取扱いの禁止、供述強要の禁止と同時に、取調強要の禁止を含む。取調強要は供述強要ではないという詭弁は、憲法及び国際人権法（国際自由権規約、拷問等禁止条約）に照らして許されない。

取調拒否の闘い

ペンネーム「赤坂署三番」によると、二〇一五年九月一五日の国会前闘争のさなか、公務執行妨害容疑をねつ造されて逮捕された赤坂署三番は、数名の機動隊員に激しい暴行を振るわれ負傷した(18)。病院へ連れて行くように要求したが、麹町署に連行され、公安刑事から罵倒され続けたという。結局、三時間後に病院に行き「裂傷、擦過傷、打撲傷」と診断された。

本件でも取調拒否が実践された。赤坂署三番は指紋採取、検察庁への連行、取調べを拒否した。

指紋採取は暴力的に強行され、無理やり房から引きずり出されて検察庁へ連行された。勾留請求後、赤坂署三番は留置場内の「保護房」という名の懲罰房に六日間収容されたが、その理由は「職員の指示に従わなかった」というものであった。取調拒否や連行拒否に対する報復である。

保護房では、「堅く冷たい床の上では全く熟睡などできません。したがって、昼間であっても睡眠不足のため常にウトウトした状態が続きます。私は取調べを拒否していて連れ出されることはなかったのですが、もし取調べを強制されたら最悪の体調で強行されることになったはずです。一般刑事事件で留置されている獄中者の場合、ほとんどの人が『保護房』から直接取調室へ連行されていると思われます。肉体的・精神的に疲弊させて取調官が自白誘導するのです。このように、警察署での『保護房』弾圧は拷問と自白強要の場である取調べと一体の攻撃としてかけられるのです。こうした攻撃を絶対に許してはなりません。」

一般刑事事件でも黙秘権を無視した自白の強要が日本刑事司法を異常な抑圧装置にしてきた。弾圧事件では異常さがいっそう増している。密室における拷問、虐待、侮辱、その他さまざまな嫌がらせが強行されている。しかし、民主主義国家とほど遠い実態を、刑事法学者も弁護士も十分批判できずにきた。少なからぬ弁護士の協力によって黙秘権剥奪が実現していると言っても過言ではない。

赤坂署三番は次のように述べる。「権力は『取調べ』などと言って獄中者を密室に監禁し屈服―転向させようとします。これは全く許せないことであり、不当なことです。『取調拒否』は連行そのものを拒否することで、敵に対して抗議の意志をぶつけることができると思います。このことから、私は『取調拒否』を闘うことにしたのです。／敵・権力に対して非和解の姿勢を示す完黙・非転向の闘いこそ抗議の闘いだと思います。『取調拒否』の闘いもその延長上にあるのだと思います。」

取調拒否は身柄拘束された被疑者が自らの人格権を守り、人間の尊厳を守るために、不当な警察権の行使には従わないという不服従の思想の実践である。不服従の思想は、国家権力がいちおうは法治主義に基づくかのように仮装しながら、実際には自由と人権を侵害し、民主主義を破壊しようとするときに、一人ひとりの市民が自らの良心にかけて不服従を貫くことによって、権力の不正義を告発する闘いである（19）。自白強要の禁止、黙秘権保障、無罪推定などの刑事法原則を市民の内心の自由及び表現の自由の保障と切り離すことはできない。

取調室における黙秘

取調拒否権の思想が明確に打ち出される以前、弾圧と闘い、誤判・冤罪に導く自白強要と闘う被疑者は、取調室で事実上の完全黙秘をするという孤独な戦いを強いられてきた。これは黙秘権ではなく、黙秘権を否定された状態での黙秘である。取調室において捜査官に取り囲まれ、入れ替り立ち替わり、侮辱、罵声、恫喝を加えられながら、ひたすら沈黙するという状態に置かれてきた。そうした中で、懸命に完全黙秘を貫いてきた。そのことの意義は重要である。

とはいえ、取調室における完全黙秘は「黙秘権の行使」ではない。「黙秘権を侵害された状態で事実上行われている抵抗」である。ここには憲法の保障も法的権利も存在していないことは、渕野貴生が指摘したとおりである。

取調室にいる理由のない被疑者は取調室に行ってはいけない。黙秘権を行使しようとする被疑者が、なぜわざわざ取調室に行くのか。「完全黙秘を貫いて抵抗するためだ」という理由は奇妙である。不当な権力行使に抵抗するつもりがあるなら、権力の言いなりになって取調室に出向いてはいけない。一度権力の言いなりになった者がその後に抵抗を貫くのは容易なことではない。完全黙秘と言いながら、闘いきれず供述に追い込まれた事例が多いことは言うまでもない。しかも、自分自身のことだけではなく、共犯者や無関係の者を巻き込む供述を強要されてしまう。取調室における完全黙秘に失敗した時の、影響の大きさは計り知れない。

理論の深化をめざして

取調拒否権論は現在の刑事実務に対する全面的批判であり、刑事法学主流の見解に対するアンチテーゼである。とはいえ既存の理論とかけ離れた議論をしているわけではない。黙秘権保障の具体化を考えるならば、まず何よりも取調拒否権が重要であり、そのための理論構築が不可欠なはずだ。それが行われてこなかったのは、絶望的な実務を前に微温的な方策を練ることで精一杯だったからであろう。

第一歩は平野龍一による取調受忍義務否定説の提唱であり、その後の理論展開であった。代用監獄の実態批判と取調実態批判の蓄積の上に、接見交通権確立の長い闘いが取り組まれた。松尾浩也も取調べを拒否する自由があることを指摘した。さらに取調べへの弁護人立会いや、取調べの可視化（録音・録画）という改善策が提示され、現在もホットな課題となっている。

だが、黙秘権保障の具体化のためには、被疑者が黙秘権行使の意思を表明した場合に取調べを中断することが必須である。この課題を回避して、弁護人立会いや録音・録画に議論をスライドするべきではない。

可視化論議において、渕野貴生は「黙秘権が、被疑者が供述するかしないかを完全に自由に選択できるという権利内容をもつものとして捉えられるべきだということからすると、被疑者がもうこれ以上供述しないと決めたにもかかわらず、さらに『まあそう言わずに話せ』と説得を続けることが、すでに黙秘権の侵害に当たるのではないかと考えています。／そうすると、黙秘権を行使したことが確実に取調べ遮断に結び付かなければいけない。そのために、取調べ遮断を担保する措置が黙秘権という権利の中に内在的に装備されていなければ、黙秘権は権利として絵に描いた餅になってしまう。黙秘権を行使したことによって取調べを確実に終了させるということを担保するために、弁護人立会いと可視化というものが必ずその権利内容として含まれていなければ、黙秘権としては完成しないと考えられます」と述べる（20）。

的確な意見である。最後の一文は「黙秘権を行使したことによって取調べを確実に終了させるということを担保するために、取調拒否権が必ずその権利内容として含まれていなければ、黙秘権としては完成しない」と読み替えても、同じことであろう。

高田昭正は「供述の証拠化は、あくまで被疑者・被告人の主体的権利として認められるべきことであり、被疑者・被告人が自ら決定して供述した場合にしか認められてはならない。……黙秘権行使の効果を取調べの中止や取調べ自体の拒絶にまで及ぼすこと、弁護権の実効的保障のため起訴前証拠開示を実現することなども、具体的な改革の俎上に載せられねばならなかった」と言う(21)。

黙秘権行使の効果を取調自体の拒絶に及ぼすためには、出房拒否と取調拒否(取調室からの退去を含む)が実践の最大の要諦となる。そのための理論のさらなる深化が必要だ。

註

(1)『コンサイス法律学用語辞典』(三省堂、二〇〇三年)。

(2)福井厚『刑事訴訟法講義〔第五版〕』(法律文化社、二〇一二年)。

(3)多田辰也の註釈・後藤昭・白取祐司編『新・コンメンタール刑事訴訟法』(日本評論社、二〇一〇年)。

(4)葛野尋之『未決拘禁法と人権』(現代人文社、二〇一二年)。同書は葛野の前著『刑事手続と刑事拘禁』とともに、取調べと身柄拘束問題を考える際の最重要文献である。

(5)佐藤幸治『日本国憲法論』(成文堂、二〇一一年、一七三頁)。以下の引用も同書から。

(6)ミランダの会『「ミランダの会」と弁護活動――被疑者の権利をどう守るのか?』(現代人文社、一九九七年)。

（7）梅田豊「取調べ受忍義務否定論の再構成」『島大法学』三八巻三号（一九九四年）及び同「身柄拘束の法的性格についての一考察」『島大法学』四〇巻三号（一九九六年）。
（8）高内寿夫「逮捕・勾留中の被疑者取調べに関する一試論」『白鴎法学』三号（一九九五年）。
（9）前田朗『刑事人権論』（水曜社、二〇〇二年）。
（10）拷問禁止委員会の日本政府報告書審査について本書第2章。
（11）緑大輔『刑事訴訟法入門』（日本評論社、二〇一二年）。
（12）上口裕「自己負罪拒否特権の意義と射程」村井敏邦ほか編『刑事司法改革と刑事訴訟法・上巻』（日本評論社、二〇〇七年）。
（13）内山真由美「人質司法、自白偏重捜査──身体拘束と取調べ」内田博文編『歴史に学ぶ刑事訴訟法』（法律文化社、二〇一三年）。
（14）足立昌勝「救援連絡センターの原点──代表就任にあたって」『救援』五五八号（二〇一五年一〇月）。
（15）渕野貴生「黙秘権保障と自白法則」川崎英明・白取祐司編『刑事訴訟法理論の探求』（日本評論社、二〇一五年）。
（16）菊池さよ子「戦争法阻止！国会前闘争が爆発　弾圧をはねのけ全員の釈放勝ち取る」『救援』五五八号（二〇一五年）。
（17）「戦争法成立阻止！国会前弾圧　赤坂署の『保護房』弾圧許すな」『救援』五五八号（二〇一五年）。
（18）赤坂署三番「9・15－16戦争法弾圧──国家権力による暴行を許さない」『救援』五五九号（二〇一五年）。
（19）寺島俊穂『市民的不服従』（風行社、二〇〇四年）、前田朗『非国民がやってきた！』（耕文社、二〇〇九年）。
（20）渕野貴生：川崎英明・三島聡編『刑事司法改革とは何か──法制審議会特別部会「要綱」の批判的検討』（日本評論社、二〇一四年）。
（21）高田昭正：川崎・三島編『刑事司法改革とは何か』前註。

第5章　現代国家の刑事法イデオロギー

第1節　対テロ戦争の時代

愛国者法

岡本篤尚は、対テロ戦争をたてに確実な味方以外はすべて「敵」とみなす軍事的合理性と恐怖の政策が推進される様相を解明する（1）。対テロ戦争を遂行したアメリカの国内法制に照準を合わせて分析し、テロ対策に予防観念が浸透すると「テロリストと疑わしい者」を社会から排除するための予防的拘束や国外退去強制が正当化され、無罪推定は消えうせ「有罪推定」が採用されるという。

さらに、アメリカのテロ対策法制は、レーガン政権、父ブッシュ政権、クリントン政権期に基礎が形成されたが、『《9・11》は、『それ以前』と『それ以後』に世界を分断し」、テロ対策を「飛躍的」に拡大・強化する起爆剤となったという。

「対テロ戦争」法制は、テロの予防、テロリストの監視、国土の安全・防衛、移民・入国管理、情報共有・諜報活動・諜報機関の再編、サイバーテロ対策などにまたがり、全体として再編成された。そこでは個別分野ごとの論理ではなく、あらゆるテーマが対テロ戦争の課題に集約され、再構成が行われる。

中心的な柱は言うまでもなく二〇〇一年の「愛国者法」である。岡本は、愛国者法の特徴を電子的監視の強化（対象犯罪にテロリズムを組み込み、外国勢力やエージェントも対象とする）、テロリズム犯罪規定の拡張と罰則の強化（「国内テロリズム」の組み入れ、裁判権の拡大など）、有罪推定（外国人テロ容疑者の予防拘束）、国家安全保障令状発付権限の拡大と濫用に見る。愛国者法は二〇〇五年に改正され、ＦＢＩ等による電子的監視や捜査権限の拡大を時限法ではなく恒久規定化した。国土安全保障法の制定と国土安全保障省の創設も続き、「国土安全保障戦略」はアメリカでのテロ攻撃の防止、テロに対する脆弱性の改善、損害の最小限化と復旧という戦略目標を掲げた。そこではテロリストの侵入を阻止し、交通輸送システムの安全を維持し、移民の入国管理対策が厳しくされた。

愛国者法が非国民をつくる刑事法であることは言うまでもない。テロリストというあいまいな概念を振りかざして、アメリカを守ると声高々に叫ぶが、実際は人種差別の煽動であり、人身の自由の侵害、人間の尊厳の解体に繋がっている。外ではアフガンやイラクでの民衆虐殺、内ではアラブ系市民をはじめとする少数者への差別——ナショナリズムの病理をこれほどまざまざと見せ付けている例は珍しい。

九・一一ならぬ九・一七を最大限に利用して不安と緊張を煽った日本も同じ道を歩んだように見える。

〈闘う市民社会〉に抗して——非国民をつくる社会

筆者は二〇〇七年、「刑事法の風景が激変している。凶悪犯罪キャンペーンを背景に続々と刑事立法が進められ、テロの恐怖や市民生活の安全の名の下に、市民的自由が窒息状態になりつつある。ビラ貼り・ビラ配りに対する逮捕・勾留、さらには有罪判決など、警察・検察・裁判所一体となった弾圧は常軌を逸している。立法においても判決においても重罰化が進められ、死刑判決も増加している。テロ対策や政治的自由の制限だけではない。危険運転致死傷罪など道路交通法改正を見ても、監視と抑圧が前面に出てきている。しかも、犯罪対策にも事故防止にも役立っていない。重罰化だけが進む。刑事法の地殻変動はいったい何に基づいているのであろうか」と書いた（2）。

問題関心は「現代市民社会と監視権力」の関係である。もはや市民は単に操作の対象ではなく、監視を求める主体として登場する。「構造改革」による階層分化が進み、競争と脱落の狭間で外からの不安（武力攻撃）と中からの不安（犯罪）があおられる。二〇一二年以後のアベノミクスによってさらに経済格差が拡大し、社会の亀裂がいっそう激しくなっている。外国籍住民を差別し排除した上で、市民は「守られるべき主体」として過剰同調することによって〈闘う市民社会〉を形成してゆく。「友／敵」理論の喜劇的再現である。

そこには、喜劇としての「友／敵」理論の擬似フィルターをくぐった後の、戦争国家の総動員体制に支えられた自由管理社会が待っている。自由管理社会からはみ出し、内側から脅かす恐れのない者だけが自由管理社会の住人たることを保障される。「排除」の後の自由管理社会である。根本的矛盾を隠蔽した後に、微細な矛盾を順送りに解決していく市民社会の戯れをいかに演じるかが焦点となる。

〈闘う市民社会〉という表現は、本来は自由・平等・連帯をキーワードとしたはずの市民社会が、実際には「差別と排除を通じた自由の確保」に変質していることへの疑問に根ざして、第二次大戦後のドイツ連邦共和国の〈闘う民主主義〉を参考に案出した。〈闘う市民社会〉は、外部の市民社会と闘う（つまり国家間の戦争やイデオロギー対立）と同時に、内部における「異物」の狩り出しと排除の機能を有し、自己を維持するために絶えず自らの内部に敵を探索する。

第2節　ワイドショー刑法

繰り返される厳罰化

凶悪犯罪、外国人犯罪、少年犯罪をターゲットとした厳罰化キャンペーンが繰り広げられて久しい。その結果、二〇〇〇年に少年法改正、二〇〇一年に刑法改正（危険運転致死傷罪）、二〇〇四年に刑法改正（刑罰引き上げ）、犯罪被害者等基本法、裁判員法、二〇〇七年に少年法改正、刑事訴訟法改正（被害者の手続関与）が実現した。二〇一六年には盗聴拡大の刑事訴訟法改正が行われ、警察権力の強化と被疑者・被告人の権利の矮小化が進行した。共謀罪制定は阻止されているが、外国人管理法制も抑圧を合理化するために再編されてきた。厳罰化と国民監視の法と制度が次々とつくられた。

他方、検察官による求刑の厳罰化に呼応して裁判所の判決も厳罰化を実現してきた。凶悪犯罪急増の事実がなく、そのことが繰り返し指摘されたにもかかわらず、つまり法も事実も変化していないのに、量刑は厳罰化した。死刑判決の増加、無期懲役刑の増加、仮釈放の制限などにより量刑相場は大きく変容し、刑事施設の過剰収容がもたらされた。過剰収容には歯止めがかかったとの報道もなされたが、刑事施設の収容率だけで過剰収容か否かが決まるわけではない。増設による「緩和」は新たな「過剰」の要因となる。

凶悪犯罪キャンペーンや厳罰化キャンペーンは、犯罪被害者運動との関連の中で進行してきた。犯罪被害者（遺族）がメディアに登場し、被告人に死刑を求める運動がメインストリーム・メディアを巻き込んで展開された。被害者の権利救済が不十分だったため、被害者自身が立ちあがらざるを得ず、しかも「犯罪者対被害者」という構図が意図的に持ち出された。凶悪犯罪が減っているなどと指摘するや猛烈に糾弾の声があがる。「冷静な議論をするべきだ」という呼びかけすら嘲弄の対象とされた。被害者運動、検察官、メディア、一部の犯罪専門家の大合唱により、刑事政策が政治問題とされ、事実認識の当否は、善（被害者）と悪（被告人）の絶対矛盾的対立という単純な物語に回収された。光市事件弁護団に対する常軌を逸した攻撃に見られるように、近代法が用意した刑事裁判の基本原理そのものを覆す形で事態が進行した。

ここにあるのは「ワイドショー刑法」である。センセーショナルな報道、感情論の支配、「悪役」

への激しい憎悪、集中攻撃、物事の単純化、わかりやすさの専横、異論の排除——誰かが仕掛けたとか、どこかで陰謀があったのではない。劇場型政治と溢れるメディアの時代に、犯罪と刑罰をめぐる社会の反応が変わったのであろう。ワイドショー刑法は無罪推定を否定し、被疑者・被告人の人権を軽んじ、適正手続きを放擲し、厳罰化を推進する。そのサイクルに日本は嵌まりこんでいる。

ポピュリズムの席巻

日本犯罪社会学会編『グローバル化する厳罰化とポピュリズム』は、ポピュリズムが刑罰政策に与える影響をアメリカ、ニュージーランド、フィンランドなどとの比較研究を通じて解明しようとする(3)。

ポピュリズムの現象形態やその影響は各国の政治社会状況によって異なるが、現代政治とメディアのもとでポピュリズムが何らかの形で登場するのは不可避である。問題はポピュリズムに対抗するだけの資源がどこにどのように存在しているかである。対抗力の弱い国家ではポピュリズムが猛威を振るうことになる。同書はポピュリズム刑事政策をキーワードとした社会学的分析の書だが、一回だけ「衆愚政治」という用語で現状への批判的認識をのぞかせている。

マイケル・トンリィ(ミネソタ大学教授、元アメリカ犯罪学会会長)はアメリカの刑罰政策が峻厳な理由を探る。ジョン・プラット(ヴィクトリア大学教授)はニュージーランドにおけるポピュリズムの影響を測定する。デイヴィッド・ジョンソン（ハワイ大学教授）は日本の拘禁刑と死刑の状況を国際比較に照らす。浜井浩一とトム・エリス（ポーツマス大学講師）は日本における厳罰化メカニズムを解明する。タピオ・ラッピ＝セッパラ（フィンランド国立司法研究所所長）は拘禁刑の活用をめぐる欧米諸国の比較検討を行う。

宮澤節生は日本のポピュリズム刑事政策を変える可能性は当面はないと悲観的な診断を下す。「日本のポピュリズム刑事政策は後退するであろうか。ノーである。NAVS〈全国犯罪被害者の会〉は、世論の唯一の代表者としての地位を維持し続けるであろう。警察、検察官、保守的裁判官は、新たに拡大された捜査、訴追、処罰の権限を享受するであろう。法務省は、厳罰化に関するかぎり、『先頭からのリーダーシップ』を発揮し、自民党司法族政治家は、より制度的な問題に関するポピュリズム刑事政策に向けて『先頭からのリーダーシップ』を発揮しつづけるであろう。（中略）ポピュリズム刑事政策の反対者たちが近未来に有効な反対運動を形成する方法を発見するとは思われない」。

欧米諸国を中心にしているが、犯罪統計から経済状況、社会状況も含めて多様な事実や統計を基礎にした手際のよい分析が収録された本書はぜひ直接読まれるべきである。

ワイドショー刑法、ポピュリズム刑事政策は、非国民刑事法と親和的である。善と悪の対立、物事の単純化、悪役を作り出さずにいられない情念。ポピュリズムとナショナリズムが融合することで威力が極大化する。内外の絶対悪に対する激しい憎悪が、国家統合の夢に見事にかなうことは言うまでもない。しかも、ブームがすぎると、誰もがあれは一体何だったのかと途方にくれる。あるいは単に忘れ去る。実に深刻な影響を与えながら、忘却の彼方に置き忘れられることによって、誰も責任を取らずにすむことになる。

第3節　資本主義刑罰

貧困という刑罰

厳罰化、法原則の弛緩、適正手続きの形骸化を克服するために市民刑法の復権が唱えられる。しかし、市民刑法にはいくつもの陥穽《かんせい》が待ち受けている。

第一に、近代法主体としての自由・平等の担い手たる市民とは、階級階層を超えた抽象的概念として確立された。国王でも貴族でもなく第三市民が権力を握るために、資本家でも労働者でもない市民がモデルとされた。抽象的であるがゆえに近代市民革命の推進力となりえたが、市民刑法は同時に資本主義刑法として具体化された。自由・平等も資本の論理に貫かれた形式的自由・平等である。

第二に、近代法は奴隷制に対し排他的とは限らなかった。植民地支配や奴隷制を内部に組み込んだとさえいえる。西欧民主主義は大西洋奴隷貿易の上に展開された。ハイチ革命がフランス革命の虚妄を照らし出す。

第三に、市民概念は男性中心主義の産物でもあった。「女性の権利宣言」のオランプ・ド・グージュが処刑されたように、フランス革命において女性の権利は断頭台の露と消えた。市民法は資本主義法であると同時に家父長制と相互に支えあった。「女性という刑罰」の時代が始まった。割引された自由・平等の担い手としての二級市民が実在したのに、近代法は抽象的で一面的な市民概念を掲げた。

抽象的市民の仮面を取り去れば、資本家や労働者や地主が貌を顕わし、男とともに女が登場し、人々の具体的存在形態が問題となる。市民は時には高齢者、子ども、障害者、少数者、被差別部落民、先住民族、無国籍者、移住者、難民である。

抽象的市民ではなく、さまざまな階級階層構造を前提として、労働者としての市民、女性としての市民、少数者としての市民という具体的市民像を構築することによって隘路を脱することができるだろうか。労働者の権利、女性の権利、少数者の権利を基点に法実践の可能性を追求することは重要である。しかし、それで現実を克服できるわけではない。

なぜなら現代刑法においては具体的市民の利害対立を巧みに配備した権力実践が先行しているからである。「犯罪者」の権利と被害者の権利の矛盾対立がどれだけ利用されてきたことだろう。女性の権利（ストーカー規制法、ＤＶ法など）、子どもの権利（子どもポルノ規制法）なども、刑事法原則の解体に利用された。正規雇用と非正規雇用、民間労働者と公務労働者、日本人労働者と外国人労働者も対立構造に絡めとられている。労働者も女性も子どもも分断され、貧困競争を強制されている。

自己決定・自己責任の論理は、他者を引き摺り下ろすことによって自己を保全する心理を生み出す。抽象的市民のネガとして「貧困という刑罰」に放逐される市民＝非国民の問題圏が見えてくる。その意味でロイック・ヴァカン『貧困という監獄』は示唆に富む（4）。

監獄ビジネス

欧米諸国では刑事施設の民営化が進行した。アメリカを中心にイギリス、ニュージーランド、オーストラリアなど英語圏が先行し、その他の諸国にも波及した。

日本でも、二〇〇六年の構造改革特別区域法施行令改正により、指定地域におけるPFI方式の刑事施設設置が可能となった。二〇〇七年四月、山口県美祢市の美祢社会復帰促進センターがスタートした。刑罰権の行使に関する業務は刑務官が担当するが、その他の業務（施設維持・管理、食事など）は民間株式会社が担当する。島根あさひ、喜連川、播磨にも社会復帰促進センターが設置され、黒羽刑務所でもPFIが導入された（5）。

近代自由刑のあり方という点では、民営化は一つの矛盾を呈している。市民社会において罪を犯したとされた者を市民社会から隔離して刑務所に収容し、刑務所における矯正（労働・教育・規律・秩序）を通じて社会復帰させるという発想自体がもともと矛盾を内在していた。隔離を通じた社会復帰という矛盾——強制による自由である。

同時に資本主義社会としては、商品交換関係と資本・賃労働関係とが社会を重層的かつ一体的に貫通する論理を配備したが、刑務所は市民社会の「外部」に位置づけられた。資本にとっての外部とは、植民地がそうであったように、外部からの収奪によってこそ資本の運動が成立する本来的圏域である。市民社会の内部に設置された「外部」を民営化という形で再び資本の論理に服属させる流れが進行する。

刑事施設の側から見ると、塀の外こそが外部であり、外部を作ることによって限定された空間において矯正の論理を語ることができた。外部を再び資本の世界に取り入れる民営化は、刑務所の外部を内部に繰り入れることでもある。それゆえ激しい矛盾が炸裂するが、同時にこれを糊塗する論理も配備される。

他方、市民社会の論理の機軸をなす自由・平等の観点からは、民営化は複雑な問題をはらみ、現実に欧米諸国では被収容者に対する人権侵害を増幅してきた。刑罰執行における利潤追求が人権侵害をもたらす。アンドリュー・コイル、アリソン・キャンベル、ロドニ・ニューフェルド『資本主義刑罰――刑事施設民営化と人権』は、民営化が人権に与える影響を批判的に測定した(6)。

「株式会社による囚人労働の搾取は、株式会社と政府、監獄関係者、メディアを結びつけている一連の諸関係の一局面である」とするアンジェラ・デイヴィスは「懲罰産業はもはや、経済構造の周縁的存在ではない。建築資材から電子装置、衛生用品にいたるあらゆる種類の商品や、給食から治療、予防医療までのさまざまなサービスを提供する株式会社が、いまやこの監獄ビジネスに直接かかわっている」と述べ、「そのために、監獄制度の時代錯誤性はますます認識しにくくなっている」と判定し、反監獄運動の新たな課題を掲げる(7)。

真の問題は「刑務所の民営化」に伴う「市民社会の刑務所化」だからである。

第4節　植民地刑法の再臨

帝国の植民地刑法へ

日本刑法を総体として把握するためには植民地刑法の視点が不可欠であるが、刑法学においてはほとんど無視されてきた。主な論点を確認しよう。

第一に、大日本帝国時代の植民地刑法であるが、まず「国内植民地」としての北海道、琉球、奄美、小笠原がある。「国内植民地」としての性格が全く同じというわけではない。琉球王国を日本に服属させ、編入した「琉球処分」は本来の意味での植民地化と言ったほうが正しい。その点では奄美も同断であるが、奄美は鹿児島県とされたためもあり、琉球との同質性が徐々に失われたものと理解されている。他方、蝦夷を北海道とし、屯田兵なる開拓民を送り込んだ北海道の場合、先住民族アイヌに対する侵略であった。アイヌに対して「旧土人保護法」という異常な差別立法がなされた。アイヌの生命や自由について刑法的保護がなされたことがあっただろうか（8）。

小笠原の近代史も単純ではない。石原俊によると「日本帝国臣民に組み込まれた小笠原諸島の移住者たちは『帰化人』と呼ばれるようになったが、この『帰化人』とは、かれらを法の対象として掌握するために産み出された他称であった」。「一九世紀半ばに小笠原諸島に集まってきた雑多で流動的な移動民は、北西太平洋諸地域に対してヨーロッパ公法を波及させようとする欧米諸帝国や、『万国公法』＝ヨーロッパ公法を受け容れ始めた日本帝国など、いくつもの自称『法治国家』に取り囲まれ、主権的な法が発動される前線に置かれていった。小笠原諸島の近代は、ジャパン・グラウンドに集まっていた〈えたいのしれない移動民〉の生と、その生を捕捉しようとする主権的な力の、緊張をはらんだ出会いの場であり続けた」。一九二一年に父島に要塞地帯法が適用され、軍事的裁量に優先権が与えられると、小笠原諸島民は「スパイ」容疑の監視対象とされ、もうひとつの〈創氏改名〉が強要され、島民はテロルの対象とされ、「内地」への強制移住に発展した（9）。刑法学の射程が小笠原諸島に及んだことはほとんどない。

第二に、台湾、朝鮮、樺太、南洋諸島、「満州」である。「国内植民地」とは異なって、典型的植民地としての台湾や朝鮮については研究も多い。植民地刑法研究も、韓国や台湾の研究者による研究の蓄積がある。同じ植民地でも、樺太、南洋諸島、「満州」については植民地史も不十分であり、植民地法史も解明されたとはいえないだろう。日本植民地研究会編『日本植民地研究の現状と課題』が今後の研究の導きとなる(10)。

植民地政策を検討する際、一九九〇年代以降に事実が発掘され、研究が進められてきた日本帝国による犯罪や差別政策をどのように見るかが問われる。日本軍性奴隷制(「慰安婦」問題)や朝鮮人・中国人強制連行・強制労働問題、その背後に展開された植民地支配犯罪への立ち入った分析は刑法学の外部で行われた。

第三に、植民地刑法の宗主国刑法へのブーメラン的影響である。より正確に言えば、宗主国と植民地は別々の歴史を歩むのではなく、双方が互いに影響しあって「宗主国/植民地」関係の中で「一つの歴史」を歩む。宗主国が植民地に影響を及ぼすと同時に、植民地が宗主国に影響を及ぼす。植民地法研究にはこの視点が不十分であった。

例えば、コリアン・ジェノサイドの代表例である関東大震災朝鮮人虐殺は、宗主国に移動した植民地民衆に対する虐殺である。虐殺をリードした日本軍と政府の要職にあった人物は、植民地朝鮮における抵抗を弾圧した後に日本に戻った。植民地における支配と被支配の関係が、宗主国の首都圏での虐殺という悲劇として再現された。虐殺犯人の免罪に手を貸したのは日本司法であった。

現代の植民地刑法へ

第四に、戦後に継承され、再生産された植民地刑法である。アイヌ差別の旧土人保護法が廃止されたのは一九九七年であり、アイヌ先住民族決議が国会で採択されたのは二〇〇八年である。小笠原諸島と沖縄は米軍占領下に置かれ、再要塞化を経て施政権が返還された。外国人差別を温存し、再編成してきた外国人登録法と出入国管理法は、新たな差別と監視の新在留管理法として日本の現在を支配している(11)。

日本政府は植民地支配の責任をのがれ、日本軍性奴隷制や強制連行・強制労働被害者に対する謝罪と補償も、戦後七〇年経過した現在も無視したままである。剥き出しのナショナリズムと排外主義が台頭し、朝鮮人・中国人差別、外国人差別が横行している。人種差別禁止法の制定を拒否し、政府が率先して朝鮮人差別政策を推進している。警察による無法な強制捜索に異議申立てを試みる朝鮮人は犯罪者扱いされる。二〇一六年五月にヘイト・スピーチ解消法が制定されたが、ヘイト・スピーチを違法とせず、人種差別禁止法も制定しようとしない。

ここに現代日本の植民地主義を見ることはたやすいが、問題はさらに複雑で深刻である。日米安保条約のもとで、日本自身がアメリカの「植民地的状況」にあり、そのことを歓迎し、自ら植民地的に振舞ってきたからである。アジアを見下して植民地化しながら、アメリカにへりくだり追従する〈自己植民地主義〉を実践しているのだ。

それゆえ第五に、現代東アジア植民地主義について検討しなければならない。日本植民地主義とは区別されたものとしての独自の植民地主義が東アジアを覆っている。喩えていえば、〈東アジアにおける日米合作の植民地主義〉である。グローバリゼーションの結果、アメリカを中心とした世界資本システムが活性化され、東アジアにおいて日本を中心とする、あるいは日本列島に存在する日米合同軍を実力装置の要とする植民地主義が聳え立つ。アメリカ―日本―アジアの「階層構造」を形成し、維持しようとする力学が東アジアに緊張をもたらしてきた。現代治安立法の具体的根拠もここにある。

第5節　市民刑法克服の課題

非国民刑事法の輪郭

以上、現代国家の刑事法（非国民刑事法）の特徴を瞥見《べっけん》してきた。資本主義刑罰が到来したのはもともと資本主義刑法だからだが、資本の外部をいかに食い潰していくかが現実課題だ。日本刑法には二つの植民地刑法が影を投げかける。一つは日本植民地主義の帝国刑法だが、もう一つアメリカを中心とした現代帝国主義がある。東アジアにおける日米合作の植民地主義ともいえる。その具体的形姿が対テロ戦争の刑法だ。テロ対策の名の下に人権侵害がいともやすやすとまかり通る。非国民刑法正当性調達の最後の任務を引き受けるのがワイドショー刑法、ポピュリズム刑法である。

社会科学としての刑事法学は、日本資本主義発達史講座の理論を応用して刑事法史の解明に進み、国家刑罰権の本質をえぐった。日本近代法発達史講座への道はつねに辿り直すべき道である。

後に展開された「現代法論争」においては、第一に国家独占資本主義法論が提起された。現代日本法を総体として把握する意欲的な試みは、宇野経済学の母斑に悩まされるとともに、一国主義的理解を痛撃される。日米安保と日本国憲法の並立・矛盾に法現象の基底要因を見出す「法体系二元論」が複合的理解への手がかりを示した。これに対して、第三の「社会法視座論」は「権利のための闘争」の主体を構築するために生存権、労働権など社会法を拠点とした戦略論を提起した。

その後も、民主的変革のための法理論を鍛える議論は続いたが、ポスト現代法論争は多くは現代法の総体的把握を断念して、個別法領域の分析視座の確立に向かった。これに対して帝国主義法論が浮上したが、大状況認識としての有効性は共有されたものの、具体的レベルでは概念規定すらままならぬ混迷に陥った。「グローバリゼーションと法」をめぐる議論はその継承・再編の試みである。

非国民刑事法論はこれらの理論的蓄積とは異なる関心に立っている。それは現代日本刑事法が何であるのかを直接の規定対象としていない。逆に現代刑事法が何でないかを主題としている。何を排除して成り立っているかに焦点を当てているのだ。現代刑事法が何であるのかを把握するためには、その本質規定をしなくてはならないが、そのための構造論も現象論も充分とはいえない。まして本質規定だけに頼ると零れ落ちてしまうものがあまりにも多い。現代刑事法が何を排除して成り立っているのかも分析対象とする必要がある。

非国民はどこへ行く？

一九九〇年代以降、「市民法の復権」が唱えられた。「日本は市民革命を経ていないから市民法的価値が根付いていない、だから市民法を」という時代とは異なって、「高度に発達した日本社会と法こそが市民法的価値を毀損・蚕食している、だから市民法の復権を」という文脈である。

内田博文は、近代市民刑法（市民による市民のための市民の統治）を国家秩序を優先する治安刑法と対比する(12)。治安刑法は、①支配体制の維持・強化、②政治的予防主義原則、③不確定な記述、一般条項を活用した心情刑法に特徴がある。第二次大戦後、日本国憲法のもとで、後退したはずの治安刑法がいつしか再興し、今や「市民的治安主義」という形で復権している。敵を殲滅する「敵／味方」刑法の時代が訪れつつある。そこで内田は、歴史的研究を媒介にした現代刑法批判の途を歩んだ（本書第6章参照）。

佐々木光明も、刑事法に関連する諸領域における具体的な〈市民〉イメージを模索し、市民生活と刑事司法の交錯領域における変革の主体としての市民を探求しようとする(13)。

櫻庭総は、ヤコブス＝松宮孝明「市民刑法」の批判的検討を通じて、近代刑法そのものの見直しを視野にいれつつ、内田理論に辿り着く(14)。

翻ってみると一九八〇年代、筆者の恩師である櫻木澄和は「主体―客体―関係」に着目して、法的諸関係の網の目の中で紡ぎ出される人格的諸形態の法主体性を模索し、現代法の隘路を突き抜けようとした（本書第7章参照）。

市民法の論理は、具体的市民像の代替提案によっては乗り越えることができない。市民法の本来の意義すら損なわれてしまう。市民法とは所詮「国民刑事法」の焼き直しである。国民刑事法は非国民刑事法と一体不可分であり、「闘う市民社会」の抑圧性を基礎づける。「主体」への憧れが暴力論への射程を遮断する。市民的主体こそが暴力（国家権力）の主体であるからだ。非国民に行使される暴力が不可視となるのはこのためだ。

主体が仮象・粉飾に換質した時代に市民法の主体を模索する意味は何なのか。現代刑法が圧倒的な情報と実力と権威を持って立ちはだかる世界にあって、主体の再構築が危機の再来を招かない保障はどこにあるのか。

国家暴力によって排除され抑圧される「主体たりえない者」こそ、次の手がかりを提起する存在である。現代刑法の「客体化」過程を明るみに出し、主体への渇望なき非国民の視座から現代刑法の総体を点検することが次の課題である。「主体たりえない者」の主体化という矛盾を内在させた「非暴力・非武装・無防備・非国民・不服従の平和力」こそ「時代閉塞の状況」に挑むための第一テーゼである（15）。

註

（1）岡本篤尚『《9・11》の衝撃とアメリカの「対テロ戦争」法制』（法律文化社、二〇〇九年）。

（2）前田朗『刑事法再入門』（インパクト出版会、二〇〇七年）。さらに、「その意味で『大きな物語』ではなく『小さな物語』に定位しつつ、少なくとも監視権力の運動に抗う途をいかにして切り拓いていくのか。それは差異と戯れたり、逃走したり、言説のみに立て篭もることではなく、監視権力に内在する矛盾を突き破り拡大していく実践でなければならない。現代市民社会が抱え込んでいる現実の分析から抵抗の筋道を探るには、主体の再構築が求められる。闘う市民社会の主体ではない、来るべき主体は当面は『非国民』としか称しようがないが、現代日本の『非国民』とは何なのか。国家に身を重ねることで自己確証する市民ではなく、あらかじめ自由管理社会から排除された市民や、その存在は国家に囚われているとしても、容易に国境を越えられないとしても、そこから身を引き剥がそうと試みている市民のことである。もともと非国民の処遇しか受けていないのに、そのことに気づいていないすべての市民に可能性が開かれている。ここで『非国民』と称しているのは、既存の法学や政治学におけるタームではなく、現実に『非国民』になるしかない『市民』や『民衆』のことである」。

（3）日本犯罪社会学会編『グローバル化する厳罰化とポピュリズム』（現代人文社、二〇〇九年）。「マスコミが劇場的な犯罪報道を繰り返すことで（治安悪化キャンペーン）、事実とは関係なく、治安が悪化したと多くの市民が不安感を持つようになる。それが犯罪に対する不安、犯罪者に対する怒りや憎しみといった情緒的な反応を市民の中に生みだす。その怒りは、次第に刑事司法制度にも向けられるようになり、裁判所等が犯罪者に対して甘すぎるといった批判が巻き起こる。その結果、専門家による解説や統計的な事実が軽視されるようになり、政治家も巻き込んで、法と秩序キャンペーンが巻き起こり、力による犯罪対策、つまり、警察力の増強や厳罰化といった分かりやすい対策が選択されるようになる」という。これを「刑罰のポピュリズム」「ポピュリズム刑事政策」と呼んでいる。

（4）ロイック・ヴァカン『貧困という監獄――グローバル化と刑罰国家の到来』（新曜社、二〇〇八年）。

（5）刑事政策的観点での民営化についての評価は、刑事立法研究会編『刑務所民営化のゆくえ――日本版ＰＦＩ刑務所をめぐって』（現代人文社、二〇〇八年）参照。
（6）アンドリュー・コイル、アリソン・キャンベル、ロドニー・ニューフェルド『資本主義刑罰――刑事施設民営化と人権』（クラリティ出版、二〇〇三年）。
（7）アンジェラ・デイヴィス『監獄ビジネス――グローバリズムと産獄複合体』（岩波書店、二〇〇八年）。
（8）上村英明『先住民族の「近代史」』（平凡社、二〇〇一年）参照。
（9）石原俊『近代日本と小笠原諸島』（平凡社、二〇〇七年）。さらに、「主権の名において発動される法は、小笠原諸島の移住者たちにあたかも〈波〉のように降りかかっていった。かれらは〈波〉を被り、あるいは〈波〉にさらわれ、ときにはなんとか〈波〉を払いのけながらも、ついぞ〈波〉＝法の全貌を確認することができないまま、法がもたらす効果だけを感じつつ生きていかざるを得なかった。だが移動民であるかれらは、法の〈波打ち際〉で主権的な力とわたりあいつつ、ジャパン・グラウンドにおいて培ってきた生のあり方を組み替えながら、小笠原諸島を拠点に生きる道を探り続けたのである」と言う。
（10）日本植民地研究会編『日本植民地研究の現状と課題』（アテネ社、二〇〇八年）。なお、帝国法制史の視点では、浅野豊美・松田利彦『植民地帝国日本の法的構造』（信山社出版、二〇〇四年）、浅野豊美『帝国日本の植民地法制』（名古屋大学出版会、二〇〇八年）。 なお、徐勝・前田朗編『〈文明と野蛮〉を超えて』（かもがわ出版、二〇一一年）、木村朗・前田朗編『21世紀のグローバル・ファシズム』（耕文社、二〇一三年）。
（11）前田朗「新在留管理制度関連法案を斬る」『統一評論』五二五号（二〇〇九年）。
（12）内田博文『日本刑法学のあゆみと課題』（日本評論社、二〇〇八年）。
（13）内田博文・佐々木光明編『〈市民〉と刑事法』（日本評論社、二〇〇八年）。同書第4版（二〇一六年）も参照。
（14）櫻庭総「新たな刑法正当化戦略の問題点とその『市民』像」『九大法学』九五号（二〇〇七年）。
（15）前田朗『非国民がやってきた！』（耕文社、二〇〇九年）、同『国民を殺す国家』（耕文社、二〇一三年）、同『パロディのパロディ――井上ひさし再入門』（耕文社、二〇一六年）参照。

第6章　批判的刑事法学のために

第1節　吉川経夫の刑事法学

本章では、人権無視の日本刑事法に対して内側から反省を迫ってきた批判的刑事法学を取り上げて、その継承・発展の課題を考える。

刑法改正と東京刑事法研究会

刑事法学者・吉川経夫は二〇〇六年八月三一日に永眠した。端正な客観主義刑法理論体系を樹立し、戦後の刑法改正作業のほとんどすべてに関与し、国家主義的刑法「改正」を一貫して批判し、理論と実践の総力を挙げて改悪を阻止し、次々と登場した悪法に終始一貫して反対の先陣を切り、刑事立法論の「権威」的地位を長年にわたって維持し続けた吉川は、文字通り「刑法学の泰斗《たいと》」であった。権威を嫌った吉川であるが、このように表現しても誤りではないだろう（1）。

「先生は、刑法学界や社会の民主化のためにいち早く立ち上がり、『東京刑事法研究会』を創設された。その創設メンバーには、先生のほかに、風早八十二、熊倉武、中田直人、関力等の錚々たる諸先生が加わっていた。今では、当日本民主法律家協会の理事長である中田直人先生が最後のひとりとなってしまった。先生は、この刑事法研究会を中心とした活動において、新規刑事立法が民主的な人権を抑圧するものである場合には、強く異を唱え、理論と実践の結合を模索されていた」(足立昌勝〈2〉)。

吉川は、小野清一郎(東京大学名誉教授、法務省顧問)の勧誘により刑法改正準備会や法制審刑事法特別部会に属したが、戦前の刑法改正仮案をもとに審議が進められようとしたのに驚き、これに反対するとともに、事実を刑事法学者に知らせ、研究会を立ち上げて理論的な闘いに備えた。

罪刑法定主義

吉川経夫著作選集第2巻は「罪刑法定主義と刑法理論」という表題である。刑法学者としての生涯を刑法改正はじめ刑事立法問題に注ぎ込み、数々の悪法を阻止し、成立した悪法の解釈を限定させ運用を監視し続けた吉川刑法理論の特質は、第一に壮麗な客観主義刑法理論体系であり、第二にその骨幹としての罪刑法定主義であった。

吉川の罪刑法定主義論の集大成となった論文が「日本における罪刑法定主義の沿革」(東京大学社会科学研究所編『基本的人権4』一九六八年)であり、その後の罪刑法定主義論において圧倒的な影響力を誇った。

だが、吉川はそれ以前にも重要論文を公表している。「刑法解釈の要点」(『国民の法の解釈』一九五四年)、「刑法解釈の超法規化」(『法学志林』五二巻三・四号、一九五五年)、「構成要件論」

（『刑法学入門』一九五七年）、「罪刑法定主義」（『新法学講座第四巻』一九六二年）などである。刑法体系書『刑法総論』（初版一九六三年）における罪刑法定主義の論述が類書に比して遥かに長いことも、吉川が自負している通りである。著作選集第4巻「最高裁刑事判例批判」に収録された判例研究にも罪刑法定主義論が一貫している。このことを確認したうえで「日本における罪刑法定主義の沿革」をごく簡潔に見てみよう。

「改正刑法準備草案理由書」（一九六一年）において、小野清一郎は「戦前・戦後を通じて、罪刑法定主義そのものは未だかつて争われたことはない」と歴史の偽造に励んだ。これに対して疑問を差し向ける吉川は、刑法史を踏査する。①明治初年の「仮刑律」「新律綱領」などに罪刑法定主義の思想は取り入れられなかった。②旧刑法第二条（一八八〇年）にはボアソナードの影響の下に罪刑法定の規定が設けられたが「形骸を模したにすぎない」。数々の特別刑法によって人権保障を「画餅に帰せしめてしまった」。③現行刑法（一九〇八年）からは旧刑法第二条に相当する条項さえ削除された。新派刑法学の隆盛のもと極めてあいまいな構成要件が設定され、法定刑の枠も非常に拡大させられた。新派刑法学のイデオローグ牧野英一は罪刑法定主義攻撃の先頭に立った。④治安維持法や戦時治安法については言うまでもない。かくして吉川は述べる。「戦後に至るまでわが国においては、罪刑法定主義の原則は、真の意味において確立したことはなかったと断言することも、決して奇矯の言辞を弄するものとはいえないであろう。」

著作選集「第2巻まえがき」で、吉川は自由主義刑法学の代表であった恩師・滝川幸辰でさえ牧野に追随して類推許容論を唱えていたと批判している。

三権の制約原理

日本国憲法第三一条、第三九条などは罪刑法定主義を基本原理として採用した。それでは罪刑法定主義は貫徹されているであろうか。吉川は刑罰法規の制定・運用にかかわる三権に即して検討する。①立法権に対する制約原理として、内乱罪のせん動、破壊活動防止法、国家公務員法の争議行為あおり処罰規定などの不合理を指摘する。②行政権に対する制約については、地方自治法の委任による公安条例を批判する。③司法権に対する制約については、類推解釈による処罰や、共謀共同正犯などの超法規的運用を指摘する。それゆえ、吉川は「日本国憲法のもとにおいても、罪刑法定主義がまったく実現をみているものとは、とうてい称し難い」と結論づける。法制審議会刑事法特別部会の審議（一九六五年）において、罪刑法定主義明文規定新設の提案が否定されたことは象徴的であった。

ここには罪刑法定主義概念そのものをめぐる理論的対抗が潜んでいる。一般的な刑法教科書には、ドイツ刑法学の父アンセルム・フォン・フォイエルバハの「法律なければ犯罪なし。犯罪なければ刑罰なし」の原則が引用され、罪刑法定主義は近代刑法の基本原則であるとされている。今日、罪刑法定主義を否定する刑法学者はまずいない。誰もが罪刑法定主義者だ。しかし、「犯罪なければ刑罰なし」とだけ言うならば、治安維持法も破壊活動防止法も立派な法律であることになる。ナチス・

ドイツのヒトラーも合法的に政権を獲得して、法律に基づいて政策を推進した。

「悪法も法なり」の悪しき法実証主義を否定して、吉川は「罪刑法定主義」(『新法学講座第四巻』)において、「罪刑法定主義を貫徹するために、最小限度要求されなければならない法命題」を掲げた。①刑法の法源の制限。慣習法、判例法(典型は共謀共同正犯)の否定。無限定な委任立法の否定。白地刑罰法規の否定。②刑罰法規の適正。実質的な処罰の必要性と根拠の要請。構成要件の明確性。法定刑の適正さ。③遡及処罰の禁止。④類推解釈の禁止。吉川は「罪刑法定主義」論を次のように締めくくる。「国民が裁判批判による厳しい監視を怠るならば、ことに今後に予想される治安立法の適用にあたって、前記のように不当な類推がまぎれ込むことは避け難いであろう。」

かつて治安維持法批判をして弾圧された風早八十二は「罪刑法定主義を復活せよ!」と叫んだ。風早とともに東京刑事法研究会を立ち上げた吉川の罪刑法定主義理解は、風早と同質のものである。日本国憲法が保障する基本的人権と自由の保障原理としての罪刑法定主義、三権の制約原理としての罪刑法定主義である。だから、国民による裁判批判がポイントとなる。この理解を深化させたのが櫻木澄和や横山晃一郎であった(櫻木理論について本書第7章)。

あえて図式化すると次のようになる。

罪刑法定主義A――「法律なければ犯罪なし」の形式主義的理解。

罪刑法定主義B――三権の制約原理としての理解。

戦後刑事法学の罪刑法定主義理解は、AからBへの移行と逆行の狭間にあり変遷してきた。実体的デュー・プロセス論や法益論が理論研究において重要な位置を占めたのも、少なくとも一九八〇年代までは性急な刑事立法に一定の箍《たが》がはめられていたのも、このためである。吉川は刑事立法論、判例批判、刑法史研究のすべてを通じて、後者Bの概念把握を徹底することに力を注いだ。

治安法批判

吉川経夫の刑事法学を語る場合、特筆すべきは治安法批判の理論と実践である。吉川の治安法批判は、最初期の「西ドイツの治安立法」（法学志林五一巻一号、一九五一年）、「暴力取締法について」（法律時報三〇巻四号、一九五八年）、警職法批判の諸論文、「沖縄『新集成刑法』の問題点」（法律時報三一巻九号）、政暴法案批判の諸論文から、『著作選集補巻・憲法と治安刑法』（法律文化社、二〇〇三年）まで、半世紀を超える歴史を有する。罪刑法定主義や刑法改正に関する論考のなかでも数々の治安法批判を行っている。その中核に位置するのは『治安と人権』（［小田中聰樹との共著］法律文化社、一九七四年）であろう。

歴史学や憲法学における治安法研究とともに、刑事法学における風早八十二、宮内裕、中山研一、小田中聰樹と続く治安法批判は、近現代日本国家の本質に迫る理論と実践であった。治安法批判には、特定の治安法に対する批判だけではなく、市民刑法分野への治安主義の浸透に対する監視も含まれる。古典的な治安法だけではなく、機能的治安法や、最近では市民的要求に基づく治安主義が蔓延している。

吉川の治安法批判は、第一に刑法改正における治安主義との闘いとして具体化された。『刑事立法批判の論点』（一九六七年）、『刑法改正を考える』（一九七四年）、『刑法改正と人権』（一九七六年）、『刑法改正23講』（一九七九年）、『著作選集第1巻・刑法「改正」と人権［続］』（二〇〇〇年）はいずれも刑法改正批判であると同時に治安法批判であった。「不敬罪の系譜と刑法改正論議」「刑法における国家秘密の保護」「改正刑法草案とモラリズム」といった論考はその典型である。

第二に、治安法批判は、実体法の微細な局面にまで紛れ込んでくる治安主義の点検として具体化される。例えば「執行猶予と宣告猶予」（初出・平場・平野編『刑法改正の研究1総則』）のような論考でも、改正作業の「刑事政策的消極主義」批判を出発点にしながら、執行猶予の要件の厳格化は「短期自由刑のいわれなき増大をもたらす」とし、資格制限の排除、執行猶予の取り消し、判決の宣告猶予についても、検察権限の濫用をチェックする視点が明確である。

第三に、治安法や治安事件の批判的検討として吉川は共謀共同正犯、警職法、政暴法案、司法反動化、菅生事件、松川事件、砂川事件、ポポロ事件、凶器準備集合罪、飯田橋事件、恵庭事件をはじめ、さまざまな機会に積極的に発言し、『治安と人権』によって一応のまとめをしている。

第四に、保安処分に関する論述である。吉川は論文「保安処分制度に現れた刑法思想」（法学志林六九巻二号、一九七二年）を序章とする著作を執筆する予定だったが、刑法改正作業をめぐる政治的対立など事態の急転によって著書出版を断念した。吉川の保安処分関連論文は後に『著作選集第3

巻・保安処分立法の諸問題』（二〇〇一年）にまとめられた。

第五に、法廷証言である。最後の著書となった『刑事法廷証言録』（法律文化社、二〇〇五年）には、国労労働者に対する刑事弾圧・警職法福島駅事件、群馬県教組勤評反対闘争事件、外務省公電漏洩が問題とされた沖縄密約事件、武蔵野爆発物取締罰則違反事件、太田立て看板事件における法廷証言、及び「君が代」伴奏命令拒否事件に対する被処分者のための意見書が収録されている。

反戦平和の刑法学

吉川は、専門の刑法学者として非常に禁欲的な姿勢を保持した。反戦平和を願って己の持ち場において徹底的に論陣を張ったが、憲法分野に積極的に出て行って発言することは決して多かったわけではない。刑法学において反戦平和の理論を構築することに努力を傾注した。憲法問題が刑事法のテーマに関連した時に初めて刑事法学の窓から一言述べるスタイルである。菅生事件、ポポロ事件、恵庭事件、労働基本権裁判をはじめさまざまな事件についても、刑事法学の窓口を設定した上で発言することが多かった。

しかし、それは吉川刑事法学全体の中での比重の問題であって、実際の発言は多彩な憲法問題に及んでいる。『著作選集第4巻・最高裁刑事判例批判』（二〇〇一年）に収録された三九本の判例研究を見ると、表現の自由、労働基本権、学テ事件、公安条例など憲法問題に関連する事例を多く取り上げている。『著作選集第5巻・刑事裁判の諸論点』（二〇〇一年）の諸論文を見ても、憲法第九条を柱とした反戦平和の刑法学を目指していたことがわかる。

そうした半生を締めくくった論文が「『憲法調査会』に望む」（法学志林九七巻二号、二〇〇〇年、『著作選集補巻・憲法と治安刑法』に収録）であった。

一九九九年の新ガイドライン以後の「悪法ラッシュ」に対する厳しい批判を前提に、憲法論に踏み込んだ。「私は、これまで、たとえ些細な点に関するものであろうとも、論が憲法改正に及ぶことを慎重に避けてきた。それが政府・与党によって、憲法改悪のための手がかりとされることを虞れたからである」、「しかし今や、小渕（当時の首相）は、公然と憲法改悪への大きな第一歩をふみ出した。こうなった以上、平和を希求する法律家の一人として、もはや沈黙を守っているわけにはゆかない」とする吉川は、「第一点は、論ずるまでもなく、天皇制の廃止である」と切り込む。続いて、国旗・国歌法の廃止・改正（新国歌はジョン・レノンの「イマジン」でも良いとまで言う）、首相のリコール制の導入、大臣という名称の廃止、請願という言葉の是正、裁判官の任命方法の改正、死刑の廃止、刑事手続きの改正について論及している。

以上、吉川刑事法学の一端を瞥見してきたにすぎないが、刑事法学への志と平和への希求に貫かれた批判的刑法学の輝きに触れることができたと思う。

第2節　批判的刑事法学への評註

俗情との結託

戦後刑事法学の様相は大きく変化した。小野清一郎、団藤重光に代表される戦前からの代表的支配的刑事法学、藤木英雄に代表される「市民」刑事法学、そして社会科学としての刑事法学を目指した民主主義刑事法学の対抗軸は遠い過去の物語となったように見える。

実践的にも理論的にも最前線であった刑法全面改正、監獄法改正が実現し、近年は刑事立法が激流のごとく押し寄せてくる。組織犯罪対策に名を借りた治安法、「世論」に支えられた被害者関与や厳罰化、メディアに煽られた凶悪犯罪増加キャンペーンは、その根拠がないことが指摘されても、とどまることがない。

『神聖喜劇』の作家・大西巨人が生涯をかけて闘った「俗情との結託」こそが現代刑事法のキーワードとなっている。「専門の軽視」及び「専門家の頽廃」――ここに非国民をつくる刑事法学の現実的基礎がある。

内田博文は「『世論』とメディアが響き合い、『国家の立場』に自己を全面的に『シンクロ』させることによって別の仮定や異論をすべて排除するという志向は、日本国憲法の下では『個人の自由』を阻害するものとして厳しい批判にさらされることになったはずである。しかし、近時は、このような『シンクロ』の動きが再び顕著となっている」として、メディアの自信喪失と「大衆迎合」の状況を踏まえ、それがメディアだけでなく学界、ひいては日本社会全体のあり方に反映していると見る(3)。

「戦後の日本社会が『共通の価値』をそこに求めようとした『個人の自由』が、今や皮肉なことに、『国家の立場』に自己を全面的に『シンクロ』させることによって別の仮定や異論をすべて排除するという志向を支える大きな一因となっているからである」。

内田は、こうした現状を「東洋と西洋」および「封建制と近代性」という二つの軸で理解してきた思考の「決定的な視野狭窄」を抉り出した、中野敏男『大塚久雄と丸山真男——動員、主体、戦争責任』(4)に依拠しながら対象化し、「日本は進むべき方向を見失い、混迷の度を深めている。刑法の領域においても、それは同様である。明治以降の日本刑法のあゆみを改めて振り返ることによって、その原因がどこにあるかを検証し、進むべき方向を確認したいというのが本書を執筆した動機である」という。

大著『刑法学における歴史研究の意義と方法』において近代刑法史研究の水準を飛躍的に高めた内田は、共編著『〈市民〉と刑事法』において多彩な具体的市民を刑法学に現像する試みをする一方、『ハンセン病検証会議の記録』において、より幅の広い人権法の世界を切り拓いた(5)。

その上で再び日本近代刑法史に赴いた内田は、刑法史研究の水準を高める徹底分析を始める。同書は極めてわかりやすい構成を採用している。序章・刑法学における歴史的研究の意義と方法、第二章・日本の刑法のあゆみ、第三章・日本における刑事判例のあゆみ、第四章・日本における刑法学のあゆみ、第五章・日本の刑法の課題。このわかりやすい構成にこそ同書の挑戦と限界が隠されているのだが。

「学」としての刑事法学

「学」としての刑事法学の性格規定をどのように行うか自体が非常にイデオロギー的性格の問題構制である。刑事立法において政治権力の提灯持ちを買って出る刑事法学者。判例の合理化こそ刑事法学の任務だと豪語する刑事法学者。アメリカの対日要求と財界からの要求で捏造された法科大学院は、実務迎合以外の知的営為を排除する機能を果たしてきた。裁判員制度の導入も流れを加速させた。現状を前に「学」としての刑事法学のあり方を問い直す意義は大きい。

内田は、近代市民社会の刑法を市民刑法（市民による市民のための市民の統治）と呼び、国家秩序を優先する治安刑法と対比する。治安維持法に代表される治安刑法は、①支配体制の維持・強化を意図し、②政治的な予防主義を原則とし、③不確定な記述、一般条項を活用した心情刑法となっている点に特徴がある。第二次大戦後、日本国憲法のもとで治安刑法は後退したはずだが、その後徐々に再興し、市民刑法に浸潤し、ついには「市民的治安主義」という形で復権した。「国及び市民」対「社会の敵」という対立軸をもとに、敵を殲滅する「敵／味方」刑法の時代が訪れつつある。

かくして内田は歴史的研究を媒介にした現代刑法批判の途を歩む。「刑法学においても、歴史研究と法解釈学を結合することがますます重要となっている。たとえば、刑法の基本原理とされる罪刑法定主義も、歴史から切り離し、概念法学的に『犯罪と刑罰をあらかじめ法律で規定すること』と定義したのでは、日本国憲法において罪刑法定主義が憲法的要請とされている理由が理解できない。同じ法概念であっても、どのような事実関係の下で用いられるかによって、その果たす役割が大きく異なることも、歴史的研究の必要性を基礎づけている」からである(6)。

固有法の立場

「直輸入の色彩の強い学界の刑法解釈学に対して日本独自の『固有法』の立場に立つ刑事判例という構図を何よりも明瞭に示しているのは、刑法六〇条の共同正犯の解釈・運用である。共同正犯には共謀共同正犯も含まれるという解釈・運用がそれである。……共同正犯には共謀共同正犯も含まれるという解釈・運用を、旧刑法の立法者も、そして主観主義を採用した現行刑法の立法者も明確に退けた。そのような者は教唆犯として取り扱えばよいというのが立法者の意思であった。しかし、日本の刑事判例は、立法者の意思に従わなかった。固有法の立場から、共同正犯には共謀共同正犯も含まれるという解釈・運用を、戦前と戦後を通じ、ほぼ一貫して採用してきた。」

内田は、こうした問題関心にたって共謀共同正犯の形成・展開を中心に判例の歩みを踏査する。明治から大正にかけて共謀共同正犯論が形成され、昭和に入ってその適用範囲が拡大され、戦時下の治安主義の必要に応じて判例は共謀共同正犯を活用していった。日本国憲法下でも戦時刑事特別手続が生き残り、平時の仮面につけかえて恒久化された。日本国憲法下でアメリカの影響を受け、権力分立の徹底の下に法の支配を確立し、人権保障を拡充することをめざして抜本的改革がされたにもかかわらず、「新しい裁判制度を担う裁判官の法意識には、裁判官が戦争協力等を理由とする公職追放の対象から外されたこともあって、あまり変化はみられなかった。むしろ、戦前との間に連続性を示した。日本国憲法下の裁判所といえども、国家機関である以上、その任務は国益を守り、国の秩序を保つことにあるなどとされ、刑事判例にこびりついた戦時刑法および治安刑法の汚れを刑法の基本原則に基づいて洗浄しなければならないといった発想を見出すことは困難であった」。

内田は一九六〇年代までの動きとして、①争議行為禁止、②火炎びん、③公安条例、④期待可能性論、⑤ピケッティング、⑥練馬事件判決、⑦刑罰法規適正の原則に関する判例を検討する。

さらに六〇年代について、①死体に対する殺人、②ポポロ事件および舞鶴事件、③信頼の原則、④可罰的違法性論を取り上げる。

七〇年代から八〇年代について、①危惧感説、②明確性の原則、③類推許容、④弁護活動、⑤報道の自由、⑥故意と違法性の意識、⑦尊属殺人罪違憲判決、⑧事実の錯誤、⑨共謀共同正犯成立範囲の厳格化、⑩死刑適用基準、⑪白鳥石油備蓄背任事件に言及する。

九〇年以降の動きとして、①監督・管理過失、②警察官の武器使用、③新潟監禁事件判決、④黙示の共謀、⑤因果関係、⑥立川反戦ビラ事件、⑦死刑判決増加や危険運転致死傷罪の適用などの判例を詳細かつ具体的に分析する。

任務からの逃亡

結論として、司法の消極主義が指摘される。裁判所は、憲法の観点から解釈を通じて「現行刑法を改鋳するという役割」を果たさずにきた。違憲立法審査権の行使も消極的で、爆発物取締罰則についてさえも違憲判断を回避した。尊属殺人罪違憲判決も、実質は量刑観点からのもので、尊属殺人罪を殺人罪から区別して規定することを違憲ではないとしている。戦前の判例を見直すことなく、戦後も踏襲した。

「裁判所の果たした役割はこれだけではなかった。ただでさえ主観主義的な現行刑法の、その枠をも超えて、行為主義や責任主義をさらに緩和したからである。その典型は判例の採用した共謀共同正犯論で、刑法六〇条の共同正犯規定が拡大適用された。危惧感説は採用されなかったが、監督過失・管理過失を認めることによって、危惧感説に近い結論が肯定された。麻薬の故意と覚せい剤の故意との符合も認められたが、それは責任主義を著しく弛緩させるもので、罪刑法定主義に違反するとの批判も有力である」(7)。

処罰範囲の拡大のためなら何でもする、あらゆる解釈方法を動員するのが判例の基本的傾向であり続けた。死刑判決急増も顕著で、判例における死刑適用基準が緩和された。市民刑法的な説明が用いられている場合も、実は市民刑法からの帰結とは到底言えない犯罪化および重罰化がなされている。

戦後刑法学の揺曳

内田は、戦前における新・旧両派の争いや戦後における行為無価値論と結果無価値論の「論争」が強調されるが、これは「コップの中の争い」にすぎないと判定する。学説と判例の関係を見れば「指導」から「追認」に変わったに過ぎない。

「より大きな問題は、日本の刑法学が、立法、とりわけ治安刑法の動き、そして治安刑法との溝を埋めるための刑法全面改正事業に対してどのように対応してきたかである。戦前の『学派の争い』は、国家刑罰権を正当化ないし合理化するための『コップの中の争い』に過ぎなかった。ファシズム刑法によって止揚されていった。この教訓が、戦後刑法学において十分に生かされたのであろうか。戦後の刑法学は、ファシズム刑法に対して防波堤の役割を果たしえているのであろうか。否といわざるをえない」。

戦後刑事法学はそれなりに近代化の課題を追求した。憲法・刑事訴訟法全面改正に十分に呼応したとはいえないにしても一定の近代化を実現したことを、内田はもちろん正当に評価する。しかし、一九七〇年代以降の状況を見ると逆行が目立つ。刑法の保障的機能よりも「国民の処罰要求」が重視され、法解釈基準を判例に求める見解が有力となった。共謀共同正犯に対する圧倒的な批判が消えうせて、今や肯定論が多数と言われる。近年の「刑事立法ラッシュ」への批判も弱く、むしろ立法のお先棒担ぎが流行し始めた。「これには、戦後の刑法学が、ファシズム刑法の克服という課題に取り組むことを回避してきたことが大きな影を落としているようにみえる」。こうした関心から内田は戦後刑法学を一三の論点に即して検討する。

①戦後改正への消極的対応――戦後改革にもかかわらず、刑法学は戦前との「断絶」が十分ではなかった。既成の大家は新憲法を「読みかえ」て戦前と戦後の連続性を導出した。新・旧両派の争いの止揚に問題を局限してしまい、ナチス期に台頭した人格責任論の日本的再版まで登場した。

②治安刑法の復活への警鐘――戦後治安立法に迅速に批判的分析を加えたのは刑法学ではなかった。刑法学においては、宮内裕、中山研一による治安法研究が成果をあげることになる。

③罪刑法定主義研究――「罪刑法定主義を擁護する見解が通説の地位を得た」が、戦前への反省に基づくのではなく、刑法史を偽造する裏口入学方式であり、実証主義的に切り縮めた理解が流通した。これに対して吉川経夫、櫻木澄人、横山晃一郎らが罪刑法定主義の歴史的意義の解明に向かった。

④可罰的違法性論――戦前に可罰的違法性論を展開した佐伯千仭は戦後も理論の彫琢を続け、全逓中郵事件判決など労働事件を中心に判例に影響を与えたが、全農林事件判決の逆転後、可罰的違法性論は形骸化の荒波に翻弄された。

⑤新たな動向（機能主義刑法学）――戦後は客観主義刑法学が主流となったが、滝川幸辰の理論が影響力を誇った。平野龍一の機能主義刑法理論が大きな影響力を持った。刑法改正においては国家主義批判の役割を果たしたが、理論的にそうした必然性を持つわけではない。

「敵刑法」の時代へ

⑥行為無価値論と結果無価値論――ナチス期に台頭した目的的行為論が戦後日本に紹介され多大な影響を与えた。

⑦現代型犯罪への対応――藤木英雄の「新しい刑法学」の内実は「国民一般の健全な正義感（＝国の行政基準等）」というものであった。

⑧刑法全面改正の批判――七〇年代、刑法改正作業に対して批判的分析を加えたのは「刑法研究会」であった。その成果は平場安治＝平野龍一編『刑法改正の研究』にまとめられた。改正刑法草案を挫折に追い込み、今なお非常に高く評価されるべきであるが、その後の「転換」を予兆させる諸矛盾を孕んでいた。

⑨市民的安全の保護の強調――八〇年代に入ると立法批判から立法参加への転換が強調され、市民の保護を理由とした処罰の拡大が唱えられた。コンピュータ犯罪立法、刑法全面改正、その後の刑事立法ラッシュへと連なる流れである。

⑩機能主義刑法学の批判――これと並行して法益概念の批判的検討（主観化・規範化）が登場した。他方で死刑廃止論が強く唱えられるようにもなった。

⑪判例の合理化――「判例は、法を具体化してゆくものであり、学説はそのための参考意見にすぎない」として、判例の合理化に突き進んだのが前田雅英の実質的犯罪論であった。

⑫なお愛しみ育むべき遺産――二〇世紀終わりの時期に松尾浩也古稀祝賀として執筆された田宮裕「変革のなかの刑事法――戦後刑事法学は〝異端〟だったのか」は、刑法学の変動を「前近代と超近代の奇妙な結合であるが、実は超近代という衣をかぶった前近代にほかならない。それは醜悪なばかりか危険な存在であろう」と評し、戦後刑法学を「なおいとおしみはぐくむに足りる遺産」と述べた。しかし田宮の遺言は守られなかった。

⑬パラダイムの転換――かくしてポストモダンによるパラダイムの転換が進撃する。法治国家の軽視、重罰化、処罰の早期化、「敵（せん滅）刑法」である。

市民的治安主義と、専門家に対する非難の合流の末に現出しているポピュリズム（大衆迎合）刑法学を前に、石塚伸一の問題提起を受けて、内田は述べる。「『市民の、市民による、市民のための刑事政策』を真に実現するためにはどうすればよいのか。この難問に直面しているのが今の日本の刑法学である」。

今日の課題

内田は、以上の近代日本刑法史を踏まえて、改めて刑事立法、刑事判例、刑法学に即して現在の課題を掲げる。

刑事立法の課題は二つにまとめられる。第一は、刑事立法のラッシュといわれる治安主義的立法への疑問である。法益論や、処罰の早期化による保護の強化論、立証の困難の回避、国際化などさまざまな正当化を持ち出してなされている性急な立法への批判である。国際人権諸機関から勧告された問題は無視しながら、共謀罪法案のようにご都合主義的に国際化を持ち出す手法や、犯罪原因の科学的分析のない犯罪対策も疑問とされる。

第二は、憲法や国際人権法の観点から必要とされる刑事立法の不作為である。第二次大戦後の憲法制定に伴う刑法改正も十分ではなかった。二〇〇一年以来の人種差別撤廃委員会勧告は人種差別禁止法の制定を勧告してきたが、日本政府は無視し続けている。一九九八年以来の自由権規約委員会勧告も、死刑廃止、死刑確定者処遇、代用監獄制度、防御権など多数の指摘をしているが改善の兆しは見られない。刑法の国際化にはダブル・スタンダードが見られる。

刑事判例については、法の枠を超える柔軟な解釈方法、処罰の早期化、重罰化、刑事政策との直結が指摘される。被害者対策は重要ではあるが、被害者感情を法解釈にストレートに持ち込む新結果主義の難点を指摘している。人権を促進する方向での判例形成が見られず、国民的コンセンサスの形成を逆に阻害しているとされる。

刑法学については、以上の刑事立法や刑事判例の実情を踏まえて、第一に、不当な国家刑罰権の行使との闘いが唱えられる。ベッカリーア『犯罪と刑罰』を翻訳し、日本に罪刑法定原則を定着させようと闘った風早八十二の提起にならい、「『闘いの武器』を鍛え上げ、この武器を持って闘いに参加すること」とする。例えば、治安刑法における「市民」と「非市民」の区別、「敵・味方」刑法との闘いである。

第二に、「質の民主主義と学問の自由」が浮上する。「量の民主主義」は迫害や弾圧を阻止し得ない。学問の自由を憲法によって保障されているのだから、刑法学は質の民主主義を擁護しなければならない。

第三に、社会政策の研究が強調される。基本的人権としての社会権を踏まえた社会政策を基礎に、刑事法分野での人権保障をめざさなければならない。

内田は次のように述べる。

「今の日本では新自由主義も与って基本的人権の享有の面で不当に排除されている者は少なくない。人権救済の面でも被害の当事者が人権救済の主体ではなく保護の客体に追いやられている場合は少なくない。それは一方で被害の当事者をしてこの『排除』を『包摂』に、そして『保護の客体』を『救済の主体』に変えさせる運動を必然化させている。『生存権』を人権論に立脚せしめるとは、このような運動を理論、実践の両面で支えるということではないか。『法と国家を扱う法学者にとって、市民的・政治的自由は、存在自体の最小限必要不可欠の条件である』と結ぶ、前述の風早の『遺言』

も、このような運動との関連において受け止めることが必要であろう。」

批判理論へ

かくして近代刑法史の総括的分析を踏まえた批判的刑法学の可能性が展けてきた。風早の「遺言」で締めくくりながら、内田自身の課題が確認されている。同じ課題を引き取って批判的刑法学の理路を明らかにしていく必要がある。

最初に問わなければならないのは、日本刑法学と言い、日本国家と言う時の「日本」とは何かである。あたかも自明のように語られてきた「日本」とは何なのか。刑法学において一度も明らかにされたことがない問題だ。大日本帝国憲法には「大日本帝国ハ万世一系ノ天皇之ヲ統治ス」とあるのみで、日本とは何か、領土はどこかを示す規定がない。日本国憲法前文には「日本国民」が登場するが、日本とは何か、領土はどこか規定していない。

大日本帝国の日本と日本国憲法の日本は同じなのか。両者が同じであるかのごとく思い込んでいる例が多いが、領土一つをとっても両者は決定的に異なる。大日本帝国の領土はどんどん広がり、時期によってまったく異なる。日本国憲法の適用範囲も小笠原返還や沖縄返還のたびに変化した。尖閣諸島、竹島（独島）、および父祖が盗んだ北方領土を見れば明らかなように日本国憲法の適用範囲は一度も確定したことがない。日本の領土が確定したことは一度もない。日本刑法の適用範囲が確定したことはもちろんない。外延が不明確で伸縮自在の領土であり、どんどん侵略したから領土を明示できなかったのだ。それにもかかわらず「わが国固有の領土」などという言説がまかり通る。戦後はポツダム宣言の定義があり、今日もこれが一般化している。

憲法上の国家は領土、国民、主権の三要素から成るとするのが一般的である。多くの憲法には領土と国民の規定が明確に定められている。憲法に不可欠といってよい重要な条項である。ところが、日本の憲法にはそれがない。

日本国民はどうか。大日本帝国の臣民、日本国憲法の国民の要件はともに法律で定めるとしか書かれていない。国籍法という法律によって国籍を認められた日本国民が日本国の主権者で、憲法を制定したという奇怪な話になる。アイヌ民族から土地、文化、言語を奪った日本は、いまだにアイヌ民族を先住民族として処遇しているとは言えない。アイヌの鮭漁を刑罰を用いて禁止したが、刑法学は何一つ語らなかった。戦前は韓国を併合して日本にしたが、日本国憲法施行前日に朝鮮人の日本国籍を一方的に否定し、選択権すら与えなかった。外国人登録法は憲法を超える治安法であったが、刑法学はほとんど何も語らなかった(8)。沖縄が憲法の下ではなく日米安保条約の下にあることは言うまでもない。米軍犯罪を日本の裁判所で裁けなかった事例がどれだけあったことか。日本国家権力の法的定義がどこにもない。日本の国家刑罰権の外延はいまだに定まっていない。

内田は日本刑法の特質の一つとして治安主義を取り出し、的確に批判する。近代市民刑法（市民による市民のための市民の統治）の視座から、国家秩序を優先する治安法を分析している。治安維持法に代表される治安法は、①支配体制の維持・強化、②政治的予防主義、③不確定な記述、一般条項を活用した心情刑法という特徴がある。戦前においては、①維新直後の復古的刑罰法規、②旧刑法、③現行刑法、④治安維持法、⑤刑法改正事業、⑥戦時刑事特別法に治安主義が貫徹している。

戦後においても、治安維持法等の廃止、日本国憲法の制定、刑法一部改正にもかかわらず、占領管理法、政令二〇一号、破壊活動防止法、公安条例、機能的治安法など治安法の系譜が脈々と続いてきた。最近の刑事立法のラッシュも、法益論や、処罰の早期化による保護の強化論、立証の困難の回避、国際化などさまざまな正当化理由を持ち出しているが、治安主義優先である。内田は、治安法における「市民」と「非市民」の区別、「敵・味方」刑法との闘いを掲げる。

戦後刑事法学における治安法批判は、風早八十二、吉川経夫、宮内裕、中山研一、櫻木澄和、小田中聰樹、足立昌勝らによって担われてきた。市民刑法と治安法の対比は、戦後民主主義刑法学の基本認識でもあったといえよう。内田は先行研究を踏まえて、今日における市民刑法と治安法の複雑な関係に切り込む。

しかし、疑問がないわけではない。第一に、すでに指摘したように、日本の外延はさまざまに変遷してきた。日本国家の刑罰権を批判的に解剖するためには、今日の「日本」領土における刑法だけを取り上げるのでは不十分である（次項「植民地刑法」）。

第二に、国内法においても市民刑法と治安法の対比だけでは捉えきれない問題が残る。例えば、戦前における軍刑法である。日本刑法史において軍刑法の存在はほとんど無視されてきた。軍刑法が国際法学によって研究対象とされ、刑法学からの接近がなされずに終わった。戦後、軍刑法は存在せず、自衛隊法も建前上は市民法の枠内に位置づけられているが、内田も検討している占領管理法、そして日米安保条約に基づく刑事特別法がある。沖縄占領下における軍命令の存在を無視できない。軍刑法はどのようなものであり、いかなる制度によって担保されたのか。軍刑法と市民刑法の担い手は完全に切り離されていたといえるのか。軍刑法が治安刑法に影響を与えることはなかったのか。有事法制に含まれる刑罰法規の危険性は言うまでもない。われわれには多くの課題が残されている。

植民地刑法

次に重要なのは〈植民地刑法〉である。単に植民地における刑法ではない。「宗主国と被植民地国における刑法総体」が問題である。

第一に、最初の「植民地」である北海道や沖縄については、市民刑法の適用が植民地状況に規定され、アイヌや琉球民族への差別・蔑視が法を貫いた（9）。

第二に、台湾、朝鮮における植民地法制については大幅に研究が進んでいる。刑事法分野では、金圭昇『日本の植民地法制の研究』、同『日本の朝鮮侵略と法制史』、鈴木敬夫『朝鮮植民地統治法の研究』などが先駆的研究である(10)。こうした成果を踏まえた刑法史が必須である。

第三に、植民地刑法の宗主国刑法へのブーメラン的影響である。関東大震災時の戒厳令下で、政府に由来する流言飛語により、軍と民間人によって六〇〇〇名以上の朝鮮人虐殺が行われた。戒厳令を出したのは水野錬太郎内務大臣と赤池濃警視総監だが、このコンビは一九一九年三月一日の「三・一朝鮮独立運動」に対する徹底弾圧の張本人である。水野は朝鮮総督府政務総監、赤池は同警務局長であった。事件後、真相はもみ消され、軍の責任は免除、虐殺の責任は一部の民衆に転嫁されたが、裁判ではほとんど罪に問われず、問われた場合も異様に軽い量刑が選ばれた。国家ぐるみのジェノサイド隠蔽である(11)。

第四に、植民地刑法の残滓を一掃しないまま戦後に継承された差別と抑圧の刑法である。日本は連合国に敗戦した意識が強く、アジアとの関係で自覚的な脱植民地過程を経ていない。ポツダム宣言に基づく本州、北海道、九州、四国と小島に引きこもるや、旧植民地への責任は忘れ去り、国内における人種差別を温存した。日本国憲法施行前日の外国人登録令が典型である。阪神教育闘争事件に見られるように、朝鮮学校に対する弾圧という文化ジェノサイドが継続した。刑法学が文化ジェノサイドの隠蔽に加担したことは言うまでもない。国連人権機関からの度重なる勧告にもかかわらず、人種差別禁止法の制定もヘイト・スピーチの違法化も拒否している。

第五に、現在の〈植民地刑法〉である。米軍政下の沖縄統治法制が代表であるが、沖縄返還後もその残滓を見いだすことは容易である。日米安保条約、刑事特別法、そして米軍犯罪の隠蔽と免責。米軍犯罪に対する裁判権放棄の密約。ここには「植民地になりたがる精神」が充溢している。これを〈自己植民地主義〉と名づけよう(12)。

かつて植民地帝国を形成し、今日「属国」と呼ばれる植民地状況に安逸している日本の〈自己植民地主義〉が刑法の特質を規定している。アメリカの戦争に反対するビラ配りは住居侵入罪で立件される。朝鮮人に対する差別と弾圧は日常化している。外国人蔑視キャンペーンによる監視社会と「安全・安心」町づくりが進む(本書第1章参照)。戦争と差別と貧困の〈植民地刑法〉全体を把握しなければ日本刑法は見えてこないのではないだろうか。

第3節　人間疎外と闘う刑事法学

森尾亮・森川恭剛・岡田行雄編『人間回復の刑事法学』が公刊された(13)。内田博文の九州大学法学研究院退官記念論文集である。

編者は、一九九〇年代からの刑事法改革が「厳罰化」「犯罪化」「処罰の早期化」「処罰のボーダレス化(国際化)」や、犯罪被害者の保護や司法参加、公判前整理手続き、裁判員制度の導入、公訴時効の廃止に結びついているが、これは市民の声を反映したとされているものの、「今や日本の刑事司法における人権保障はきわめて希薄化ないしは限定化され、さらには刑事法改革を評価しているはずの犯罪被害者やその遺族にさえ孤立感・疎外感をもたらす事態になっている」という認識に立っている。

日本刑事法学は伝統的に欧米学説の翻訳紹介によって成り立ってきたが、内田刑事法学の方法論的関心は、「『孤人』主義化した現代社会システムはグローバルな偏在性をもっており、私たちの眼前で進行している。そうであるならば私たち一人一人がベッカリーアの目をもち、正面からこれと向き合うべきであろう。私たちの課題は、人間疎外の深刻化した現代社会において、片隅に追いやられ、声をあげることすらできない人々の苦痛や哀しみを理性と感性で受け止め、必要に応じて刑事法学から踏み出して学び、これを打開しようとすることである」とまとめられる。

刑事立法と刑法原則

近年における刑事立法の活性化は、凶悪犯罪増加キャンペーンに代表されるように、犯罪被害を恐れる市民の法感情に牽引された。立法事実の冷静な検証は割愛され、立法が社会に与えるさまざまな波及効果の測定も省略され、刑法原則との整合性も抜きに、情動的な拙速主義が貫かれていた。このことがもたらす負の影響を的確に認識し、是正することが刑法学の課題となっている。

梅崎進哉「厳罰化・被害者問題と刑法の存在理由」は、厳罰化・被害者問題の噴出の構造を検討したうえで、刑法学の理論的特質を分析していく。まず機能主義刑法学について、社会を形成する「価値の共有」の観点で、「機能主義刑法学は、人間が本来的に有している結合の絆をわざわざ断ち切り、『法』を多数決原理にもとづく実定法規に置き換える。それ故、結局は、価値中立の装いをこらしながら多数者による少数者の『効率的な』支配と排除に資するものとならざるをえない。今回のように、厳罰化の要求が『国民の意思』の形をとって現れた場合、機能主義刑法学にはそれを制止する論理はなく、相互不信に基づく『不安感の拡大再生産過程』に同調するしかないのである」と見る。そして一般予防論と人間疎外に関連して、「おそらく問題は、近代以降の刑法学が『国家』に秋波を送ることに熱心なあまり、人間存在への洞察をなおざりにしてきたことにあるだろう」とし、刑罰を根拠付ける応答とはいった何であるのかを問い直す。「刑罰自体の問題としては、『修復』は『目指されるべき方向』ではあっても『到達目標』ではない。刑罰の最も本質的な意味は、社会による『赦し』にある」とする梅崎は「テクノクラーティックな刑法理論を捨てて本来の共生の法則として市民のものに戻し、真の応報を超えた厳罰化や侵害原理を超えた処罰範囲拡大要求はきっぱりと拒絶すべきだ」と結論付ける。

森尾亮「刑事立法の活性化と罪刑法定主義」は、同じ問題を解釈方法論のレベルで捉え返すために、「客観的解釈としての目的論的解釈」が「国民の予測可能性」の保障を損なう帰結をもたらすことを、判例を素材に跡付ける。二〇〇六年二月二〇日の最高裁判決は児童ポルノ禁止法違反事件につき、画像データのダビング行為は同法が禁止する児童ポルノの「製造」に当たると解釈した。立法当局が、ダビング行為のような「複製」は「製造」には当たらないとしていたものを、最高裁は、処罰を求める目的論的解釈を採用して、ダビング行為は製造に当たるとしたのである。同様の解釈方法は公害罪法違反の大東鉄線事件最高裁判決にも見られる。判例の「柔軟な」方法を、学説も「国民の法意識論」を媒介に肯定してきた。森尾は「近時の刑事立法の活性化は、決して司法府における罪刑法定主義違反の抑制に繋がるものではないこと、換言すれば、これまでの通説的理解であった刑事立法の活性化によって判例の罪刑法定主義違反を抑制するという処方箋はきわめて観念的なレベルにとどまっていたものであることが明らか」であり、それ故、近代刑法原則の歴史的意義を踏まえた「現代的再構成」が求められるという。立法と司法の関係性の現代日本的形態、すなわち癒着と瞞着を射抜くと同時に、刑法学説と立法の関係性、および刑法学説と司法の関係性の、ほとんど戯画的な縺《もつ》れ合いを暴露する。

ここでは国家刑罰権によって推進される人間疎外と、国家刑罰権に添い寝して自らを貶める人間疎外とが重層し、競合している。

厳罰化政策批判

陶山二郎「謙抑主義に関する一考察」は、集合住宅でのビラ配布が住居侵入罪とされた立川テント村事件を素材に、一審無罪判決と控訴審・最高裁有罪判決の間に刑罰による処罰は「最後の手段」とする謙抑主義に対する態度の相違があるのではないかとして、戦前日本における謙抑主義に関する学説をフォローし、謙抑主義の法的根拠をめぐる議論を検証した上で、謙抑主義を源とする可罰的違法性の理論を基本原理の実体刑法解釈への具体化の例として素描し、佐伯千仭の可罰的違法性論がもつ実践的意義を確認する。

福永俊輔「教唆犯規定の意義に関する一考察」は、刑法典における「正犯」と「共犯」をめぐる規定の齟齬に着目し「教唆犯は正犯ではない」という命題を俎上に載せる。フランスのオルトラン刑法思想の影響を受けた刑法における正犯と共犯の意味を探るために刑法史を詳細に追跡し、現行刑法の理解として「教唆犯は正犯ではない」ではなく「教唆犯は身体的正犯ではない」と理解すべきとし、教唆犯が「知的正犯」である可能性を浮上させる。

雨宮敬博「入札談合等関与行為防止法の処罰規定について」は、独占禁止法に発しつつ、二〇〇〇年の入札談合等関与行為防止法に発展した処罰規定の法律制定過程を検討した上で、職員による入札等の妨害の罪の成立範囲に疑問があり、正犯への「格上げ」に伴う処罰範囲の拡大や、処罰規定を設けたこと自体の当否について検討し、同規定は拙速な処罰規定導入であったとし、本質的な問題解決にならないと批判する。

春日勉「刑事弁護と防御権」は、「司法改革で被疑者・被告人の防御権保障は拡大したか」を問うために、刑訴法理論における防御権論を踏まえ、司法制度改革審議会における議論に被疑者・被告人の権利の理解が十分ではなく、権力を行使する側から見た「適正な弁護」の議論が前面に出て、捜査の現状批判を抜きに公判前整理手続きが導入されたと見る。

差別の克服と人間回復

同書後半では「差別の克服」と「人間回復に向けて」がテーマとされる。

櫻庭総「差別煽動行為の刑事規制に関する序論的考察」は、副題が「刑法におけるマイノリティ保護と過去の克服」であり、差別煽動行為に関する議論状況を見据え、差別煽動行為と表現の自由に関する従来の刑法学説を検討して、「差別表現の自由」という論理に焦点をあて「無制約な表現の自由を盾に差別煽動行為の規制を否定することは、必ずしも表現の自由を保障することにはならない。つまり、保障されるべき表現の自由が持つべき価値、ないし質に関する検討が阻害され、結果として何が許されない差別表現かを議論する土台が一向に築かれないという矛盾に陥っている」とする。櫻庭は最後に次のように述べる。「差別事件を刑事罰によってのみ対応することは、何ら問題の解決にならない。しかし、『表現の自由』を盾に問題を市民社会の『見えざる手』に全権委任することもまた、厳しい現実に直面している当事者にとっては差別の放置にしかならない。マジョリティたる『市民』の『表現の自由』を保障するため、マイノリティの人権が犠牲にされてきた側面はないだろうか」。

稲田朗子「戦前日本における断種法研究序説」は、医師による議論と優生学の広がり、法律家の反応を詳細に検討し、ここにも「新派」と「旧派」の対立があるが、真の対抗関係には立ち入っていない疑問を指摘する。

平井佐和子「ハンセン病問題と刑事司法」は、熊本県菊地市で起きたダイナマイト事件など菊地事件をとおして、ハンセン氏病患者に対する差別による隔離と「みせしめ」としての処刑にほかならなかったことを明らかにする。

森川恭剛「ヨーロッパ中世のハンセン病と近代日本の隔離政策」は、日本における隔離政策の意味を考察するために、ヨーロッパ中世における隔離思想の展開を跡付け、排除と救護と感染予防の歴史的相関関係を踏まえ、「慈善の覚醒における関心が施す側にあったことは強調されているが、そこに隔離が排除の意味に傾くというハンセン病療養所の機能転換の一因がある」と指摘する。

第三部「人間回復に向けて」では、鈴木博康「福知山線列車事故報告書をめぐって」が、業務上過失致死事件として処理された事件について、刑事責任追及型システムから原因究明型システムへの転換を強調する。

大藪志保子「フランスの薬物政策」は、薬物自己使用罪の非刑罰化をめぐってフランスの経験を歴史的に検証して、非刑罰化、非犯罪化の議論を展望する。

岡田行雄「少年司法における科学主義の新たな意義」は、少年事件における鑑別や社会調査における科学主義とは何であり、いかなる実践がなされるべきかを問い返し、新たな科学主義の構築を試みる。

以上、極めて簡潔に紹介したが、内田刑事法学に学んで「近年における人間疎外の刑事法改革を批判的に検証し、人間回復の刑事法学への転換を提起する」という問題意識を共有しながら、各自の主題に応じて、独自のスタイルで論考を書き上げたことが重要である。九州発の人間回復の刑事法学は、他の刑事法研究者に対する見事な挑発であり、それぞれの応答を求めている。

第4節　厳罰主義刑法から人間的核心刑法へ

人間の安全と刑法

生田勝義は、世紀転換期に興隆した厳罰主義が刑法（刑事立法、刑事判例、刑法学）に与えた影響を測定し、厳罰主義が刑法を矛盾と混迷に追いやった過程を批判的に分析し、市民法における刑法原則の現代的再興をはかる（14）。

「世紀転換期の思潮の一つに、犯罪に対する厳罰主義というべきものがある。その背景にはまず、犯罪に対する強い不安感がある。その不安感は犯罪、とりわけ凶悪犯が激増しているとの思いからきているといってよい。けれども、実際にはそのようなことはない。凶悪犯の最たるものである殺人罪は依然として横ばい状況にあり、増加しているとはいえない。日常的で身近な犯罪で認知件数の過半数を占める窃盗は二〇〇四年から減少傾向にある。諸外国に比べ日本の犯罪率がはるかに低い水準にあることに変わりはない。犯罪への強い不安感は幻想といってよい。この点を明らかにした先行研究はいくつかある。私もこの点について小論をものにしている。たしかに、幻想であることを指摘することは重要である。しかし、それだけで不安が解消するわけではない。現象が生じた原因・理由を解明する必要がある。」

生田によると、厳罰主義を支える不安感は単なるモラル・パニックや「危険社会」の不安感ということでは説明できない。不安感だけが厳罰意識の根拠でもない。厳罰意識を支える人間観や社会観・国家観を解明する必要がある。この間の新自由主義政策の結果として生み出された社会関係とそのイデオロギーである「自己決定・自己責任」思想が刑事法に及ぼした影響を点検するべきである。

核心刑法の復権

生田は、市民的自由に上塗りされた「安全・安心」が刑法の変質をもたらしていることを批判的に解剖する。

何よりもまず「体感治安」という表現に代表されるように「安全」なるものが実際の安全ではな

く、操作された不安感に過ぎない。自由と安全・安心がいきなり対立させられる。その結果として厳罰主義が進み、警察任務の肥大化、刑務所の過剰収容が進行し、社会や国家の負担が増大する一方であるが、予算・施設の裏づけがないため、しわ寄せは被疑者、被告人や受刑者に集中する。人権侵害が放置される。「人間の安全を根拠にしたはずの厳罰主義は、人間の安全を脅かすことになってしまうのである」。生田は厳罰主義の主張を詳細に吟味した上で「自由とは対立するものとして理解されている『安全』は、具体的な個々人の安全というよりも、抽象的で一般的な安全保障とでもいうべきものになっているのではないか。近代刑法の理念型が『核心刑法』として構想されるのは、自由と安全を両立させようとしたからである。とすれば、自由と安全の両立は、社会問題への対策を刑事規制以外の方法で行うシステムをつくれば可能となる。そのようなシステムとして『広範だが穏やかな介入法』や相互信頼による包容型のコミュニティづくりが考えられる。安易に刑事規制に頼ってしまう風潮に対しては、刑事規制の犯罪防止力への期待は幻想であるに過ぎない」とする。

「核心刑法」とは、刑法を積極的に社会構築の手段とするのではなく、市民社会の自律にゆだね、生命、身体、自由などが侵害されたり、具体的に危険になった場合にだけ刑法が発動されるという考え方である。謙抑主義、「刑法の断片性」、ウルティマ・ラティオ（刑法の最終手段性）などとも呼ばれてきた。生田は社会構築そのものは刑法によるのではなく、自立した市民相互の信頼関係を基礎として包容型のコミュニティづくりをめざすとし、刑法ではなく、まずは「広範だが穏やかな介入法」による解決を呼びかける。「広範だが穏やかな介入法」は、「警察法的な命令・禁止型」「抑圧的義務賦課型」に対置すべき「人権保障・民主主義型」にふさわしい介入形式である。厳罰主義を支える理論として知られる「破れた窓の理論」ではなく、「開かれた窓の理論」による寛容と連帯を基礎とする社会戦略を打ち出す。

第5節　国家暴力犯罪の歴史を問い返す

歴史を裁く法

歴史そのものを裁くことはできない。できることは第一に、隠された権力犯罪や国家暴力を暴きだし、真相を究明することである。第二に、権力犯罪や国家暴力の犯行者を確認し、文字通り裁くことである。権力者が実権を握っている限り権力犯罪を裁くことは不可能である。事実上の困難さに加えて一事不再理や時効といった壁が立ちはだかる。第三に、謝罪、補償、リハビリテーション、再発防止の努力など被害者救済である。条件が整えば和解も重要である。真実和解委員会の試みもある。

冷戦終結後の世界は、一方で闇に葬られていた歴史的重大犯罪が次々と明るみに出て、真相究明と責任者処罰が求められた。日本軍「慰安婦」問題もその一つだが、世界各地におけるジェノサイド、人道に対する罪、戦時性暴力など重大人権侵害が洗い出され、「不処罰を終わらせる」ための挑戦が始まった(15)。国際刑事裁判所創設に見られるように国際的に成果が獲得され、ポスト・コロニアリズムをめぐる討論も繰り広げられた。他方で世界各地で戦争、空爆、民族対立、宗教紛争、領土紛争が噴出し、新たな重大人権侵害が地球を覆っている。

日本軍「慰安婦」問題は一九九〇年代に国連人権機関における議論の対象となり、戦時性暴力問題や人道に対する罪の解釈における象徴的テーマの一つとなった。これにより国際法の解釈も発展した。日本における議論と国際的議論が密接なつながりを有していた。それを断ち切る試みが日本政治による歴史の否認と責任逃れである。日本政府が歴史歪曲と捏造を推進し、マスメディアが大政翼賛的に歴史修正主義に走ったため、国際的な議論の発展に逆行する結果となっている(16)。

他方、韓国では意欲的な挑戦がなされてきた。日本植民地支配による被害だけを語るのではなく、朝鮮戦争時における民衆虐殺や、軍事独裁政権下におけるスパイ捏造事件や弾圧事件など多くのテーマが浮上し、全体を見据えた議論がなされた。植民地時代だけではなく、解放後の韓国における重大人権侵害も含めて近現代史総体を見直し、責任を追及し、被害者補償を求める運動が取り組まれた。韓国側が「慰安婦」問題だけをことさらに取り上げて日本を非難しているというのは誤解である。ヴェトナム戦争時における韓国軍の犯罪についても調査が進むなど、加害と被害の双方を取り上げ、法がいかにして歴史を裁くのかが繰り返し問われている。

刑法における歴史認識

本田稔・朴智賢編著『刑法における歴史認識と過去清算』は立命館大学のプロジェクト「日本と韓国における比較刑法理論史研究会」の成果である(17)。

巻頭論文の李昌鎬(当時・慶尚大学校法科大学教授、故人)「朝鮮戦争期の民間人虐殺事件に対する刑事法的対応」は、山清《サンチョン》、咸陽《ハミャン》、居昌《コチャン》における民間人虐殺の解明と責任追及の経過をまとめる。朝鮮戦争のさなか一九五一年二月七〜一一日、国連軍に追走された朝鮮人民軍敗残兵が山岳地帯に潜入したため、韓国陸軍第一一師団諸部隊がパルチザン掃討作戦を行ったが、「堅壁清野」(確保すべき戦略拠点を堅固に確保し、それ以外は人員と物資を清掃し野原にする)を基本方針とし、各地に進撃して村を焼き払い住民を虐殺した。二月七日だけで犠牲者は七〇五名を数える。二月九〜一一日の居昌では七一九名という。事件後、政府と軍は事件の隠蔽を図ったが、一部は露見し、居昌事件関連の責任者の裁判が軍法会議で行われ、ごく一部が有罪となったものの、短期間で赦免されてしまった。虐殺命令権者は後に駐日大使に就いた。

李昌鎬は本件を国際刑事裁判所規程における人道に対する罪、ジェノサイド、戦争犯罪に該当する重大犯罪と位置づける。軍法会議における形式だけの裁判は、裁判と言うよりも責任逃れの権力犯罪の延長であった。自由主義刑法では一事不再理や時効といった壁があるが、権力による国家犯罪について権力によって犯罪隠蔽が行われ、免罪・免責がなされた本件では「国家犯罪の処罰が行われず、自己の免罪が行われているということは、国家が刑法と刑事訴訟法の民主的原理を無視しているということである」。国家権力の民主化のために立法においても法解釈においても数々の課題があると言う。

次に、李在承（建国大学校法学専門大学院教授）「韓国における過去清算の最近の動向」は、韓国民主化運動の進展によって半世紀以上取り組まれてきた過去清算事業を簡潔に整理する(18)。

李在承は、過去二五年間に韓国で行われた過去清算事業を五つの時期に区分する。①黎明期——盧泰愚大統領時代（一九八八〜九二年）に光州虐殺の真相を解明するための取り組みがなされ、5・18民主化運動関係者補償法が制定された。②触発期——金泳三大統領時代（九三〜九七年）に5・18民主化運動特別法、巨昌事件名誉回復特別法が制定された。③拡大期——金大中大統領時代（九八〜二〇〇二年）に、象徴的名誉回復や補償が拡大した。済州4・3事件真相解明名誉回復法、疑問死真相究明法、民主化運動関係者名誉回復法、光州民主功労者処遇改善法などである。④飛躍期——盧武鉉大統領時代（〇三〜〇七年）に過去清算事業が飛躍的に進展した。東学農民革命名誉回復法、日帝強制動員真相究明法、三清教育隊名誉回復法、老斤里《ノグンリ》事件犠牲者名誉回復法、軍疑問死真相究明法、真実和解過去事整理基本法、日帝反民族行為真相究明法、ハンセン病被害事件法などである。⑤逆行期——李明博大統領時代（〇八〜一二年）に真実和解委員会は解散となり、それらを継続する政府事業は行われていない。李在承はこれらを通じて今後の民主化運動の課題を整理し直す。

独裁刑法の諸相

朴智賢（仁済大学校法学科教授）の論文「軍事独裁時代の韓国刑法学」は、一九六一年の5・16クーデタによって成立した軍事独裁政権が一九八七年の民主化運動を起点として解消されるまでの韓国刑法と刑法学を回顧する。その際、①軍事独裁政権サイドの「独裁刑法」、②独裁刑法ではないが支配的位置にあった「一般刑法」、③軍事独裁に対抗した側の「対抗的な刑法理論」を区別して分析する。

韓国刑法は一九五三年、朝鮮戦争の最中に制定されたが、「実質的法治主義」に立脚した面があり「人道主義と民主主義の観点」が加えられていたとも言われるが、朴智賢はそこまでの評価を与えることには懐疑的である。その後、ドイツ留学組により刑法学が発展させられたが「政治的な論題をあたかも中立的な論題であるかの様に扱い」、「漠然とした折衷主義が蔓延」したという。軍事独裁時代に日本から「共謀共同正犯論」が輸入され、定着し、政治犯の処罰に猛威を奮った。次に「社会常規」という一般条項が濫用された。さらに独裁権力の自己弁明としての「成功したクーデタ論」が構築された。労働争議の弾圧、良心と思想を直撃する国家保安法、集会やデモに対する緊急措置、保安観察法など保安処分の導入がなされた。

「軍事独裁の時代は過ぎ去った。しかし、その当時において軍部の実力によって支えられていた不法で無法な権力濫用行為は、議会を通過した法律の手続によって、今では法の名の下に行われている。韓国の民主化時代とは、『暴力が法制化された時代』にすぎないのかもしれない。緊急措置法は、南北の対立という漠然した危険状態を契機にして日常的な法として定着している。このような法制度においては、政治的権利と自由は原則的に正当なものとは承認されず、ただ例外中の例外としてしか許容されない。法がそのように機能する状態が続いているならば、法の適用方法も、また法学の活用方法も改めて考えてみなければならない。」

続く李昊重（西江大学校法学専門大学院教授）の論文「軍事独裁時代のスパイ捏造事件と刑事訴訟法」は、同時代の刑事訴訟法に焦点を当てる。一九七〇～八〇年代に多くのスパイ事件が喧伝された。しかし、二〇〇五年の真実和解のための過去整理基本法に基づいて設置された真実和解委員会の調査により、大部分が捏造事件であったことが明らかになった。李昊重はジョン・ヨン事件、白ナムク事件、ソ・チャンドク事件の三事件を素材に、事件の概要、判決の要旨、真実和解委員会の調査結果を確認する。いずれの事件でも、無令状や長期に及ぶ不法拘禁の事実があり、捜査過程においては拷問などの陵虐行為がなされ、虚偽自白の強要がなされた。

「スパイ捏造事件において事件を捏造する方法は、一様に、警察、国家安全企画部、軍保安部隊などが、不法拘禁や拷問などの人権侵害行為によって、スパイ活動を行ったという虚偽の自白を得て、これを被疑者供述調書や尋問調書などに記載し、裁判所がその調書に基づいてスパイ行為の有罪判決を言い渡すというものであった。それは一種の法則のようなものである。」

李昊重によると、刑事手続きにおける適正手続保障の脆弱性（違法同行と拘禁の日常化、証拠法の脆弱性）があり、弁護人の援助も不足しがちであった。独裁時代には「政治司法」が横行し、司法府がその役割を果たせなかった。こうした歴史を踏まえて、刑事司法の民主化が追及されている。

日本刑法史の再審

本田稔の論文「刑法のイデオロギー的基礎と法学方法論」は、日本刑法・刑法学の歴史を総括する重要な試みである。第二次大戦末期に日本刑法と刑法学が陥った惨状はその後十分な検証を受けることなく、今では忘れ去られようとしている。本田は日本近代刑法・刑法学の歴史的展開を把握し直すために、小野清一郎の刑法学の変遷を追跡する(19)。

「小野は、新カント主義の方法論に基づいて、理念を基準にしてあるべき国家と刑法を構想して、現実の国家と刑法を批判したが、一九三〇年代後半にはその立場から徐々に離れて、今ここにある国家（絶対主義的天皇制国家）、今ここにある国家の刑法（絶対主義的天皇制国家の刑法）の正当性を論証し始め、一九四〇年代には日本法理運動へと関与していった。」

その変遷は単に無分別な立場変更ではなく、法思想的な内省の積み重ねの結果であると見る本田は、小野の『法学評論』を中心にその思想的立場の展開を明らかにする。すなわち、「ビンダーのヘーゲル主義法哲学に影響を受け、近代刑法を超克するヴェルツェルの刑法学方法論に惹かれて、それまで依拠していた新カント主義の立場を放棄して、新ヘーゲル主義の立場へと接近していった」のが小野であり、続いて日本国家と刑法の本来性に回帰し、やがて日本法理運動にのめりこんでいく。それは日本帝国主義の法理論として完成形態を迎える。その変遷過程をつぶさに点検した本田は、日本刑法学の末路に至る歴史を予見し得たのがほかならぬヘーゲルであったと言う。「ヘーゲルは光り輝く近代市民革命が克服不可能な矛盾と葛藤を内在させた近代的世界を作り出したこと、そして近代科学と哲学の根本にある主体と客体、主観と客観の二元化が近代の諸科学とその社会に不断の動揺と不安定をもたらした究極的な病根であったことをいち早く見抜いた」からである。

グローバル・ファシズムが世界を覆い、人種や宗教をめぐる矛盾と対立が作出され、ヘイトが吹き荒れる二一世紀の現在、私たちは本田とともに現代日本刑法史の再審を始めなければならない。本田・朴編著『刑法における歴史認識と過去清算』は東アジア刑法におけるミネルヴァの梟として静かに闇夜に飛び立った。その先をこれからも注目していきたい。

第6節　刑法イデオロギーの解体と溶解

啓蒙の啓蒙

「啓蒙主義的刑事法改革は、審問手続を解体し、刑事裁判から拷問を放逐した。無制約な裁量権を行使する『万能の裁判官』はいまや法律による厳格な拘束を受け、無論のこと、身体的な責苦の暴力はもはや不法の歴史となるべきものとされたのである。旧来の法制度とそれによる裁判方式が否定され、カルプツォフもまた、偉大な法学者としての名声と（いわれなき）汚名を歴史に残しつつ、その影響力を失うことになった。」

宮本弘典は刑事法の歴史と論理への接近方法に転回をもたらし、国家刑罰権に貫通する正統化イデオロギーを自壊させながら、刑事法批判の可能性に沃野を拓こうとする(20)。風早八十二、櫻木澄和、足立昌勝、内田博文等々の名に代表される刑法史研究や法史学に学びつつも、それらとは一線を画して颯爽と叛旗を翻す。

刑法史の展開過程を追跡して歴史の弁証法を探求しようとする刑法史研究は、対象の歴史の中から刑法の論理を探り当て、再構築して、近代法原則を描き出そうとしてきた。経済史的研究であれ文化史的研究であれ、刑法とそれを支える構造（経済構造、社会構造、文化意識構造）の総体の分析を通じて、歴史の発展段階に即した刑法理論を打ち出してきた。他方、法学的世界観の枠内に踏みとどまる歴史研究の場合も、たとえば法概念史という形で、それぞれの時代における概念の論理的展開を諸学説の対抗と影響関係の中から浮上させてきた。

宮本はこれらの方法を否定も肯定もしないが、そのままの流儀ではなく、解きほぐし、結び合わせ、時には強引に捩《ねじ》り、捻《ひね》るようにして独自の手法のそこここに編み込んで見せる。刑法学のためにではなく、〈反‐刑法学〉をめざして。

啓蒙主義的刑事法改革の研究には長い歴史がある。階級史観的研究、もろもろの構造論的研究、概念史研究、学者人物研究といった多彩なそれは、宮本によって解体され、分類され、別異に彩色され、新しいラベルを貼られる。拷問の廃止や死刑の制限や各種の異端犯罪の除外や、啓蒙主義による近代化や人間化や人道化は、確認されつつも実は括弧に括られる。

宮本が用意した舞台はフリードリヒのプロイセンでもフォイエルバハのバイエルンでもない。カロリーナ刑事法典、カルプツォフ、魔女狩り、シュペー、ソンネンフェルスといった名前を与えられた役者たちが宮本の舞台で演じるのは、前期啓蒙から後期啓蒙に至るドイツ、特にオーストリアにおける憤怒と悔恨の悲喜劇である。啓蒙から啓蒙に至る精神の決して鮮やかならざる軌跡である。

交響する公共

「啓蒙主義的刑事法改革による審問手続の克服が『真の進歩』であるとすると、果たして『この進歩の意義』をどう解するべきだろうか。審問手続は、『正義の愛好よりして、かつ、公共の利益のため』（カロリーナ第一〇四条）の、『法（正義）と衡平にもっとも適合したる審理』（同序文）であった。アウトサイダーたる『ラントに害なす者共』であれ、カルプツォフのいう人類＝キリスト信仰者の敵としての『魔女』であれ、刑事裁判はこれらの敵のもたらす災厄の真相を解明し、これら敵に『正当な裁き』を与える場であった。現在我われの眼前にある刑事裁判は、果たしてこれと異なる論理と心理によって営まれているだろうか。」

宮本のカルプツォフは、カロリーナと魔女狩りの時代を啓蒙の精神に貫かれて前進しながら後退する。蛇行し、脱線し、応急修理の繰り返しに悩まされながら、それでも確かに前進する意欲を失うことはない。隅から隅まで時代に刻印された刑法ではなく、己の固有名詞を冠した刑法を樹立する営みは、進歩の反映であるとともに反逆の痕跡を残しかねない。狭間で引き裂かれるようにカルプツォフは魔女狩りの歴史に参戦させられる。藤本幸二のカルプツォフが啓蒙の使徒を演じるのに対して、宮本のカルプツォフは啓蒙に自己否定を埋め込む役割を演じる(21)。

舞台は廻る。役者は変わる。章立ても変わる。観客も変わる。異なる悲喜劇を演じるのはシュペーであり、ソンネンフェルスである。――果たしてカルプツォフとシュペーとソンネンフェルスは別人なのか、同一人物なのか。その答を宮本は記していないが、「ラントに害なす者共」と「魔女」が並記されているように「真の進歩」「正義の愛好」「公共の利益」が交響する舞台の裾で行く手を阻まれるアウトサイダーたちの視野に何が映り、彼らの耳にいかなる楽章が響いているのかを考えれば答は明らかであろう。彼らの耳にもはや届かない楽章と言い直すべきだろうか。

宮本と我々の「眼前にある刑事裁判」とは、言うまでもなく代用監獄、強制自白、長期勾留、人質司法といった名辞とともに語られてきたそれであるが、もしこれらの名辞を削除することができたとして、それでもなお、と宮本は続ける。構造論に支えられた大きな段階論だけでなく、諸現象の変化の積み重ねによる小さな段階論も含めて、その意義を認めつつも刑罰権イデオロギーの謎に迫る方法論的課題ゆえに、次のように結論付けられることになる。

「確かに刑事裁判のモードはその原風景を脱したかに見える。だが、刑事裁判が『敵』との闘争手段であり、国家／権力による正義と公共性の守護神であり続ける限り、そのアニムス・アニマとして、審問手続は刑事司法が胚胎せざるを得ない無意識であり続けるのだろう。刑事裁判の、したがってまた『正しい暴力』の根拠をなす法を批判することなく、その拘束をむしろ甘受して、カルプツォフは裁判官の裁量権限を拡大するとともに、具体的妥当性を有する判決を導くべく、審問手続の要件を整除した。（ドイツ）『刑法学の祖』のこの姿勢もまた刑事法学のアニムス・アニマであり、現在に続く刑事法学の『黙示録』なのだろうか。」

召喚されているのはヨハネだろうか、それともコッポラだろうか。いずれにせよ「刑事司法が胚胎せざるを得ない無意識」への探訪が課題なのだから、従来の刑法史研究も解体せずにはいられない。それでは刑事司法の法意識論と無意識論の可能性はどこに見出されるのだろうか。

合意の強制／共生の強制

刑事法の歴史と論理への接近方法に転回をもたらし、国家刑罰権に貫通する正統化イデオロギーを自壊させながら、刑事法批判の可能性に沃野を拓こうとする宮本は、現代日本の国家刑罰権をめぐるイデオロギー闘争の前面に躍り出る。

宮本が「国家刑罰権の現在」として設える舞台で同時並行上演されるシナリオは、警察権力による人権侵害的捜査でも、それを名目とした政治弾圧でも、検察権力による政治・公安目的捜査でも、「権力の走狗のそのまた手先」と成り果てた裁判所による近代法原則破壊実務でもない。拷問や冤罪や死刑を研究対象に捉えてきた宮本はこれらも視野に入れてはいるが、それ以上に「国家刑罰権の現在」を体現している「共謀罪」を集中的に取り上げる。二〇〇九年七月の衆院解散により、提案から一五国会を経てついに解散に追い込んだ「共謀罪」の葬送行進曲でもある。「共謀罪」との闘いの先頭に立った宮本の主著に相応しい叙述が続く。

同じ一つの廻り舞台で上演されるのは「安全な社会」のパラドクスとしての、危機管理国家における統治の正統化戦略である。法務官僚らにより「外圧」を口実としてごり押し突破が図られた共謀罪の、刑事政策的合理性への批判を枚挙し、刑法理論への撹乱と矛盾が暴きだされる。第一主旋律は「合意の強制」のテクノロジーである。「民主主義社会の安全といい、自由社会の安全といい、こうしたテクノロジーが貫徹される社会が『安全』なのだとしたら、それはまさにパラドクス以外の何ものでもない。刑法という暴力が、危機管理国家ないし予防国家の政治支配の道具としてそのイデオロギーを剥き出しにするとき、そこに現前するのは、自律と連帯・寛容と共生を根こそぎ否定する重武装国家・暴力国家・監視国家以外の何ものでもない」という。もっとも、「共生」の否定は別の形の共生の強制であるだろう。

必然としての国家テロル

宮本が描く共謀罪検証の第二主旋律は「予防刑法の病理」である。共謀罪法案の孕む諸問題の中でも刑法理論に標的を絞った理論的検討である。当初の政府・法務省案の問題点があまりに多かったことが指摘された上で、与党「修正」案がこれらの問題点をクリアしているかが問われる。第一に、対象団体の無限定性である。形式的には制限的にみえそうな修正案だが、予防刑法の全面化・日常化の論理はその制限を軽々と飛び越えてしまう。役者が脚本家も舞台監督も兼ねているからだ。第二に、共謀概念の無限定性と共謀独立処罰のイデオロギーである。融通無碍と批判された共謀概念を、謀議の具体的要件を付すことで制限的にする試みである。しかし、判例と学説が積み上げてきた共謀共同正犯概念を見れば直ちに底が割れてしまう。「共謀独立処罰は、国家存立ないし権力中枢の危機に際しては、法が国家／権力を拘束する緊衣ではなく、むしろ権力による暴力を正当化する道具に転化することを示している。それは予防刑法という危機管理国家の暴力装置の必然的帰結である」。

同じ主題を同じ舞台で異なるシナリオと旋律の下に演じるために、次に配役されたのが反テロ＝意思刑法である。共謀罪をめぐる動向の中から浮上してくる組織犯罪対策の問題点を追いかけ「テロ等謀議罪」に至るクライマックスで、宮本は「ブッシュ・ドクトリン」「恐怖のグローバリゼーション」という地上の大魔王と格闘する。ここに宮本刑事法学のエッセンスが表現されている(22)。

第一に、発展段階論的な刑法把握では、近代刑法原則の成立とその変容・変質が語られるのに対して、宮本刑事法学では、近代刑法そのものの本質暴露の過程が語られる。〈初めに言葉ありき〉と見事に交響する〈初めに暴力ありき〉。

第二に、近代国家の同意調達システムとしての官僚的テクノロジーの分析。無秩序に肥大化した腐敗独裁権力の「暴力」ではなく、法の衣をまといながら法の衣を脱ぎ捨てる現代官僚主義の刑法換質が浮上する。最初から二人羽織の刑法実践に御用学者の三人羽織が次々と参入する。「二項対立的で排他的なアイデンティティ・ポリティクスは、それ自体『自らの正義』の僭称による暴力の拡散を招来する」。

そうであれば、宮本刑事法学はつねに〈反‐刑法学〉となるべく運命付けられていたというべきだろう。物語が終わり、主旋律が静かに終焉を迎え、幕が下りる、ぎりぎりその前に、廻り舞台のあちこちに置き去りにされ、宙吊りにされ、埋め込まれていた小道具たちが、舞台監督や役者の思惑を無視して舞台を所狭しと乱舞し始めるに違いない。

監督も脚本家も役者も楽団員も立ち去って、なお煌々とした舞台にすっくと立ち上がって「ここがロードスだ。跳んでみよ!」と〈反‐刑法学〉が叫ぶ。

註

(1) 吉川経夫は一九二四年、京都生まれ。一九四四年、東京帝国大学法学部入学、戦後四六年、京都帝国大学に編入学、四九年、卒業と同時に大学院特別研究生となり、助手を経て、五二年、法政大学法学部助教授となった。法政大学教授定年後は名誉教授を贈られた。五六年、刑法改正準備会委員に就任、六三年、法制審第一特別部会幹事、六八年、日本刑法学会理事、七六年、同常任理事(~八五年まで)を務めた。代表的な単著として、『刑法総論』(法文社、一九五四年)、『刑法総論』(法律文化社、六四年)、『刑事立法批判の論点』(法律文化社、六七年)、『刑法改正を考える』(実業之日本社、七四年)、『刑法改正と人権』(法律文化社、七六年)、『刑法改正二三講』(日本評論社、七九年)、『刑法各論』(法律文化社、八二年)、『三訂刑法総論』(法律文化社、八九年)などがある。定年後に『吉川経夫著作選集・全五巻』(法律文化社、二〇〇〇年~〇一年)、同『補巻』(法律文化社、〇三年)を自ら編纂し、さらに『刑事法廷証言録』(法律文化社、〇五年)を出版した。翻訳には『フランス刑事訴訟法典』(法務資料、五九年)、マルク・アンセル『新社会防衛論』(法務資料、六一年)、『ドイツ刑法改正資料』(法務資料、六八年)、『ボアソナード答問録』

（法政大学出版局、七八年）、『フランス刑事訴訟法典』（法務資料、七八年）等がある。

（2）足立昌勝「吉川経夫先生を偲んで」『法と民主主義』四一一号（二〇〇六年）。東京刑事法研究会初期のメンバーは風早八十二（弁護士、ベッカリーア『犯罪と刑罰』翻訳者）、熊倉武（静岡大学教授）、木田純一（愛知大学教授）、中田直人（弁護士、後に関東学院大学教授）、伊達秋雄（元裁判官、法政大学教授）、櫻木澄和（中央大学教授）等であった。研究会は多くの刑事法学者を輩出したが、筆者が参加した一九八〇年代には村井敏邦（一橋大学名誉教授・龍谷大学教授）、足立昌勝（関東学院大学名誉教授）、新倉修（青山学院大学教授）。筆者と同年代では佐々木光明（神戸学院大学教授）、楠本孝（三重短期大学教授）、宮本弘典（関東学院大学教授）等であった。吉川は晩年まで毎回出席して若手研究者の報告を聞き、さまざまなアドバイスを与えた。時には厳しい叱責もあったが、親子ほども年齢の違う筆者らに対しては無理して甘い言葉を使うようにしていたようだ。

（3）内田博文『日本刑法学のあゆみと課題』（日本評論社、二〇〇八年）。

（4）中野敏男『大塚久雄と丸山真男――動員、主体、戦争責任』（二〇〇一年）。

（5）内田博文『刑法学における歴史研究の意義と方法』（九州大学出版会、一九九七年）、共編著『市民と刑事法』（日本評論社、二〇〇六年）、『ハンセン病検証会議の記録――検証文化の定着』（明石書店、二〇〇六年）。

（6）「第二章　日本の刑法の歩み」では、西欧における近代刑法の成立の歴史的意義を確認した上で、戦前の日本における刑法の歩みとして、①維新直後の復古的な刑罰法規、②旧刑法の制定、③現行刑法の制定、④治安維持法、⑤刑法改正事業、⑥戦時刑事特別法を検討する。さらに、戦後の刑法の歩みとして、①治安維持法等の廃止、②日本国憲法の制定、③戦後の刑法一部改正、④刑事応急措置法、⑤占領管理法、⑥政令二〇一号、⑦破壊活動防止法、⑧機能的治安法、⑨その後の刑法一部改正を分析し、さらに⑩刑事政策の積極的運用、⑪行政刑法の肥大化、⑫公害罪と経済刑法、⑬刑法全面改正事業とその挫折、⑭薬物との戦争、⑮最近の刑事立法ラッシュ、⑯共謀罪法案の登場を捉え返し、⑰刑法の国際化と日本政府のダブル・スタンダードを指摘する。触診の結論はこうである。「未定着の市民刑法が、日本国憲法の下でも、治安刑法や行政刑法などによって浸食され続けてきたといえよう」。

（7）さらに内田は次のように述べる。「日本国憲法よりも国益を重視するというのも判例の特徴である。公安条例、官公労働者の争議行為の禁止、弁護権、報道の自由、警官発砲事件などについての判例の態度からも、それは明らかであろう。立川ビラ事件でも、第一審判決が指摘した改治的な意図にもとづく不当起訴にお墨付きが与えられた。／処罰の方向では柔軟だが、不処罰の方向では厳格というのも判例の特徴で、類推適用も散見されるが、一九八〇年代以降に類推ではないかといわれるような最高裁判所の解釈が目につく。検察官の強引ともいえるような訴追を裁判所が追認したことの結果というべきであろう。検察官の積極的な訴追は、市民的治安主義の浸透を背景に、その後も続いているが、これをチェックするという役割を裁判所が果たしているかは疑問である。」

（8）例外として楠本孝『刑法解釈の方法と実践』（現代人文社、二〇〇四年）。

（9）上村英明『先住民族の「近代史」』（平凡社、二〇〇一年）参照。

（10）金圭昇『日本の植民地法制の研究』（社会評論社、一九八七年）、同『日本の朝鮮侵略と法制史』（社会評論社、一九九一年）、鈴木敬夫『朝鮮植民地統治法の研究』（北海道大学出版会、一九八九年）。

（11）前田朗「コリアン・ジェノサイドとは何か」『統一評論』五一七号（二〇〇八年〔前田朗『増補新版ヘイト・クライム』三一書房、に収録〕）。ジェノサイドについて、前田朗『ジェノサイド論』（青木書店、二〇〇二年）。

（12）前田朗「内から見た日本」『東アジアから見た日本――日本はどこへ行くのか』（社協ブックレット八号、二〇〇六年〔前田朗『人道に対する罪』青木書店、に収録〕）。なお、徐勝・前田朗編『〈文明と野蛮〉を超えて』（かもがわ出版、二〇一一年）。

（13）森尾亮・森川恭剛・岡田行雄編『人間回復の刑事法学』（日本評論社、二〇一〇年）。

（14）生田勝義『人間の安全と刑法』（法律文化社、二〇一〇年）。生田は主な著書に、近代刑法原則を解明しながら刑法体系論の意義を再検討した『行為原理と刑事違法論』（信山社、二〇〇二年）、現代世界における社会・経済・政治の転換に伴う法現象の変化を分析し、基本的人権を実現するための論陣を張った『法の構造変化と人間の権利』（共著、法律文化社、一九九六年）、客観主義刑法理論の立場を貫徹した各論解釈を追究した『刑法各論講義・第四版』（共著、有斐閣、二〇一〇年）がある。
（15）前田朗『戦争犯罪論』（青木書店、二〇〇〇年）、同『ジェノサイド論』前掲書等。
（16）ラディカ・クマラスワミ『女性に対する暴力』（明石書店、二〇〇〇年）、ゲイ・マクドゥーガル『戦時・性暴力を裁く』（凱風社、一九九八年、増補版二〇〇〇年）、戦争と女性への暴力リサーチアクションセンター編『「慰安婦」バッシングを越えて』（大月書店、二〇一三年）、前田朗編『「慰安婦問題・日韓合意を考える』（彩流社、二〇一六年）、前田朗編『「慰安婦」問題の現在』（三一書房、二〇一六年）等。
（17）本田稔・朴智賢編著『刑法における歴史認識と過去清算』（文理閣、二〇一四年）。
（18）日本での研究は、板垣竜太「脱冷戦と植民地支配責任の追及」金富子・中野敏男編『歴史と責任』（青弓社、二〇〇八年）、前田朗「植民地支配犯罪論の再検討」『法律時報』八七巻一〇号（二〇一五年）。
（19）本田稔「刑法のイデオロギー的基礎と法学方法論」『刑法における歴史認識と過去清算』前掲書。
（20）宮本弘典『国家刑罰権正統化戦略の歴史と地平』（編集工房朔、二〇〇九年）。
（21）藤本幸二『ドイツ刑事法の啓蒙主義的改革とPoena Extraordinaria』（国際書院、二〇〇六年）。
（22）さらに宮本は次のように述べる。「例外状態においては従って、むしろ国家によるテロリズムに対する恐怖こそが問題となる。権威主義国家と同様、市場国家としてのシステム危機管理国家もまた、安全の調達＝セキュリティ保持のための暴力の所有と行使のそれへと退行し、刑法という国家テロルによる成員の忠誠と合意の強制という、刑法の原初的暴力性を顕わにせざるを得ない。」

第7章　櫻木澄和の刑事法学

第1節　櫻木刑事法学との出会い

筆者が初めて読んだ櫻木澄和《さくらぎすみと》の論文は「遺棄罪の問題点」だが（1）、次いで「マグナ・カルタの〝古きよき基本法〟への展開と法理の構造」を読んだ時に、刑法学とはこういうものだったのか、と感銘を受けた（2）。学部四年生の時で、実は何が書いてあるのかほとんど理解できなかったに違いないが、続いて一九五八年の論文「マグナ・カルタの神話」（3）、一九六五年の論文「近代市民法の論理仮説」（4）を読み了えた時には、大学院へ進んで櫻木を指導教授に選ぶことに決めていた。

ほとんど弟子をとらず研究者をあまり育てなかったが、多くの若手研究者に影響を与え、ゼミ生から多数の優秀な弁護士を輩出した櫻木は一九九三年、現職教授のまま逝去した。六七歳であった。

櫻木澄和は一九二七（昭和二）年、広島生まれである。中央大学を卒業して大学院法学研究科刑事法専攻に進学し、一九五五（昭和三〇）年、院生に在籍したまま法学部助手となった。一九五九（昭和三四）年、助教授となり、一九六六（昭和四一）年、中央大学教授となった（5）。

櫻木の大学院での指導教授は市川秀雄である。大正・昭和の刑法学を代表した主観主義刑法学者・牧野英一最後の弟子と言われた市川は、第二次大戦期、軍国ファシズムに奉仕した刑法学者の一人であった。櫻木は形式的に系譜をたどれば牧野門下ということになる。櫻木が院生の頃、市川も戦後民主主義の風潮に合わせた論陣を張っていたが、市川の刑法学者としての「業績」は軍国ファシズム刑法学と言うしかない。

院生の櫻木は指導教授・市川の言うことに耳を貸さず、自分の研究テーマを勝手に選んだ。最初の論文は労働力の刑法的保護に関するもので「刑法の民主化」がテーマだ（6）。おまけに牧野理論や市川理論を批判した。市川が激怒し、櫻木が「放校」の憂き目にあいそうになったことは他の教授たちから何度か耳にしたが、本人から聞いたことはない。筆者が牧野刑法学を批判する報告をした時、櫻木は何も言わなかった。いつもなら「なんだこの報告は。水準が低すぎる。出直してこい」と言い放ったものだ。他方、客観主義とはいえ軍国ファシズムの「日本法理」・「大東亜法秩序」論を牽引した小野清一郎を批判する報告をした時は分析の甘さを笑われた。その報告は後に「日本法理の歴史意識」として論文化した（7）。

中央大学の刑事法教授は保守派、権力派が占めたが、櫻木は一九七〇（昭和四五）年に日本民主法律家協会理事、日本法社会学会会員、民主主義科学者協会法律部会理事になっている。左翼ないしリベラル派、反権力派ということになる。

櫻木刑事法学は近代市民法の論理構造の解明、近代刑事法原則の分析、労働刑法・治安刑法の批判的検討、刑法改正の批判的検討、理論法学としての法の主体‐客体関係の分析などが中核を成すが、その一部を追跡してみよう。

第2節　歴史の中のマグナ・カルタ

マグナ・カルタの神話

櫻木澄和の初期の代表的論文が「マグナ・カルタの神話」〔以下「神話」〕である。一九年後に書かれた「マグナ・カルタの〝古きよき基本法〟への展開と法理の構造」〔以下「構造」〕に至る第一歩である。

「神話」が分析対象としたマグナ・カルタとはイギリスの一二一五年のマグナ・カルタに代表される一連のマグナ・カルタである。多くの刑法教科書に「刑法は犯罪人のマグナ・カルタである」と書かれている。マグナ・カルタ第三九条は次のように規定する。「いかなる自由人も、同一身分の適法なる裁判又は国の法律に依らずして、逮捕、投獄、自由保有地没収、法外放置若くは追放され又はいかなる方法においても侵害されず、また、暴力を加えられることはない。」

罪刑法定原則（法治原則）や適正手続きに関連する規定と理解できる。「同一身分」を根拠に、同胞による裁判、すなわち陪審制を要請すると理解する向きさえあった（しかし当時のイギリスで陪審裁判は萌芽にとどまる）。それゆえドイツ刑法学の代表フランツ・フォン・リストによって「刑法は犯罪人のマグナ・カルタである」と高唱されることになる。

直ちに疑問がわくだろう。一二一五年のイギリスにおいて、なぜ近代刑法の根本原則である罪刑法定原則が明記されたと言えるのか。マグナ・カルタの「自由人」とは誰であったのか。マグナ・カルタの名宛人は誰だったのか。イギリスの法源をドイツの法源に読み込むことは可能なのか。マグナ・カルタの「普遍性」をいかに担保しうるのか。

櫻木によると「一二一五年のマグナ・カルタは、基本的には、初期封建制の下であまりにも早期に成熟した中央集権制に対する反動から生誕したものであり、封建制末期の絶対制の構造矛盾が必然化したところの、市民革命によって購われた自由の条章とは歴史範疇を異にする」。自由人に農奴は含まれず、マグナ・カルタは国王から領主の農奴を保護した。農奴は、自由人である領主の私的所有権の客体であり、法の主体ではなかった。

マグナ・カルタはその法形式から言っても、内容から言っても、領主の特権を定めた文書であり、近代刑法に照応する規範ではなかった。マグナ・カルタが罪刑法定原則の初期の表現であると見るのは、具体的な歴史的現実を越えて、そのような象徴的意味を獲得したからではないか。このことを櫻木は「神話」と表現し、神話の成立過程を分析する。一七世紀にマグナ・カルタがイギリス憲法原則の「象徴」に昇華していく過程の分析である。

市民刑法の象徴性

櫻木は次の仮説を前提に、マグナ・カルタの象徴性を照らし出す。

「マグナ・カルタが近代市民刑法の象徴性を担う精神史的背景には、不羈独立《ふきどくりつ》の人間像が理想型として立ち顕われる、と考えられる。というのは、近代国家の統治構造が、論理的には、支配者と被支配者とを同一の相互関係に立たせ、その理念が『市民』という語の下に合一包括される、という前提仮設をもつ、という限りにおいて、国家刑罰権が存在理由を与えられるからである。」

櫻木はこの命題をイギリス近代刑法の展開過程において、特に市民を析出する過程における集団・法人・共同体処罰の消滅に即して具体的に検証する。かくして到達点は次のように確認される。

「市民革命は、有産市民階層を中心に、広範な農民層・プロレタリヤ階層の反封建闘争を基軸として展開され、その限りにおいての近代市民社会の基礎構造――私的所有者と非所有者との分離を普遍的に貫徹することによって成立する資本制社会――に規定されている。それは、封建制を破棄し、その逆働に対向する側面において、封建的緊縛からのすべての人間の解放、すぐれて近代的意味における『自由』の歴史的範疇を意味するが、同時に『自由』の現実的不等質性、市民的なパトスとしての『平等』の空洞化において激しく矛盾する契機を内在せしめていたのである。」

ここで櫻木は近代法の存立根拠とその具体的定在の照応関係と、それにもかかわらず超越的性格とを貫く視線を送っている。マグナ・カルタは封建制社会諸関係に規定されて実現したにもかかわらず、一七世紀に形成されたイギリス近代の法規範として「再発見」され、象徴的に援用されていく。それは「国王の大権」と「法の支配」の相互依存関係として成立する。近代市民社会と近代法の間の規定関係と矛盾に加えて、前近代的なるものとしてのマグナ・カルタが近代刑法に座を占めていくことの矛盾が、重なり合う。

「刑法の現代的課題の基底には、実にわたくしは、市民革命それ自体において内包されていたこのような矛盾が胎芽されていたようにおもう。近代市民刑法の制約は、市民社会の構造矛盾の限界において存在する。実体的平等の貫徹とそれを逆働させる形式的平等の相剋こそが、刑法の存在構造を『自由』のパトスにおいて規定しているようにみえる。それは、正に刑法における現代的課題であるが、実は、近代市民刑法の誕生の時から現代に至るまでの長い間の、未だわれわれによって決定的な解決を得ていないところのものではないだろうか。近代刑法におけるマグナ・カルタの象徴の後背には、実にこのような重大な問題が潜んでいるようにおもわれる。」

かくして上部構造に属する法と法思想が、土台としての市民社会に規定されつつも象徴的に一定の自律性を獲得して国家刑罰権の運用そのものを控制していくパラドキシカルな理路を、櫻木は次の謎として提示する。その分析は「神話」ではなく「構造」に委ねられる。

マグナ・カルタの逆説

「神話」に続いて櫻木の「構造」を見ていこう。その特徴は、刑法を国家統治権力＝機構の基幹として位置づけ、その歴史的展開と規範構造の変化を跡付ける方法論である。刑法が国家統治の道具であることは当たり前であるが、刑法学は権力＝統治主体の上からの視線で理論化されるため、国家の正統性と正当性を無条件に前提としてしまう。刑法・刑事訴訟法の法解釈論は本然的に「権力の法学」となる。罪刑法定原則や行為原則が近代刑法の主要な構成原理として発現するのはなぜか。その謎に迫るのは刑法学ではなく、国家論であり近代市民社会論であった。櫻木は次のように述べる。

「近代刑法は、市民の自由と権利を『法律による統治原則』によって条件づけ、保障する、国家刑罰権の体系である。それは、歴史的には、封建絶対王政の恣意専断・心情処罰のテロを骨幹とする刑罰体系に対置され、封建制の資本制への推転と確立に対応して、市民の政治的自由、信条の自由、諸個人の行為の自由を保障する刑罰条件によって規定され、展開する。したがって近代刑法の論理は、刑法が、市民を犯罪人に対してばかりでなく国家に対しても、また国家を犯罪人に対して、逆にまた犯罪人をも国家に対して、保護する、という矛盾的性格をそれ自体に内在させるものとなったのである。」

ここに刑法学者リストの「刑法典は犯罪人のマグナ・カルタである」という標語が成立する根拠がある。しかし、その前提となったのはビスマルク時代の行政国家（福祉国家）であり、リストの法理論はその刑法的表現であった。高々と掲げられたはずの罪刑法定原則はドイツ国家の政策目的に従属させられ、実質的に否定される。ドイツにおいても、啓蒙期にはアンセルム・フォン・フォエルバハの罪刑法定原則（nullum crimen nulla poena sine lege）が、法律による統治＝支配のための法律を「権利」の体系として仮設し、反封建的改革の論理と性格を有していた（8）。資本主義的生産諸関係の萌芽期ではあったが、ドイツ的領邦絶対主義の「啓蒙」君主による上からの改革に呼応する法理論を提供したといえる。

しかし、啓蒙の時代が終焉を迎え、資本主義的生産関係が社会再編を完遂し、国際的には帝国主義競争の時代を迎えると、法治原則は形骸化し、法律なければ刑罰なしの論理が法律あれば刑罰ありに形式的に接合・換質されていく。法理なき刑法解釈は支配のための赤裸々な道具として猛威を振るうことになる。その過程で、封建文書である一二一五年のマグナ・カルタを超歴史的に召喚し、罪刑法定原則の「淵源」とするレトリックが成立する。

封建文書を資本主義刑法の「淵源」とし、イギリス法の象徴をドイツ法の模範として掲げる二重の錯誤がいかにして可能となるのか。「わが国における刑法学が、罪刑法定『主義』を説明するばあいに、憲法三一条を引照するが、憲法八一条を引照して理論構成するのをまったくといっていいほどみかけない」と言う櫻木は「イングランド中世のマグナ・カルタは、一見、憲法八一条の原型質ともみえそうな法理をもっていたし、クックの〝神話〟は中世マグナ・カルタの再解釈という手続きをとらざるをえなかった。〝古きよき基本法〟の法理は、中世マグナ・カルタに始原していたのである」

とみて、マグナ・カルタの成立とその再編及び再発見の歴史過程を具体的に分析する。

近代刑法史研究

マグナ・カルタの形成と展開を追跡した櫻木の「構造」は次のように結論づける。

「一三世紀のイングランド法の『合理主義』と『啓蒙』は近代のそれではない。マグナ・カルタ三九条を、〝イギリス人の自由の守護神〟とか〝イギリス憲法の保塁〟とすることはできない。ブラックストンのように、国民のすべての諸個人に対して『生命、自由、財産の自由なる享有』を保障した典拠、という近代的な『解釈』を成立させることはできない。こうした、マッケクニーが特徴づけたところの、『法と自由とよき統治の約定』という伝統的解釈は放棄されなければならない。臣下が人身および財産に固有の権利を免責特権としてうけとる性格をもつにいたる。」

マグナ・カルタの規範構造と論理は中央集権的封建王政の階級矛盾に規定されていたのであり、支配＝統治の側におけるマグナ・カルタ違反の欲求と、被支配の側におけるマグナ・カルタへの依拠の対抗関係の中で、封建法の特殊イングランド的歴史が刻印される。

マグナ・カルタの変容は封建的身分的階級構造に規定されつつも、時代の要請に応えていく自己改革の過程ともいえる。〝古きよき基本法〟は絶対王権に対する一定の控制機能を果たした面も指摘されるが、「法の下に立つ国王」という観念は登場していない。〝古きよき基本法〟はマグナ・カルタの再編であって、マグナ・カルタを超えるものではなかった。

「〝古きよき基本法〟という法思想は、ヘンリ七世とヘンリ八世による絶対王政が本格的に確立されてく過程で、破壊されていく。しかし絶対王政から市民革命への推転期にかけて、第二の〝古きよき基本法〟観念が発掘される。」

「第二の〝古きよき基本法〟」とはクックが創出した〝マグナ・カルタの神話〟のことであり、リストの標語まであと一歩である。

「歴史は、その法思想における連続性と非連続性の統一における飛躍を画期づけようとしていた。それは、もはや『神』によって聖別された〝古きよき基本法〟を否定的契機において媒介する、新しい市民革命への法的転回にほかならなかった。」

かくしてマグナ・カルタの逆説が完結する。近代市民刑法思想を胚胎する条件が整い、啓蒙刑法思想と近代市民革命が舞台袖に控える。近代刑法史研究の課題意識と方法を彫刻した櫻木論文に学んだ筆者は後に、一八一三年バイエルン刑法が三月革命期に経験した「連続性と非連続性の統一における飛躍」を抽出する試みに挑むことになる（9）。

第3節　近代市民革命と刑法——近代刑事法原則の素描

啓蒙思想と刑法

「罪刑法定原則は、国家権力の恣意と専断から市民の自由と人権を保障するべき近代刑法の諸原則を象徴的に凝結する条章である。しかし、近代刑法に実定化された罪刑法定原則は、さまざまな歴史的継起において、その法律的形式をかりて市民の自由と人権を攻撃する支配の用具に転用されてきたようにみえる。」

櫻木論文「初期市民刑法における自由と人権の諸規定——一七九一年のフランス刑法典の構造と論理」の冒頭の一段落は、罪刑法定原則は自由と人権を攻撃する支配の用具に転用されるという驚くべき指摘をする(10)。「刑法典は犯罪人のマグナ・カルタである」というリストの格律を半ば信じていた筆者は、大学院に進んでまもない時期に本論文を手にして、刑事法認識を根本的に改めることになった。

小野清一郎に代表される刑事法学は、戦前戦後を通じて罪刑法定主義が守られた、と事実に反する主張をしてきた。新派の牧野英一や木村亀二も、旧派・構成要件論に立つ小野も罪刑法定主義を明確に否定し葬り去るために懸命になった。後に小野は、治安維持法は立派な法律であり、それゆえ罪刑法定主義は守られたと強弁する。小野が罪刑法定主義を守ってきたと虚言を弄した時、刑事法学はこれを容認した。虚妄の歴史が戦後民主主義の下で再臨した。「法律あれば刑罰あり」の思想である。

櫻木は封建絶対制国家権力の恣意と専断、野蛮と残虐を、理性と人間性の光に照らして解剖した啓蒙思想に胚胎する罪刑法定原則の法理を再発掘することを課題とする（11）。そのために市民革命期の刑法に焦点を当てる。

「社会契約論に底礎された人民主権の原理、政治的権利と自由、国家権力の恣意と専断を排除する権力の分立などを構想する国家像」の刑法的表現が、思想信仰の不処罰、行為原則、残虐な刑罰の禁止、犯罪と刑罰の均衡といった諸原則であった。「しかしながら、現代の法実証主義は、罪刑法定原則のこのような思想内容を脱色し、法律の名において自由と人権を抑圧したという歴史経験的事実を法治国家への形而上学的信仰によって捨象する」。

この迷妄を脱するために櫻木は次の課題に取り組む。「罪刑法定原則を諸関連から分切してそれ自体としてではなく、源流に遡ってそれを規定したフランスの初期市民国家と市民社会の形成にかかわる法的形象の分析を前提としながら、近代刑法の諸原則を定位せしめ、自由と人権の諸規定を具体的に一七九一年刑法典における犯罪と刑罰の総体的関連構造のなかに、発掘し再検討」する作業であり、啓蒙思想と市民革命に胚胎した近代刑法の原初的形態を彫琢することにより日本刑法の実務と学説を全面批判する課題である。

初期市民社会の法的構成

一七八九年のフランス革命・権利宣言は人間の生来的な自由と平等の権利を保障するとともに、神聖不可侵の自然権たる所有権――近代資本制社会の物質的基礎を規定する原基形態の法的表現の上に経済的諸自由を開花させる。所有権は、法の一般性において、商品の普遍的交換＝流通の世界に抽象化され、資本の論理を貫徹させる。法の主体としての市民、商品交換、契約が屹立する。

権利宣言は国家の構成原理として人民主権、公権力の分立、市民自身又は代表者による法律制定権及び共同租税確定権、公権力の武力行使・強制などを明示するが、その基軸となるのは「人民主権の一つの表現形態たる代表議会」であり、憲法制定議会である。

マルクスが「ユダヤ人問題について」において論じたように「国家は、市民社会に胎生しながら、市民社会から独立し自立するやいなや、これに敵対して聳立し君臨するという異質物に転化する」。普遍性を自讃した自由と平等が階級性を内包していく。「国民主権」「能動市民」「ブルジョア国家」の支配秩序が規定要因となる。

初期市民国家における犯罪と刑罰の一般原則は、①犯罪と刑罰の人間化と合理化（異端、呪術、魔術の罪の削除による世俗化。身分犯罪の廃止。火あぶり、四つ裂きなど残虐な死刑執行方法の廃止）、②公共の平穏・安全と市民の自由・人権（陪審制）、③自由刑の創出（残虐刑の廃止、労働を基礎とする自由刑）、④犯罪の予防と治療（自治体警察、治安判事、貧民救済と教育）、という基本性格を有する。

こうした前提のもとに、犯罪の体系構成と犯罪類型が成立する。「一七九一年刑法は、国家の政治的構成と市民社会の諸個人への解体とを同時に遂行し包摂する『秩序』と『安全』を維持する、というシェーマのもとに、犯罪の対象を『公事』と『個人』とに分界する体系を構成する。犯罪の主体は、自由意思を前提とし、故意によって侵された犯罪類型のみが刑法典に帰属し、過失犯は違警罪軽罪法において限定的に可罰性を付与されるにすぎない」。

個人に対する犯罪は、人と所有に対する犯罪である。人に対する犯罪は殺人、傷害、去勢・強姦・重婚等であり、財産犯罪は窃盗、横領、詐欺、放火、文書偽造等である。国家犯罪は、国家の外的内的安全、憲法＝統治機構、法律および法律執行権限等に対する侵害である。

「あまりにユートピア的な、あまりに高尚な刑法典」との批判を浴びた一七九一年刑法典は、立法技術の拙劣さもあいまって、結局、施行適用されることなく歴史的文書となった。しかし、絶対王制の基礎を破壊し、近代的資本主義的な社会構成体を用意し、国民的統合の論理を提示し、古典的市民革命の刑法的表現として大きな歴史的意義を有している。「思想信仰の不処罰、刑罰の一身専属性、残虐な刑罰の否定、罪刑の均衡、労働を基礎とした自由刑といった近代的諸原則を確立」したからである。櫻木は次のようにまとめる。

「近代刑法における諸原則と体系構成は、階級支配と階級矛盾に規定されて、一面では支配秩序を維持するためこれらを普遍化せざるをえないものでありながら、同時に他面ではその内実を破壊する契機に媒介されざるをえない。したがってこのような矛盾を隠蔽するためには『法律の権威』——『罪刑法定主義』——を仮構して自らを聖別する以外にない。王権支配の『恣意と専断』の権威に代わって、ブルジョアジーの専権に属し巧妙に造物される『法律』の〝神話〟が支配する。しかしこのような〝神話〟は、市民の『自由と人権』を実質的に保障するべき民主主義の階級的性格の対立物とならざるをえない」。

第4節　現代国家の危機と刑事法

国家の正統性の危機

「現代国家独占資本主義体制は、危機の管理＝支配を強行するため、不断に、憲法を否定する『規範の導出』を、巧妙な世論操作によって国民の『同意』なるものにかからしめ、国民に敵対する統治構造の反動的再編成を精神的＝思想的支配を急速におしすすめている。それは現代憲法国家における法律による統治原則の正当性を拒否するものにほかならない。」

論文「現代国家における法律による統治と支配＝『正当性』の危機」において現代憲法国家の危機

への自己没入を分析した櫻木は、マルクスとエンゲルスの『ドイツ・イデオロギー』の「支配的階級の思想はいずれの時代においても支配的思想である」を引証しつつ、正当性の危機に陥った支配権力がいかにマヌーバーを駆使して支配の正当性を横領するかを指弾する(12)。

古典的市民法が華麗な体系性と自己完結性を確立して近代市民社会の法的安定性を実現したにもかかわらず、市民社会に内在する階級矛盾の激化を通じて支配の正当性が揺らいだ時、一方で危機を隠蔽する法イデオロギーが撒布され、同時に赤裸々な暴力があたかも「非暴力的」「合法的」に行使される。古典的市民法はその基礎を喪失し、形骸化しつつ、支配の正当性を翼賛する法理に転倒する。

櫻木は、ドイツ・ワイマール共和国の統治を「議会制民主主義と、それを否定的に媒介する大統領非常事態権＝独裁権の事実上の恒常化と、議会制民主主義と対抗関係にある『大衆民主主義』ともいうべき国民投票制とが、それぞれにからみあい、わけても議会制民主主義を不断に形骸化していく構造をもっていた」という。

ワイマールの矛盾を理論的に突破したのがカール・シュミットであった。「敵―味方」の定式に代表されるシュミットの論理は、合法的な権力を合法的に掌握する超合法的なシステムを降臨させる。「国民的価値」に根差した「全体秩序の最高価値」を祭壇に据えて、ナチズムを正当化する途を開く。

「現代国家独占資本主義における階級支配の構造は、権力自体の寄生性と腐朽性とを不断に必然化するから、その安定性は、被支配者の従順によってのみ相殺されるにすぎない。『承認』は、国民の支配＝服従への全面的『合意』ではない。『大衆民主主義』の多数決定式自体の論理にその契機を内在せしめているが、本質的には、現代国家の階級支配の構造に規定されて、支配＝服従の現実的『合意』の欠落が、支配構造の安定性を不断に動揺せしめ、危機におとしいれる契機をはらんでいる。」

櫻木は古典的思考モデルとしてのルソーの社会契約論を一瞥したうえで、「一般意思」と「個別意思」との循環論法に最初から伏在していた矛盾の行方を追う。近代市民法に始まる法イデオロギーのさまざまな形態がいずれも支配＝服従の「正当化」を神秘化する役割を果たしてきたことを確認する。

総合安全保障という危機

近代国家と近代法の自己統治と自己破壊は、日本においては天皇制権力の支配構造に顕著であるが、戦後の警備公安警察のイデオロギーもまったく同型の戯画を呈している。権力が権力を自縛しながら、自爆への道を回避するべくあらゆる観念言語を総動員する点では、アメリカの「法の支配」、ドイツの「自由な民主主義的基本秩序」が成功例と言えよう。

櫻木によると、現代憲法国家は法律のネットワークを全社会的規模にわたってはりめぐらしているが、議院内閣制という統治機構においては政権党のフラクションの力学によって内閣が編成され、フラクションの力学が「国民の総意」に仮構される。統治機構は巨大な官僚機構を擁し、警察・検察、軍隊、裁判所、行刑施設といった実力装置を中核に稼働する。

「現代憲法国家のこのような統治機構の内的編成それ自体が、腐朽化し、それを『克服』するために権威的編成へむかい、憲法規範の導出を反民主主義的、反人権的、否定的に媒介し、現実化・政治化することによって、憲法規範にそくして、市民社会へ社会化することを阻害し、統合化機能を危機的状況におとしいれる。このことは、現代憲法国家が、国民との合意を創出する契機を不断に疎外し、支配＝服従の正当化機能を喪失していくプロセスにほかならない。」

統治の危機を演出するのは、政治的、経済的、文化的諸側面すべてであるため「総合安全保障」が喧伝されるが、その中核を成すのが軍事力であり、日米安保条約によるアメリカ世界戦略との連動ゆえに、「総合安全保障」こそがつねに危機の導因となる。米軍基地問題然り、対米協力のための海外派兵然り（今日の集団的自衛権問題然り）。

かくして対米従属型国家独占資本主義の駆動因としての日米同盟が自らの存立基盤を解体・融解し続ける。従属と自立のはざまで常に揺れ動きながら従属の度合いを深めていく自己目的としての従属の現実に、制度も規範も押し流されていく。国民の「同意」調達さえも「同意なき同意」を露呈しながら、危機克服のための危機創出という茶番劇が繰り広げられる。二度目ではなく、最初から茶番劇を演ずるべく舞台が設えられ、役者がシナリオを自在に書き継ぐ独裁国家が現出する。櫻木は最後に次のように述べる。

「真の意味における憲法規範の導出と、それにもとづいて、法を実定化せしめ、妥当ならしめ、法律による統治の原則を民主的に復権することは、国民の側における忍耐づよい営為を必要とする。国家の統治は、〝他人のお遊び〟というわけにいかない。規範的にも事実的にも、統治権力が、『否定』

するもの、『拒否』するものを復権しなければ、ファシズムの危機に対抗することはできない。」

積極的平和や集団的自衛権に代表される第二次安倍政権の現実は、憲法を否定する「規範の導出」の極限を呈している。権力強化の刑事司法改革が日弁連を巻き込み、あらゆる自由と人権をなぎ倒して進もうとしている。国民の「同意」による沖縄への米軍基地押しつけも、詐欺瞞着、恫喝、強権によって進行する。

一九八〇年代における危機には、改憲が具体的スケジュールとなっていなかったが、現在の課題に即して言えば、国家の正統性と正当性の危機を前に、民主主義を復権するために、安倍政権が「否定」「拒否」するものの同定と、批判の実践化の具体的プランが求められる。内発的民主主義の胎動と外発的民主主義（東アジア人民の連帯）の蠢動が軌を一にする理を的確にとらえる運動論が求められる。

第5節　現代法と主体－客体－関係の構造

法の主体と欲求の拡散

一九八〇年代、西欧においても日本においても現代国家の批判的解剖を意図する研究が集中的に発表され、「国家論のルネッサンス」と呼ばれる現象が生じた時期がある。

日本の法学分野ではすでに一九七〇年前後に現代法論争が展開されていた。そこでは、国家独占資本主義の法とはいかなる本質と特徴を有するのか。対米従属国家においては憲法の上に置かれた日米安保条約があり、日本法は「二重の法体系」から成り立っているのではないか。そうした現実を変革するための主体と方法を、社会法を視座に追究するべきではないか。こうした論点が提起されていた。

現代法論争の基軸を国際的な国家論のルネッサンスに位置付ける課題に挑む研究が公表され始めた時期に、櫻木は論文「現代における法と主体－客体－関係の構造」によって、この論争に参入していった。

櫻木は、近代における政治国家と市民社会の分離・従属、対立・抵抗を、ルソーや、マルクスの「ヘーゲル法哲学批判」を通じて再確認し、現代の統治システムのイデオロギーを分析した。そこではアルチュセールの「国家のイデオロギー装置」論と、グラムシのヘゲモニー論が手掛かりとされたが、現代国家のヘゲモニー機能の分析を法学につなげるためには、さらなる仕掛けが必要であった。

そこで櫻木が着目したのが、法の主体である。「主体の創出は、統治＝支配の客体としての被支配者＝服属者のカテゴリーであると同時に、主体としてかかるものへの服従とその承認においてのみ、『自由』であることを意味する」からである。商品交換社会における独立・自由な主体による契約の論理が生産を含めた全社会構成を貫くとき、「法的にいえば、『法の主体』のもとに、所有者の交換を『管理』し、社会的・経済的『現実』を『構成』する」のが主体である。

市民社会の編成にはヘーゲルの言う「欲求の体系」が梃となるが、欲求の現実態は貨幣と人格を接合する魔術の奥底に秘密を有している。資本主義的生産関係を覆う商品交換社会において、本来的な人間固有の欲求は阻まれ、貨幣に隷属した人格が織りなす大衆社会、消費社会が現出する。それゆえ市民社会における欲求システムは、労働と生産を不可分な関係とする、二重の基礎の上に成立する。市民の権利要求も含めたあらゆる欲求が、労働力の消費と再生産の範疇と化していく。

「欲求システムは、労働力の回復（肉体的・精神的疲労の休養、職場の安全・衛生管理、住宅政策、環境保全など）、労働力の再構成（賃金水準の引き上げ、物価と購買力の均衡など）、労働力の再生産と拡大（家族生活と家計の安定、教育要求など）、経済的・政治的生活の社会化（情報の公開と取得、政治・経済生活にたいする直接的または間接的参加の拡大など）として展開する」。

櫻木によれば、貨幣に外化された人格ではなく、人間人格の復権を果たすためには、社会的・政治的な権利要求が実践的諸形態によって組織化されなければならない。

法実践のカテゴリー

櫻木は、二〇世紀における「法実践」の歴史的カテゴリーとして、ニューディールとナチスを対比的に検討したうえで、ファシズムを潜り抜けた現在にあってもなお「ファシストなきファシズム」の可能性が消失していないという。赤裸々な暴力的抑圧によらない、洗練されたファシズムの政治技術が世界の各地に見られたからである。

「執行権における政治権力の凝集と中央集権の強大化は、先ず、二つの側面に機能する。一方で、国民や住民の公的代表制民主主義を形骸化していくとともに、他方で、三権を実質的に『有機的混淆物』たらしめ、権力の『分立』を『幻想化』させる。このことは、ブルジョア権力のイデオロギー的基礎そのものをほりくずしていくものにほかならない。」

それでは、近代法の普遍的な法主体ではなく、現代国家における具体的な法実践の担い手となる主体をいかにして獲得しうるのか。櫻木は、資本主義的生産様式における労働の社会化を手掛かりに、社会的諸関係の総体を引き受けざるを得ない「個性体諸形態」に望みを託す。個性体諸形態とは、リュシアン・セーヴの『マルクス主義と人格の理論』における提案を、櫻木なりに練り直したものである(14)。

「個性体諸形態は、階級社会によって規定されて、市民社会を編成する、家族、企業、社会的諸集団、諸制度などにかかわって、さまざまな日常的『生き方』と行動様式に媒介され、相互浸透している、社会的実態にほかならない。『個人的なもの』と『社会的なもの』との相互作用としての歴史的な個性体諸形態は、いうまでもなく階級関係の内的論理を前提とするが、社会構成体の理論と階級闘争の理論とをもって、『あたかも自動的に』解明されたい、かかる理論と『同一視』されえない」。

個性体諸形態を踏まえた、法の主体論の基礎に置かれるのは、主体 ‐ 客体 ‐ 関係の理論である。すなわち、歴史過程の、客観的諸条件と主体的諸条件の双方をとらえ返すカテゴリーをもって、諸個人、諸集団の諸活動を「主体的ファクター」としてカテゴリー化する。

櫻木は次のように結論付ける。

「社会的メカニズムは、もちろん、市民社会の一般的個性体諸形態のいわゆる『市民』の諸関係のマトリスクを構成するが、同時に階級社会であることによって、社会的諸勢力の歴史形成的実践にかかわる主体となる。社会的メカニズムは、諸個性体と歴史形成の実践主体との相互条件性、相互依存性、相互排他性において、否定的に止揚される、という矛盾的統一としてとらえられねばならない。『先進的ブルジョア民主主義あるいは革命的民主主義の理想』を復位させ、現実化させるためには、こうした前提のうえで、法実践の主体は、諸階級・諸階層の変貌と配置の問題を射程にいれなければならない。」

法実践の主体は民主主義をめぐる闘争の中で形成される。近代市民法における抽象的市民ではなく、資本主義社会における労働の社会化を基礎とする個性体諸形態が法実践の主体となる。つまり、政治的、経済的、社会的、文化的な生活過程における具体的な市民の権利闘争が次の課題を切り開く。

こうして個性体諸形態による法実践の総論をまとめて連載を終えた櫻木は、各論における具体的な闘争の諸事例を書き加えて一冊の著書にまとめる計画を有していたが、結局、それは実現しなかった。労働刑法、治安刑法、刑法改正作業の批判的検討を繰り返してきた刑事法学者の櫻木にとって、各論の執筆にさほどの困難はなかったはずだが、多忙のために執筆時間をとることができなくなっていたのだろう。

だが、櫻木の法実践論と主体‐客体‐関係論は、単に多忙という物理的理由だけではなく、一九八〇年代の日本国家と社会が置かれた現実の中で、理論的にかなり大幅な補足・修正を要するものであることが判明していったとも言えるだろう。

近代法の抽象的市民から現代法の具体的市民への発展は、当時の市民社会論や市民法論にとってはある意味で必然の論理展開であった。しかし、それは同時に近代市民社会自体の理念性を喪失する過程に他ならなかった。何よりも、具体的市民の内実が拡散し、希薄化し、ついには「反市民性」を内部に引き込む論理を配備してしまうからである。個性体諸形態の内部から、先進的民主主義どころか、ファシズムと独裁を喝采し、待望する市民が登場することで、論理が空転してしまう。「ファシストなきファシズム」の危険性を指摘したのは櫻木自身であった。

櫻木はこの限界に気づいていたし、各論において先進的民主主義の必然性と、ファシズム予防の論理を具体的に展開するはずであったが、それは果たされなかった。

ここから出発した筆者は、抽象的市民と具体的市民の範列から離れて、「市民ならざる者」――市民社会から排除され、疎外され、主体たりえない者としての「非国民」に定位して、法実践の仕掛けを試みてきた(15)。あらかじめ法的保護から除外された者による権利獲得の実践である。ここでは主体が何者であるかにではなく、何者でもないこと――そのことにしか根拠を持たない無名の「非国民」の法実践である。櫻木理論のより立ち入った読み直しが必要だが、それは筆者の今後の課題である。

註

（1）櫻木澄和「遺棄罪の問題点」『刑法講座五』（有斐閣、一九六四年）。
（2）櫻木澄和「マグナ・カルタの〝古きよき基本法〟への展開と法理の構造」『比較法雑誌』一〇巻二号（一九七七年）。
（3）櫻木澄和「マグナ・カルタの神話」『法学新報』六五巻一〇号（一九五八年）。
（4）櫻木澄和「近代市民法の論理仮説」『法学新報』七二巻一一・一二号（一九六五年）。
（5）「故櫻木澄和先生略歴」『法学新報』一〇三巻四・五号（一九九七年）。
（6）櫻木澄和「労働者の刑法的保護の基点」『法学新報』六四巻一〇〜一二号（一九五七年）。さらに、同「労働刑法における違法性の基礎構造」『刑法雑誌』一〇巻一号（一九五九年）、同「刑法『改正』の思想と論理」『法の科学』二号（一九七四年）、同「『技術革新』と刑法『改正』」『日本の科学者』七八・七九・八〇号（一九七四年）。
（7）前田朗『ジェノサイド論』（青木書店、二〇〇二年）に「侵略の刑法学」と題して収録。
（8）山口邦夫『一九世紀ドイツ刑法学研究』（八千代出版、一九九三年）。
（9）前田朗『鏡の中の刑法』（水曜社、一九九二年）参照。
（10）櫻木澄和「初期市民刑法における自由と人権の諸規定——一七九一年のフランス刑法典の構造と論理」（『資本主義法の形成と展開1』東京大学出版会、一九七二年）。なお、櫻木の最後のまとまった論文は、Sumito Sakuragi, La Révolution française et la Naissance du Code pénal modern au Japon,『比較法雑誌』二三巻三号（一九八九年）である。

(11) 近代刑法原則に関する櫻木の認識は以下の一連の論考に詳しい。「刑法における近代原則の塑像」『白門』一六巻八・九号(一九六四年)、「近代刑法における責任原則の素描」『白門』一七巻二号、四号(一九六五年)、「共犯理論の論理」『白門』一八巻一・二号(一九六六年)、「刑罰の論理」『白門』一八巻八号、一〇号(一九六六年)、「近代刑法の原型」『白門』二〇巻一〇号(一九六八年)、「犯罪行為の前段階的行動の諸類型」『白門』二一巻一一・一二号(一九六九年)、二二巻二・三号(一九七〇年)、「市民的・政治的権利と刑事法の原則」『労働法律旬報』一九七八年九月上旬号(一九七八年)、「刑法における命題と解釈の論理」『白門』三〇巻一〇号〜三一巻二号(一九七八〜七九年)。ただし櫻木の認識には、近代市民法の女性排除と奴隷制容認への批判が理論的に十分組み込まれているとは言えなかった。

(12) 櫻木澄和「法律による統治と支配=正当化の危機」『法の科学』八号(一九八〇年)。なお、櫻木澄和「治安政策と刑事法制」『法律時報』五〇巻一三号(一九七八年)、同「有事立法と法体制の換質」『法律時報』五一巻一〇号(一九七九年)。

(13) 櫻木澄和「現代における法と主体-客体-関係の構造」『法律時報』五二巻一〇・一一号(一九八〇年)、五三巻五号、七号(一九八一年)。

(14) リュシアン・セーヴ『マルクス主義と人格の理論』(法政大学出版局、一九七八年)。

(15) 前田朗『非国民がやってきた!』、『国民を殺す国家——非国民がやってきたPart.2』、『パロディのパロディ 井上ひさし再入門——非国民がやってきた! Part.3』参照。

あとがき

二〇一五年一二月、筆者は還暦を迎えたので、自分で還暦記念と称して『ヘイト・スピーチ法研究序説』、『パロディのパロディ――井上ひさし再入門』を出版した。続く本書は還暦記念出版第三弾である。

研究者をめざして大学院に進学したのが一九七八年であるから三八年の歳月を経た。最初の著書『鏡の中の刑法』の出版にこぎつけて研究者として自立できたと思ったのが一九九二年であり、まもなく四半世紀になる。その後も『刑事人権論』、『戦争犯罪論』、『ジェノサイド論』、『人道に対する罪』、『民衆法廷入門』、『非国民がやってきた!』、『刑事法再入門』、『軍隊のない国家』など、単著が二〇冊を超えた。

振り返ってみると、できたことよりもできなかったことの方が多く、思うようにならないことばかりだったが、理論研究も実践もそれなりに取り組めたような気がする。そう思いたいだけかもしれないが。

大学院に進んだ時の研究テーマは「権力犯罪と人権」だった。それ以来、ナチス・ドイツの刑事法、在日朝鮮人の人権、日本軍「慰安婦」問題をはじめとする戦後補償、戦争犯罪論、植民地支配犯罪論、そしてヘイト・スピーチの研究と人権擁護活動に取り組んできた。治安法研究、悪法反対闘争に加わり、「刑事人権論」にも力を注いだ。代用監獄批判、未決拘禁と取調べ問題、死刑廃止論も重要テーマであり続けた。

基本的視座は近現代刑事法のイデオロギー批判と実証批判であり、近代国家の原理的見直しである。そのスローガンとして「非暴力・非武装・無防備・不服従・非国民の平和力」を唱え、平和を希求する構想力を鍛える理論と運動にもかかわってきた。

＊　　＊

筆者の問題意識を一貫して拘束し、研究生活を導いてくれたのは恩師・櫻木澄和（故人、中央大学教授）であった。還暦を迎えたいま、弟子をとらないことで知られた櫻木澄和の下に押しかけ弟子となった頃のことが強く蘇る。

櫻木の論文「マグナ・カルタの〝古きよき基本法〟への展開と法理の構造」を読んで大学院進学を決めたのは大学四年の夏のことだった。企業法学のゼミに属していたため早々と銀行に就職が内定していたのを取り消して進路を変更した。その後の苦労の始まりだが、人生の選択としてはベストだった、と今になって思う。

思い返せば、一九七六年から七七年にかけて、学部の「刑法総論」の授業で、櫻木は創造工学、価値論、量子力学の認識問題の話題を取り上げながら講じていた。このため一年間かけてようやく構成要件論にたどり着いた。他の刑事法学者でも、ようやく責任論に入ったとか、共犯論は省略したという話はよくあることだが、一番最初の構成要件論が終わらないのでは、学部の刑法教育としては問題だろう。櫻木は、構成要件該当性という判断方法の意義と限界を示そうとしたのだろうが、学部学生が聞いて理解できるような内容ではなかった。

論文「マグナ・カルタの〝古きよき基本法〟への展開と法理の構造」を読んで大学院に進んだ筆者も妙な学生と言われても仕方がないが、大学院新学期が始まるや、もっと奇妙な事態に動転することになった。

「ぎりぎり合格点だが、君の実力では私の指導についてくるのは無理だ。第一、私は弟子はとらないことにしているんだ」。

大学院初日のショッキングな一言だ。櫻木は指導教授にもかかわらず、「君には無理だから」と言って、大学院事務局への提出書類に署名・捺印をしてくれなかった。事務局員が同情して提出締切りを延期してくれたが、指導教授の署名がないと手続きができない。署名をしてもらうため、研究室へ、教室へ、食堂へ、櫻木を追い回す日々が一カ月も続いた。よく諦めなかったものだと我ながら感心する。根負けした櫻木が署名してくれたのは奨学金申請の締切り当日のことで、申請にぎりぎり間に合った。間に合わなければ退学するしかなかっただろう。いまだに反戦平和運動や脱原発運動のための署名を集めるのが苦手なのは、この時のトラウマかもしれない。

修士課程（博士前期課程）の時期は、研究テーマを「権力犯罪と人権」としたが、櫻木から「国家論ができていないと、人権論は宙に浮く」と助言を得て、国家刑罰権とは何かの研究に力を注いだ。本書第7章第5節にも示したように「国家論のルネッサンス」の時期でもあったので、欧米の重要文献の翻訳が続々と出ていたので助かった。

「君には研究者の能力がないから、早く止めて他の道を探したほうが良い。今ならまだ間に合うだろう」。

修士論文審査の時に櫻木から宣告され、憤然としながら懸命に反論したことはよく覚えている。「私の指導についてこられる院生がいるはずがない」。「だったら不合格にすればいいじゃないですか」。この時ばかりは、副査のS教授とY教授がとりなしてくれた。「論文審査で指導教授と喧嘩するものじゃない」と笑われた。博士後期課程に進んだ時も、櫻木は大学院事務局への提出書類に署名・捺印をしてくれなかった。署名をしてもらうため、櫻木が所長をしていた社会科学研究所所長室に何度も通ったため、職員が困り果てていた。やはり一カ月弱の間、追跡戦に明け暮れた。この時も奨学金申請日が迫ったので、「署名してくれないと奨学金申請手続きができません」と粘って署名してもらったのが、なんとも懐かしい思い出だ。

博士後期課程では、何よりも社会科学方法論と法学方法論を学んだ。日本資本主義発達史講座、法解釈論争、現代法論争、ヘルメノイティク、法的論証の理論などを渉猟した。

ちょうど経済学研究科で『経済原論の方法』の宮崎犀一教授が『資本論』購読のゼミを開いていたので、五年ほど参加させてもらった。商学研究科では『ドイツ・イデオロギー』編集問題で頭角を現していた山中隆次教授が『経済学・哲学草稿』の購読をしていたので、そこにも一年だけだが、お邪魔させていただいた。刑事法学研究の方法論を鍛えるためで、その後の研究の背景としてとても有益だったと思う。他人から見れば、雑学に励んだにすぎないのかもしれないが。

「このレベルの論文で就職が決まるとは時代が変わったものだ。もっと頑張らないと恥ずかしいぞ」。

就職が決まったと報告した時に言われた言葉だ。「大丈夫です。すぐに研究書をまとめます」と宣言して帰ったが、結局、二年がかりの作業になった。一冊目の著書『鏡の中の刑法』を謹呈したが、「理論がない」の一言で切り捨てられた。二冊目の『平和のための裁判』を執筆中に櫻木は他界したので、感想を聞かせてもらう機会は永遠になくなった。この四半世紀、単著を出し続けたのは、絶対に聞くことのできない櫻木の感想を聞くためだったのかもしれない。そしてたぶん、生涯、叶わぬ願いを追い続けるのだろう。

懐かしい思い出を振り返るのは私情にすぎないが、櫻木澄和という刑事法学者の研究にふたたび光を当て、読み解くことはいまなお価値のあることに違いない。そう考えて第7章を書いたことで、忘れていたこと、新たに見えてきたことがいくつもあった。近代刑法の理論仮説と諸原則がまさに解体され、危機に瀕している現在、刑事法研究者は何をなすべきなのか。つねに原点に立ち返りながら、次々と押し寄せる新しい課題に挑むための基本的視座を確立することこそが肝要である。

もっとも、第7章では櫻木論文の内容を確認する作業を行うにとどまっている。櫻木刑事法学を読み返し、解体し、編み直す作業はこれからだ。やり残した課題の多さに我ながら呆れつつ、本書を折り返し点として、次のテーマにチャレンジしていきたい。

＊　　＊

本書のもとになる文章は二〇〇七年から二〇一六年にかけて、救援連絡センターの機関紙『救援』、及び、迎賓館・横田裁判の完全無罪をかちとる会の機関紙『無罪!』に掲載された。大幅に改変を施したのでいちいち初出を明示しないが、両紙編集部に感謝する。

今回も原稿整理を手伝ってくれた最愛の妻・弓恵に感謝する。ずっと同じ道を歩いてくれて、ありがとう。

なお、出版に当たって東京造形大学特別研究費（二〇一六年度）の助成を得た。

二〇一六年九月一一日

前田　朗

索引

◆ア行

◆カ行

◆サ行

著者：前田　朗（Maeda Akira）
1955年、札幌生まれ。中央大学法学部、同大学院法学研究科を経て、現在、東京造形大学教授（刑事人権論、戦争犯罪論）。日本民主法律家協会理事、在日朝鮮人・人権セミナー事務局長。
著書に『軍隊のない国家』（日本評論社）、『なぜ、いまヘイト・スピーチなのか』（共著、三一書房）、『増補新版ヘイト・クライム』『ヘイト・スピーチ法 研究序説』（三一書房）など。

黙秘権と取調拒否権 - 刑事訴訟における主体性

2016年11月25日　第1版 第1刷発行

著　者　前田　朗
発行者　小番 伊佐夫
印刷・製本　中央精版印刷
装丁 / 組版　Salt Peanuts
発行所　株式会社 三一書房
101-0051
東京都千代田区神田神保町 3-1-6
☎ 03-6268-9714
振替 00190-3-708251
Mail: info@31shobo.com
URL: http://31shobo.com/

ISBN978-4-380-16008-0　C0032　Printed in Japan

ヘイト・スピーチ法 研究序説

――差別煽動犯罪の刑法学

前田朗

◆三一書房創業60周年記念出版 ◆日本図書館協会選定図書

本書はヘイト・クライム／ヘイト・スピーチ法研究の第一歩として、本格的検討の前提となる基礎知識を提供することを目的としている。これまでの研究では概念定義も不正確であり、時に恣意的な定義のもとに議論がなされてきた。憲法論の中のごく一部の狭い枠組みでの議論も目立つ。比較法研究も始まったばかりである。本質論抜きの法技術的解釈も目立つ。そうした現状を乗り越えるために、ヘイト・クライム／ヘイト・スピーチ法の議論に不可欠な最低限の基礎知識を紹介し、その土俵づくりを目指す。

A5判 15000-5 8000円（税別）